William Shakespeare

Theatralische Werke - Romeo und Julie - Othello - Was ihr wollt

VII. Band

William Shakespeare

Theatralische Werke - Romeo und Julie - Othello - Was ihr wollt
VII. Band

ISBN/EAN: 9783744616041

Hergestellt in Europa, USA, Kanada, Australien, Japan

Cover: Foto ©ninafisch / pixelio.de

Weitere Bücher finden Sie auf **www.hansebooks.com**

Zürich bey Orell, Geßner, und Comp. 1766.

Romeo und Juliette.

Ein

Trauerspiel.

Personen.

Escalus, Fürst von Verona.

Paris, ein junger Cavalier, dem Fürsten verwandt, und Juliettens Liebhaber.

Montague,
Capulet, } die Häupter von zween edlen Geschlechtern, die in Feindschaft mit einander stehen.

Romeo, Montaguens Sohn.

Mercutio, ein Verwandter des Fürsten, und Romeos Freund.

Benvolio, Vetter und Freund des Romeo.

Tybalt, Neffe des Capulet.

Bruder Lorenz,
Bruder Johann, } Mönche.

Balthasar, Bedienter von Romeo.

Ein Edelknabe des Paris.

Sampson,
Gregorio, } Capulets Bediente.

Abraham, ein Bedienter von Montague.

Ein Apotheker.

Simon Kazen-Darm,
Hug Leyermann,
Samuel Windlade, } Musicanten.

Peter, der Amme Diener.

Lady Montague.

Lady Capulet.

Julietta, Capulets Tochter.

Die Amme derselben.

Bürger von Verona, Masken, Trabanten, Wache, und andre stumme Personen.

Die Scene ist im Anfang des fünften Aufzugs in Mantua, und sonst immer in Verona.

Romeo

Romeo und Juliette.

Erster Aufzug.

Erste Scene.

(Eine Strasse in Verona.)

Sampson und Gregorio, zween Bediente der Capulets, treten mit Schwerdtern und Schilden bewaffnet auf, und ermuntern einander sich tapfer gegen die Montägues zu halten; ihre ganze Unterredung ist ein Gewebe von Wortspielen, Doppelsinn und Zoten.

Abraham und Balthasar zu den Vorigen.

Gregorio zu Sampson.

Zieh vom Leder, hier kommen ein Paar von den Montägischen --

Sampson.

Meine Fuchtel ist heraus; fang nur Händel an, ich will dir den Weg weisen --

Gregorio.

So? Willt du davon lauffen?

Sampson.

Sey ohne Sorge, ich will stehen wie eine Mauer; aber es ist doch das Sicherste, wenn wir das Gesez auf unsrer Seite haben; wir wollen sie anfangen lassen.

Gregorio.

Ich will die Nase rümpfen, indem ich bey ihnen vorbeygehe; sie mögen's dann aufnehmen, wie sie es verstehen.

Sampson.

Oder wie sie das Herz dazu haben. Ich will meinen Daumen gegen sie beissen, welches eine Beschimpfung für sie ist, wenn sie's leiden.

Abraham.

Beißt ihr euern Daumen gegen uns, Herr?

Sampson.

Ich beisse meinen Daumen, Herr.

Abraham.

Beißt ihr euern Daumen gegen uns, Herr?

Sampson zu Gregorio leise.

Ist das Gesez auf unsrer Seite, wenn ich sage, ja?

Gregorio.

Nein.

Sampson laut.

Nein, Herr, ich beisse meinen Daumen nicht gegen euch, Herr: Aber ich beisse doch meinen Daumen, Herr.

Gregorio.

Sucht ihr Händel, Herr?

Abraham.

Händel, Herr? Nein, Herr.

Sampson.

Wenn ihr's thut, Herr, so bin ich auch da, ich diene einem so brafen Mann als ihr.

Abraham.

Keinem bessern.

Sampson.

Gut, Herr.

Benvolio zu den Vorigen.

Gregorio zu Sampson leise.

Sag, einem bessern: Hier kommt einer von unsers Herrn Neffen.

Sampson laut.

Ja, einem bessern, Herr.

Abraham.

Ihr lügt.

Sampson.

Zieht, wenn ihr Männer seyd -- Gregorio, das war eine Ohrfeige, die du nicht einsteken must --

Benvolio.

Aus einander, ihr Narren, stekt eure Degen ein, ihr wißt nicht was ihr thut.

Tybalt zu den Vorigen.

Tybalt.

Wie, du ziehst deinen Degen gegen diese verzagten Hasen? Kehre dich um, Benvolio, und sieh deinen Tod an.

Benvolio.

Ich mache nur Frieden; stek deinen Degen ein, oder brauch' ihn, mir Friede unter diesen Leuten machen zu helfen.

Tybalt.

Wie, mit gezogenem Degen von Frieden schwazen? Ich hasse dieß Wort wie die Hölle, wie alle Montägues und dich -- wehr dich, H**

(Sie fechten.)

Drey oder vier Bürger mit Knitteln treten auf.

Ein Bürger.

Knittel, Spiesse, Hellebarden her! Schlagt zu! Schlagt sie nieder! Zu Boden mit den Capulets! Zu Boden mit den Montägues!

Der alte Capulet in einem Schlafrok, und Lady Capulet.

Capulet.

Was für ein Lerm ist das? Gebt mir meinen langen Degen, he!

Lady Capulet.

Eine Krüke, eine Krüke -- was wollt ihr mit einem Degen machen?

Capulet.

Meinen Degen, sag ich; da kommt der alte Montague, und fuchtelt mir mit seiner Klinge unter die Nase --

Der alte Montague, und Lady Montague.

Montague.

Du nichtswürdiger Capulet -- Halt mich nicht, laß mich gehn!

Lady Montague.

Du sollt mir keinen Fuß rühren, um einen Feind zu suchen.

Der Fürst von Verona mit seinem Gefolge tritt auf, erzürnt sich gewaltig über diesen Unfug, wirft den beyden Alten vor, daß sie ihrer Familien-Feindschaft wegen Verona schon dreymal in Aufruhr gesezt, verbietet ihnen bey Todes-Straffe die Strassen nicht mehr zu beunruhigen, und tritt, nachdem er sie geschieden, wieder ab.

Zweyte Scene.

Der alte Montague, Lady Montague, und Benvolio bleiben zurük.

Lady.

Wer brachte diesen alten Handel wieder in Bewegung? Redet, Neffe, war't ihr dabey, wie er angieng?

Benvolio.

Hier fand ich die Bedienten euers Gegentheils, und die eurigen, die sich mit einander herumschlugen, wie ich kam; ich brachte sie aus einander: In dem nemlichen Augenblik kam der feurige Tybalt mit gezognem Degen, den er unter drohenden Herausforderungen über meinem Kopf schwang, und damit auf die Winde zuhieb, die so wenig nach seinen Streichen fragten, daß sie ihn noch dazu auszischten. Wie wir nun an einander waren, so kamen immer mehr Leute, und fochten zu beyden Seiten, bis der Fürst kam, und uns aus einander sezte.

Lady.

Lady.

O wo ist Romeo? Habt ihr ihn heute nie gesehen? Ich bin recht froh, daß er nicht bey dieser Schlägerey war.

Benvolio.

Madam, eine Stunde eh die (*) Sonne aufgieng, trieb mich ein beunruhigtes Gemüth aufzustehen, und vor die Stadt hinaus zu gehen; und da traf ich auf der West-Seite der Stadt euern Sohn einsam unter einem Gang von Egyptischen Feigen-Bäumen an. Ich gieng auf ihn zu; aber kaum ward er mich gewahr, so schlich er sich in das dichteste Gehölze. Ich urtheilte von seiner Gemüths-Beschaffenheit nach der meinigen, (denn wir sind innerlich nie mehr beschäftiget, als wenn wir die Einsamkeit suchen,) und anstatt ihm nachzugehen, gieng ich meinen Gedanken nach, und war so vergnügt, daß er mich ausgewichen hatte, als er selbst.

Mon-

(*) Im Original: "Eh die angebetete Sonne sich durch das goldne Fenster des Osten sehen ließ." Es ist nichts leichters, als durch eine allzuwörtliche Uebersezung den Shakespear lächerlich zu machen, wie der Herr von Voltaire neulich mit einer Scene aus dem Hamlet eine Probe gemacht, die wir an gehörigem Ort ein wenig näher untersuchen wollen. Indeß erzürnt sich doch Herr Freron zu sehr über diese und andre Alters-Schwachheiten des Autors der Zayre. Er mag seine Ursachen dazu haben; aber die Welt urtheilt mit kälterm Blute; wenigstens werden die Britten, welche sehr wol wissen warum sie auf ihren Shakespear stolz sind, es dem französischen Poeten sehr leicht zu gut halten können, daß er (in einem Alter, wo er sich nicht mehr stark genug fühlt, sich mit der Beute die er ihrem Shakespear abgenommen zu brüsten) seine Freude daran hatte, durch eine Schulknaben-mäßige Nachäffung den Narren mit ihm zu spielen, und dadurch dem Publico wenigstens eben so viel Spaß zu machen, als er selbst von einer so kindischen Kurzweil nur immer haben kann.

Montague.

Schon manchen Morgen ist er dort gesehen worden, wie er den frischen Morgenthau mit seinen Thränen, und die Morgen-Wolken mit tieffen Seufzern vermehrte; aber kaum fängt die alles erfreuende Sonne an, im fernsten Osten die Vorhänge von Aurorens Bette wegzuziehen; so schleicht sich der schwermüthige Jüngling vom Licht nach Hause und kerkert sich in sein Zimmer ein, versperrt seine Fenster, schließt das schöne Tageslicht hinaus, und macht sich selbst eine erkünstelte Nacht. Er muß nothwendig in einen schwarzen und Unglük-brütenden Humor verfallen, wenn nicht bey Zeiten darauf gedacht wird, die Ursache des Uebels wegzuräumen.

Benvolio.

Mein edler Oheim, kennt ihr die Ursache?

Montague.

Ich kenne sie nicht, und kan sie auch nicht aus ihm herausbringen.

Benvolio.

Habt ihr schon in ihn gedrungen?

Montague.

Durch euch selbst und durch viele andre Freunde, aber vergebens; seines eignen Herzens geheimer Rathgeber, ist er gegen sich selbst, ich will nicht sagen so getreu, aber doch so geheim und verschwiegen, so entfernt sich selbst zu verrathen, oder nur einer Muthmassung Grund zu geben,

als

als eine Blumen-Knospe, die von einem inwendig verborgnen Wurm gebissen worden, eh sie ihre zarten Schwingen an der Luft ausspreiten, und ihre Schönheit der Sonne wiedmen konnte. Könnt' ich nur erfahren, woher sein Kummer entspringt, es sollte ihm augenbliklich abgeholfen werden.

Romeo tritt auf.

Benvolio.

Hier kommt er selbst; wenn's euch beliebt, so gehet bey Seite; ich will sein Geheimniß ausfündig machen, oder ich müßte mich sehr betrügen.

Montague.

Ich wünsche, daß du so glüklich seyn mögest -- Kommt Madam, wir wollen gehen.

(Sie gehen ab.)

Benvolio.

Guten Morgen, Vetter.

Romeo.

Ist der Tag noch so jung?

Benvolio.

Es hat eben neune geschlagen.

Romeo.

Weh mir! Wie lang scheinen uns Kummer-volle Stunden! War das mein Vater, der so eilfertig sich entfernte?

Benvolio.

Er war's; aber was für ein Kummer verlängert Romeo's Stunden?

Romeo.

Der Kummer, das nicht zu heben, was sie verkürzen würde.

Benvolio.

Seyd ihr verliebt?

Romeo.

Ohne Hoffnung wieder geliebt zu werden.

Benvolio.

Wie Schade, daß die Liebe, die von Ferne so reizend anzusehen ist, so grausam und tyrannisch seyn soll, so bald sie uns erreicht!

Romeo.

Wie Schade, daß die Liebe, mit verbundnen Augen, Pfade zu ihrem Unglük sehen soll! -- Wo werden wir zu Mittag essen? -- Weh mir! -- Was für ein Tumult war vorhin? -- Doch sagt mir nichts davon, ich hab alles schon gehört. Der Haß macht hier viel zu thun, aber die Liebe noch mehr: Wie dann, o mißhellige Liebe! o liebender Haß!

O un-

O unwesentliches Etwas, und würkliches Nichts! So leicht und doch zu Boden drükend! So ernsthaft und doch Tand! Du ungestaltes Chaos von reizenden Phantomen! Bleyerne Feder, glänzender Rauch, kaltes Feuer, kranke Gesundheit, immer-wachender Schlaf -- o! du wunderbares Gemisch von Seyn und Nichtseyn! -- Das ist die Liebe die ich fühle, ohne in dem was ich fühle die Liebe zu erkennen -- Lachst du nicht?

Benvolio.

Nein, Vetter, ich möchte lieber weinen.

Romeo.

Du gutes Herz! Worüber?

Benvolio.

Dein gutes Herz so beklemmt zu sehen.

Romeo.

Du vermehrest meinen Kummer durch den deinigen, anstatt ihn zu erleichtern. (*) -- Liebe ist ein Rauch, der vom

(*) Es ist ein Unglük für dieses Stük, welches sonst so viele Schönheiten hat, daß ein grosser Theil davon in Reimen geschrieben ist. Niemals hat sich ein poetischer Genie in diesen Fesseln weniger zu helfen gewußt als Shakespear; seine gereimten Verse sind meistens hart, gezwungen und dunkel; der Reim macht ihn immer etwas anders sagen als er will, oder nöthigt ihn doch, seine Ideen übel auszudrüken. Die Feinde des Reims werden dieses vielleicht als eine neue Instanz anziehen, um diese vorgebliche Fesseln des Genie den Liebhabern und Lesern so verhaßt zu machen, als sie ihnen sind. Aber warum hat z. Ex. Pope die schönsten Gedanken, die schimmerndste Einbildungskraft,

vom Hauch der Seufzer erregt wird, aber gereinigt ein Feuer das in der Liebenden Augen schimmert -- Unglükliche Liebe ist eine See, die mit den Thränen der Liebenden genährt wird; was ist sie noch mehr? Eine vernünftige Tollheit, eine erstikende Galle, eine erquikende Herzstärkung -- Lebt wohl Vetter.

(Er will gehen.)

Benvolio.

Sachte, ich will mitgehen. Ihr beleidigt meine Freundschaft, wenn ihr mich auf eine solche Art verlaßt.

Romeo.

Still! Ich habe mich selbst verlohren, ich bin nicht hier; das ist nicht Romeo, er ist sonst irgendwo.

Benvolio.

-- (*) Aber wer ist dann die Person, die du liebst?

Romeo.

Ich will dir's sagen, Vetter; ich liebe -- ein Weibsbild.

Benvolio.

kraft, den feinsten Wiz, den freyesten Schwung, den lebhaftesten Ausdruk, die gröste Anmuth, Zierlichkeit, Correction, und über alles dieses, den höchsten Grad der musicalischen Harmonie, deren die Poesie in seiner Sprache fähig ist, in seinen Gedichten mit dem Reim durchaus zu verbinden gewußt? Die Reime können vermuthlich nichts dazu, wenn sie für einige Dichter schwere Ketten und Fuß-Eisen sind; für einen Prior oder Chaulieu sind sie Blumen-Ketten, womit die Grazien selbst sie umwunden zu haben scheinen, und in denen sie so leicht und frey herumflattern als die Scherze und Liebes-Götter, ihre beständigen Gefehrten. Shakespears Genie war zu feurig und ungestüm, und er nahm sich zu wenig Zeit und Mühe seine Verse auszuarbeiten; das ist die wahre Ursache, warum ihn der Reim so sehr verstellt, und seinen Uebersezer so oft zur Verzweiflung bringt.

(*) Hier haben etliche Non-Sensicalische Zeilen ausgelassen werden müssen.

Benvolio.

Das errieth ich, sobald ich merkte, daß ihr verliebt wäret.

Romeo.

Du hast eine vortreffliche Gabe zum Errathen -- und sie ist schön, die ich liebe.

Benvolio.

Ein schönes Ziel ist desto leichter zu treffen.

Romeo.

Aber sie wird von Cupido's Pfeile nicht getroffen werden; sie hat Dianens Sprödigkeit, und lebt in der wolgestählten Rüstung ihrer Keuschheit sicher vor Amors kindischem Bogen. Sie sezt sich keinen nachstellenden Bliken aus, sie öffnet ihr Ohr keinen Liebes-Erklärungen, noch ihren Schooß dem Golde, das sonst oft die Heiligen selbst verführt. O! Sie ist reich an Schönheit, und allein darinn arm, daß der ganze Schaz der Schönheit, in ihr versammelt, sterblich ist.

Benvolio.

Hat sie denn geschworen, daß sie in ewiger Jungfrauschaft leben will?

Romeo.

Sie hat, und macht sich durch diese Sparsamkeit einer ungeheuren Verschwendung schuldig. Denn Schönheit, die durch ihre eigne Strenge umkommt, vernichtet auf einmal die Schönheit einer ganzen Nachkommenschaft. Sie ist zu weise um so schön, oder zu schön um so weise zu seyn; und es ist grausam an ihr, den Himmel damit verdienen zu wollen, daß sie mich zur Verzweiflung treibt --

Benvolio.

Laßt euch einen guten Rath geben, und vergeßt, an sie zu denken.

Romeo.

O lehre mich erst, wie ich vergessen kan, mich meiner selbst zu erinnern.

Benvolio.

Gieb deinen Augen ihre Freyheit wieder; lenke deine Aufmerksamkeit auf andre Schönheiten.

Romeo.

Das wäre das Mittel, alle Augenblike an den Vorzug der ihrigen erinnert zu werden. Diese glüklichen Schleyer, die die Stirne schöner Damen küssen, erheben durch ihre Schwärze, die Schönheit, so sie verbergen. Wer durch einen Unfall blind worden ist, kan nicht vergessen, was für einen kostbaren Schaz er mit seinem Gesicht verlohren hat. Zeigt mir ein Frauenzimmer, das unter tausenden die schönste ist; wozu kan mir ihre Schönheit dienen, als zu einem Spiegel, worinn ich diejenige erblike, die noch schöner als die schönste ist? Lebe wohl, und gieb es auf, mich sie vergessen zu lehren.

Benvolio.

Ich will diesen Unterricht bezahlen, oder als Schuldner sterben.

[Sie gehen ab.]

Dritte Scene.

Capulet, Paris, und ein Bedienter treten auf.

Capulet.

Montague ist so gut gebunden als ich; er hat die nemliche Straffe zu befürchten; und für alte Leute wie wir sind, sollt' es nicht schwer seyn, Frieden zu halten.

Paris.

Ihr seyd beyde rechtschaffne Männer, und es ist recht zu bedauren, daß ihr so lang in Mißhelligkeit gelebt habt -- Aber nun, gnädiger Herr, was sagt ihr zu meiner Anwerbung?

Capulet.

Ich kann euch nichts anders sagen, als was ich schon gesagt habe: Mein Kind ist noch ein neu angekommener Fremdling in der Welt, sie hat noch nicht vierzehn Jahre gesehen; laßt wenigstens noch zween Sommer verblühen, eh wir denken können, daß sie zum Braut-Stande reif sey.

Paris.

Jüngere als sie, sind schon glükliche Mütter geworden.

Capulet.

Und verderben auch desto früher, je frühzeitigere Früchte von ihnen erzwungen werden. Die Erde hat alle meine andern Hoffnungen verschlungen; ich habe kein Kind als sie; sie ist das einzige Vergnügen meines Alters; indeß bewirb dich bey ihr selbst um sie, mein lieber Paris, such ihr Herz zu gewinnen; wenn du ihren Beyfall hast, so hast du meine Einwilligung. Diese Nacht geb' ich, einer alten Gewohnheit nach, ein Gastmahl, wozu ich viele werthe Freunde eingeladen habe: Vermehret ihre Anzahl, unter allen soll mir keiner willkommner seyn. Ihr werdet diese Nacht in meinem armen Haus irdische Sterne sehen, welche die himmlischen selbst verdunkeln können. (*) Ihr werdet mit dem Vergnü-

(*) Hr. Warbürton ist der Welt als ein grosser Criticus bekannt, und es ist gewiß, daß wir seiner Scharfsinnigkeit viele Verbesserungen unsers durch die Schauspieler so übel zugerichteten Autors zu danken haben. Dem ungeachtet, scheint er zuweilen in den fast allgemeinen Fehler der Verbal-Critiker zu fallen, und mit dem Shakespear nicht viel besser zu verfahren, als der gelehrte Bentley mit dem Horaz. Hier ist ein Beyspiel davon, das wir zur Probe anführen wollen, ob es gleich sonst desto unnöthiger ist, die Leser mit critischen Noten zu behelligen, da selbige die Kenntniß der Englischen Sprache voraussezen, und diese Uebersezung nur für diejenige gemacht ist, die das Original nicht lesen können. Warbürton nennt den Vers: Earth-treading stars that make dark heaven's Light. Unsinn, und will daß man lesen soll: That make dark Even light -- Eine Verbesserung im echten Bentleyischen Geschmak! Die Verbesserung ist wahrer Unsinn, der Text aufs höchste eine weder ungewöhnliche noch unschikliche Hyperbole. Es ist etwas sehr mögliches, daß die irdischen Sterne, welche Shakespear meynt, bey einem Bal den Glanz der himmlischen in den Augen eines jungen Liebhabers verdunkeln; und das ist der natürlichste Sinn des Texts: Aber daß eine ganze Schaar der schimmerndsten Schönen durch den blossen Glanz ihrer Augen, einen Tanzsaal so wol erleuchten sollte, daß man die Lichter dabey ersparen könnte, ist mehr als man auch der feurigsten Orientalischen Einbildungs-

Vergnügen, das muntre junge Leute fühlen, wenn der schmuke April den hinkenden Winter vor sich hertreibt, unter einem Frühling voll neu entfalteter Mädchen-Knospen wandeln; betrachtet sie alle, höret alle, und laßt euch diejenige am besten gefallen, die es am meisten verdient; ihr werdet so viele liebenswürdigere finden, daß die meinige sich unbemerkt in der Menge verliehren wird. Kommt, geht mit mir -- Du, Bursche, geh, trotte ganz Verona durch, und lade die Personen zu mir ein, deren Namen auf diesem Zettel stehen --

(Capulet und Paris gehen ab.)

Bedienter.

Lade mir die Personen ein, die auf diesem Zettel stehen -- Es steht geschrieben, der Schuster soll sich mit seinem Ellen-Stab abgeben, der Schneider mit seinem Leist, der Fischer mit seinem Pinsel, und der Mahler mit seinem Nez. Aber ich soll die Personen finden, deren Namen hier geschrieben sind, und kan doch nicht finden, was für Namen die schreibende Person hieher geschrieben hat. Ich muß mich bey den Gelehrten Raths erholen -- Da lauffen mir gerad ihrer ein Paar in die Hände --

dungskraft zumuthen dürfte. Wenn wir, wie schon öfters geschehen ist, die Lesart des Texts der vermeynten Verbesserung des Hrn. Warburtons vorziehen, so geschieht es allemal mit so gutem Grund als dieses mal, obgleich manche von denenjenigen, die wir verwerfen, seinem Wiz mehr Ehre machen, als die gegenwärtige.

Benvolio und Romeo treten auf.

Benvolio.

Still, Mann! Eine Hize treibt die andre aus, und die Pein eines Schmerzens wird durch einen andern Schmerz vermindert; wenn dir taumlicht ist, so hilfst du dir damit, daß du dich wieder zurük drehest, und deiner Hoffnungslosen Liebe kan nicht besser als durch eine neue geholfen werden.

Romeo.

Wegbreit-Blätter sind unvergleichlich für das.

Benvolio.

Für was, wenn man bitten darf?

Romeo.

Für euern Beinbruch.

Benvolio.

Wie, Romeo, bist du toll?

Romeo.

Nicht toll, aber fester angebunden als irgend einer im Tollhause; in ein Gefängniß eingesperrt, zur Hunger-Cur verurtheilt, gepeitscht und gepeinigt: Und -- guten Abend, Camerad -- (Zum Bedienten.)

Bedienter.

Einen guten Abend geb' euch Gott: Ich bitte euch, Herr, könnt ihr lesen?

Romeo.

Ja, mein Schiksal in meinem Unglük.

Bedienter.

Vielleicht habt ihr ohne Buch lesen gelernt; aber ich bitte euch, könnt ihr alles lesen was ihr seht?

Romeo.

Ja, wenn ich die Buchstaben und die Sprache weiß.

Bedienter.

Das ist gesprochen wie ein Bidermann -- Gott behüt' euern guten Humor!

(Er will gehen.)

Romeo.

Bleib, Barsche, ich kan lesen --

Er liest das Papier.

Signor Martino und seine Frau und Tochter: Graf Anselmo und seine schönen Schwestern; die verwittibte Donna Vitruvia; Signor Placentio und seine liebenswürdige Nichten; Mercutio und sein Bruder Valentin; mein Oheim Capulet mit Frau und Töchtern; meine schöne Nichte Rosalinde; Livia, Signor Valentio und sein Vetter Tybalt; Lucio, und die lebhafte Signora Helena --

Eine hübsche Assamblee, und wohin sollen sie kommen?

Bedienter.

Herauf --

Romeo.

Wohin?

Bedienter.

Zum Nacht-Essen in unser Haus.

Romeo.

In wessen Haus?

Bedienter.

In meines Herren seines.

Romeo.

In der That, das hätte ich dich vorher fragen sollen.

Bedienter.

Nein, ich will euch eine Müh ersparen. Mein Herr ist der grosse reiche Capulet, und wenn ihr keiner vom Haus der Montägues seyd, so bitt' ich euch, kommt, und helft uns die Gläser ausleeren. Eine gute Zeit.

(Geht ab.)

Benvolio.

Wie wohl sich das fügt! die schöne Rosalinde, in die du so verliebt ist, wird mit allem was das Schönste in Verona ist, diesem Familien-Gastmal der Capulets beywohnen. Geh du auch hin, vergleich mit unpartheyischen Augen ihr Gesicht mit einigen, die ich dir zeigen will, und du sollst finden, daß dein Schwan eine Krähe ist.

Romeo.

Romeo.

(*) -- -- -- Eine schönere als meine Liebe! die allsehende Sonne sah niemals ihres gleichen, seit die Welt begann.

Benvolio.

Gut, gut! Ihr habt sie nur gesehen, wenn keine andre dabey war, und ihr sie, in beyden Augen, nur mit sich selbst abwoget; aber laßt ihre Reizungen in diesen crystallnen Waagschaalen gegen ein gewisses andres Mädchen, das ich euch bey diesem Gastmahl in seinem vollen Glanze zeigen will, abgewogen werden; so wird euch diejenige kaum noch erträglich vorkommen, die izt die beste scheint.

Romeo.

Ich will mit dir gehen, nicht weil ich dir glaube, sondern um das Vergnügen zu haben, dich von dem Triumph meiner Geliebten zum Zeugen zu machen.

(Sie gehen ab.)

(*) Eine Lüke von vier abgeschmakten Reimen.

Vierte Scene.

[Verwandelt sich in Capulets Haus.]

Lady Capulet und die Amme treten auf.

Lady.

Amme, wo ist meine Tochter? Ruffe sie zu mir heraus.

Amme.

Nun, bey meiner Jungferschaft, (wie ich zwölf Jahre alt war, meyn' ich;) ich sagte ihr, sie möchte kommen; wie, Schäfchen -- he! Mein Däubchen -- daß uns Gott behüte! Wo ist das Mädchen? he! Juliette!

Juliette zu den Vorigen.

Juliette.

Was ists? Wer ruft?

Amme.

Eure Frau Mutter.

Juliette.

Madam, hier bin ich, was ist euer Wille?

Lady.

Das ist eben die Sache -- Amme, verlaß uns eine Weile, wir müssen allein mit einander reden; Amme, komm

wieder

wieder zurük, ich habe mich anders besonnen, du darfst wohl bey unsrer Unterredung zugegen seyn: du weist, meine Tochter hat ein artiges Alter.

Amme.

Mein Treu, ich kan ihr Alter bey einer Stunde sagen.

Lady.

Sie ist noch nicht vierzehn.

Amme.

Ich will gleich vierzehn Zähne daran sezen, (und doch muß ich's zu meiner Schande sagen, ich habe nur noch vier,) sie ist nicht vierzehn; wie lang ist es noch von izt bis an St. Peters-Tag?

Lady.

Vierzehn Tage, oder noch ein paar drüber.

Amme.

Sey es vierzehn Tage oder fünfzehn, das thut nichts, kommt St. Peters-Abend, so wird sie vierzehn seyn. Süßchen und sie (Gott tröst ihre Seele!) waren von gleichem Alter. Wohl, Süßchen ist im Himmel, sie war zu gut für mich. Aber, wie ich sagte, an St. Peters-Abend des Nachts wird sie vierzehn seyn, das wird sie, meiner Six, ich erinnre mich's als ob's seit gestern wäre. Es ist seit dem Erdbeben nun eilf Jahre daß sie entwöhnt wurde; unter allen Tagen im Jahr will ich den Tag nicht vergessen; ich hatte denselben Tag Wermuth an meine Brust gestrichen, und saß in der Sonne an der Mauer unter dem Dauben-Schlag; der Gnädige Herr und Eu. Gnaden waren damals zu Mantua -- gelt, ich kan etwas im Kopf behalten? -- Aber, wie ich sagte, wie das Kind den Wermuth an meiner Brustwarze kostete, und schmekte daß es bitter war, das artige Närrchen, da hättet ihr sehen sollen, wie es so gescheid war und augenbliklich die Brust fahren ließ. Schüttle dich, sagte der Dauben-Schlag -- mein Treu! es müßte mir niemand sagen, daß ich hurtig lauffen sollte; und seitdem ist es nun eilf Jahre, denn sie konnte damals schon allein stehen; ja, bey meiner Treu, sie konnte schon lauffen, und watschelte schon allenthalben herum; dann just den Tag vorher, da sie das Loch in ihre Stirne fiel, und da hub mein Mann (Gott tröst ihn, er war ein muntrer Mann) da hub er das Kind auf; so, sagt er, fällst du auf die Nase? Du wirst auf den Rüken fallen, wenn du mehr Verstand haben wirst; wirst du nicht Julchen? Und, bey unsrer lieben Frauen! Das artige Tröpfchen hörte auf schreyen, und sagte, Ay -- so daß man sehen kan, wie endlich aus Spaß Ernst wird -- Da steh ich dafür, und wenn ich tausend Jahre leben sollte, so vergeß ichs nicht: Wirst du nicht, Julchen, sagt' er? Und das artige Närrchen, es hörte auf schreyen, und sagte, Ay!

Lady Capulet.

Genug hievon, ich bitte dich, stille!

Amme.

Ja, Gnädige Frau; und doch kan ich mir nicht helfen,

sen, ich muß lachen, wenn ich dran denke daß es aufhörte zu schreyen, und Ay sagte; und doch bin ich gut dafür, daß es eine Beule an der Stirne hatte, so dik wie ein junger Hahnen-Stein, eine recht gefährliche Beule, und es weinte bitterlich. So, sagte mein Mann, fällst du auf die Nase? Du wirst rükwärts fallen, wenn du älter wirst, wirst du nicht, Julchen? Und da schwieg es, und sagte, Ay.

Juliette.

Und schweig du auch, ich bitte dich, Amme, sag ich.

Amme.

Still, ich bin fertig: Gott zeichne dich zu seinem Segen aus! Du warst das holdseligste Kind, das ich gesäugt habe; und wenn ich nur so lange lebe, daß ich dich verheurathet sehe, so wünsch' ich mir nichts mehr.

Lady Capulet.

Diese Heurath ist eben die Sache, wovon ich reden wollte. Sagt mir, Tochter Juliette, habt ihr Lust zum Heurathen?

Juliette.

Es ist eine Ehre, von der ich mir nicht träumen lasse.

Amme.

Eine Ehre? Wenn ich nicht deine leibliche Amme wäre,

re, so würd' ich sagen, du habst die Weisheit mit der Milch eingesogen.

Lady Capulet.

Gut, es ist nun Zeit daran zu denken; es giebt hier in Verona jüngere als ihr, und Frauenzimmer von Stand und Ansehen, die schon Mütter sind. Bey meiner Ehre, in dem Alter worinn ihr noch ein Mädchen seyd, war ich schon eure Mutter. Ich will's also kurz machen, und euch sagen, daß sich der junge Paris um euch bewirbt.

Amme.

Ein Mann, junges Fräulein, ein Mann, dessen gleichen in der ganzen Welt -- Sapperment! es ist ein Mann wie in Wachs boßiert.

Lady Capulet.

Verona's Sommer hat keine schönere Blume.

Amme.

Das ist wahr, er ist eine Blume; mein Treu, eine wahre Blume.

Lady Capulet.

Was sagt ihr dazu? Gefällt euch der Cavalier? Ihr werdet ihn diese Nacht bey unserm Gastmahl sehen; beobachtet ihn recht, ihr werdet gestehen müssen, daß nichts liebenswürdigers seyn kan. Er ist eurer würdig, und wird

euch

euch glüklich machen (*) -- Doch, ihr habt ihn ja sonst schon gesehen; sagt, mit einem Wort, könnt ihr euch seine Liebe gefallen lassen?

Juliette.

Ich will ihn erst genauer betrachten; alles was ich izt sagen kan, ist, daß meine Augen allezeit durch euern Willen geleitet werden sollen.

Ein Bedienter zu den Vorigen.

Bedienter.

Gnädige Frau, die Gäste sind angekommen, das Essen ist aufgetragen, man wartet auf Euer Gnaden und mein junges Fräulein, man flucht auf die Amme im Speißgewölbe, und alles ist in der Extremität. Ich muß wieder zur Aufwartung; ich bitte euch, kommet augenbliklich.

Lady Capulet.

Wir kommen -- Juliette, es wird den Grafen nach dir verlangen.

Amme.

Geh, Mädchen, und suche zu deinen guten Tagen auch glükliche Nächte.

(Sie gehen ab.)

(*) Man hat gut gefunden diese Rede zu verändern und abzukürzen. Sie ist im Original die Grundsuppe der abgeschmaktesten Art von Wiz, und des Characters einer Mutter äusserst unwürdig. Pope scheint zu vermuthen, daß sie von Schauspielern eingeflikt worden sey.

Fünfte Scene.

[Eine Strasse vor Capulets Haus.]

Romeo, Mercutio, Benvolio mit fünf oder sechs andern Masken, Fakel-Trägern und Trummeln.

Romeo.

Wie, soll diese Rede unsre Entschuldigung machen, oder wollen wir ohne Apologie auftreten?

Benvolio.

Diese Weitläufigkeiten sind nicht mehr Mode. Wir brauchen keinen Cupido, mit einer Schärpe von Flittergold und einem gemahlten Tartar-Bogen von Schindeln, der die armen Mädchen, wie ein Vögel-Schrek die Krähen, zu fürchten macht. Sie mögen von uns halten was sie wollen, wenn wir ihnen nicht gefallen, oder sie uns nicht, so gehen wir wieder.

Romeo.

Gebt mir eine Fakel; ich bin nicht im Humor, Sprünge zu machen.

Mercutio.

Nicht doch, mein lieber Romeo, ihr müßt eins tanzen.

Romeo.

Ich gewiß nicht, das glaubt mir; ihr habt Tanzschuhe mit dünnen Solen, ich habe eine Seele von Bley, (*) die mich so zu Boden zieht, daß ich nicht von der Stelle kommen kan.

Mercutio.

Ihr seyd ein Liebhaber; borgt dem Cupido seine Flügel ab, und schwingt euch damit empor. (**)

Romeo.

Ich bin zu hart von seinem Pfeil verwundet, als daß ich mich auf seinen Flügeln erheben könnte ---

Mercutio.

Gebt mir ein Futteral, worein ich mein Gesicht steken kan -- (Er nimmt seine Maske ab.) -- Eine Maske für ein Frazen-Gesicht! -- wozu brauch ich eine Maske? Es wird niemand so vorwizig seyn, ein Gesicht wie das meinige genau anzusehen.

Benvolio.

Kommt, wir wollen anklopfen und hineingehn; und wenn wir einmal drinn sind, dann mag ein jeder seinen Füssen zusprechen.

[Hier fallen noch etliche sinnreiche Wizspiele von der grammaticalischen Art, zwischen Mercutio und Romeo weg.]

(*) Wortspiel mit Sole, und Soul, welche fast gleich ausgesprochen werden.

(**) In dieser Rede, der Antwort des Romeo, und etlichen folgenden Zeilen, die man gänzlich weglassen mußte, dreht sich alles um Wortspiele mit Bound und bound, soar und sore, und ein paar eben so frostige Antithesen herum. Alles dieses armselige Zeug findet sich, wie Pope bemerkt, nicht in der ersten Ausgabe dieses Stüks von 1597.

Romeo.

Wir gedenken uns bey diesem Ball eine Kurzweil zu machen, und doch sind wir nicht klug, daß wir gehen.

Mercutio.

Warum, wenn man fragen darf?

Romeo.

Mir träumte vergangene Nacht --

Mercutio.

Mir auch.

Romeo.

Gut, was träumte euch?

Mercutio.

Daß Träumer manchmal lügen.

Romeo.

Ja, in ihrem Bette, (*) wo sie oft wahre Dinge träumen.

Mercutio.

O, dann seh ich, daß ihr einen Besuch von der Königin Mab gehabt habt. Sie ist die Heb-Amme der Phantasie, kommt bey Nacht, nicht grösser als ein Agtstein am Zeigfinger eines Aldermanns, und fährt euch mit einem Gespan

von

(*) Wortspiel mit lie und lye, liegen, und lügen, welches sich zu gutem Glük übersezen läßt.

von kleinen Atomen über die Nasen der Schlafenden hin. Ihre Rad-Speichen sind von langen Spinnen-Beinen, die Deken von Grashüpfers-Flügeln, das Geschirr vom feinsten Spinnen-Web, die Kummet von Mondscheins-Stralen; ihre Peitsche von einem Grillen-Bein, und der Riemen von der feinsten Membrane; ihr Kutscher eine dünne grau-röklichte Schnake, nicht halb so dik als ein kleiner runder Wurm, den der schleichende Finger eines kleinen Mädchens aufgestochert hat. Ihr Wagen ist eine leere Hasel-Nuß, von Schreiner Eichhorn, oder Meister Wurm gemacht, die seit unfürdenklicher Zeit die Wagner der Feen sind: und in diesem Staat galloppiert sie, Nacht für Nacht, durch das Gehirn der Verliebten, und dann träumen sie von Liebe; über die Kniee der Hofleute, welche dann straks von Aufwartungen; über die Finger der Advocaten, die straks von Sporteln; über die Lippen der Damen, die straks von Küssen träumen, aber oft von der erzürnten Mab mit Hiz-Blattern gestraft werden, wenn ihr Athem nach parfürmiertem Zuker-Werk riecht. Zuweilen galloppiert sie über eines Hofschranzen Nase, und da träumt er, er hab' eine Pension ausgespürt: ein andermal kommt sie mit dem Wedel eines Zehend-Schweins in der Hand, und küzelt den schnarchenden Pfarrer; straks träumt er, daß er eine bessere Pfründe bekommen habe. Zuweilen fährt sie über eines Soldaten Hals, und da träumt er von ausländischen Hälsen die er abgeschnitten, von Friedens-Brüchen, Scharmüzeln, Spanischen Klingen, und fünf-Faden-tieffen Gesundheiten; dann trummelt sie wieder in seinen Ohren und er fährt erschroken auf, und erwacht, schwört ein paar Stoß-Gebette, und schläft wieder ein. Das ist die nemliche Mab, die den Kühen die Milch aussaugt, und den Pferden im Schlaf die Mähne verstrikt; das ist die Drutte, (der Alp,) welche die Mädchens drükt, wenn sie Nachts auf dem Rüken ligen -- das ist --

Romeo.

Stille, Stille, Mercutio, wie lange kanst du von nichts reden?

Mercutio.

In der That, ich rede von Träumen, diesen Kindern die ein müßiges Hirn mit der eiteln Phantasie erzeugt, welche so wenig Leib hat als die Luft, und unbeständiger ist als der Wind, der nur eben um den kalten Busen des Nords buhlte, und den Augenblik drauf, in einem Anstoß von Laune, hinwegstürmt, und sein Gesicht dem thauichten Sud zudreht.

Benvolio.

Dieser Wind von dem ihr euch so gelassen besprecht, bläßt uns von uns selbst weg; das Gastmal ist indeß vorbey, und wir werden zu spät kommen.

Romeo.

Ich fürchte, nur zu früh -- Denn mein Gemüth weissagt mir irgend eine schwarze noch in den Sternen hangende Begebenheit, die von den Spielen dieser Nacht ihren furchtbaren Anfang nehmen, und vielleicht das Ziel meines verhaßten Lebens durch die gewaltsame Hand eines frühzeitigen

gen Todes beschleunigen wird. Doch Er, der das Steuer-Ruder meines Lauffes führt, lenk' ihn nach seinem Gefallen! -- Wohlan, meine muntern Freunde!

Benvolio.

Rührt die Trummel! --

(Sie ziehen über den Schauplaz, und treten ab.)

Sechste Scene.

(Verwandelt sich in eine Halle in Capulets Hause.)

Etliche Bediente, mit Handtüchern.

1. Bedienter.

Wo ist Potpan, daß er uns nicht aufräumen hilft -- er hat einen Teller weggeschnappt! Er hat einen Teller mit sich gehen heissen!

2. Bedienter.

Wenn gute Manieren alle in eines oder zweener Händen liegen, und die noch dazu ungewaschen sind, das ist eine garstige Sache.

1. Bedienter.

Fort mit den Lehnstühlen, das kleine Schenk-Tisch'gen aus dem Wege, seht zu dem Silber-Geschirr; du, guter Freund, mache daß du mir ein Stük Marzipan auf die Seite kriegst; und wenn du mich lieb hast, so sorge, daß der

Thorhüter Susanna Mühlstein und Nell, Antoni und den Potpan hereinläßt --

2. Bedienter.

Gut, Junge, das will ich.

3 Bedienter.

Man sieht sich nach euch um, man ruft euch, man fragt nach euch, man sucht euch, im grossen Saal.

2. Bedienter.

Wir können nicht an zween Orten zugleich seyn; hurtig, ihr Jungens; seyd eine Weile munter, und wer alle andre überlebt, kriegt alles! --

(Sie geben ab.)

Die Gäste und Damen, nebst den Masken treten sämtlich auf.

1. Capulet.

Willkommen, meine Herren -- Und ihr, meine Damen, ihr habt noch keine Hüner-Augen an den Zehen, wir wollen eins lustig mit einander machen. Ich will doch nicht hoffen, meine Königinnen, daß mir eine unter euch ein Tänzchen abschlagen wird -- Eine jede, die sich lange bitten läßt, hat Hüner-Augen, das schwör' ich; -- He? bin ich euch zu nah gekommen? -- Willkommen allerseits, ihr Herren; ich weiß die Zeit auch noch, da ich eine Maske trug, und einem jungen Fräulein hübsche Sachen ins

Ohr flüstern konnte; aber es ist vorbey, vorbey, vorbey! (Die Musik fangt an; man tanzt.) Mehr Lichter her, ihr Schurken, und die Tische aus dem Weg; und laßt das Feuer abgehen, es ist zu warm im Zimmer -- Gelt, junger Herr, ein unvermutheter Spaß ist der angenehmste -- Nun sezt euch, sezt euch, mein guter Vetter Capulet, denn die Tanz-Zeit ist doch bey euch und mir vorbey: Wie lang ist es wohl, seit ihr und ich das leztemal auf einem Masken-Bal tanzten?

2. Capulet.

Bey unsrer Frauen! dreißig Jahre.

1. Capulet.

Wie, Mann? Es ist noch nicht so lang, es ist noch nicht so lang; es war an Lucentio's Hochzeit; es wird auf kommende Pfingsten fünf und zwanzig Jahre, daß wir in Masken tanzten.

2. Capulet.

Es ist mehr, es ist mehr; sein Sohn ist älter, Herr; sein Sohn hat schon dreißig.

1. Capulet.

Das werdet ihr mir nicht weiß machen; sein Sohn war vor zwey Jahren noch nicht mündig.

Romeo (in einem andern Theil des Saals.)

Wer ist die junge Dame, die dort jenem Ritter die Hand giebt?

Bedienter.

Ich weiß es nicht.

Romeo.

O, sie glänzt mehr als alle diese Fakeln zusammen genommen; ihre Schönheit hängt an der Stirne der Nacht, wie ein reiches Kleinod an eines Mohren Ohr: Und welch eine Schönheit! Sie ist zu reich zum Gebrauch, und zu kostbar für diese Erde. So glänzt die schneeweisse Daube aus einem Schwarm von Krähen, wie dieses Fräulein unter ihren Gespielen glänzt. Wenn der Tanz vorbey ist, will ich mir den Plaz merken, wo sie steht, und ihr meine Hand geben. Welch eine Glükseligkeit ihre Hand zu berühren? — Nein, ich habe noch nie geliebt -- Schwör es, mein Auge; vor dieser glüklichen Nacht wußtest du nicht, was Schönheit ist.

Tybalt, (der dem Romeo bey den lezten Worten sich nähert.)

Der Stimme nach sollte dieß ein Montague seyn -- hol mir einen Degen, Junge -- wie? der Sclave darf sich erfrechen in einer Maske hieher zu kommen, und unsrer feyerlichen Lust zu spotten? Nein, bey der bejahrten Ehre meines Geschlechts, es ist keine Sünde, den Nichtswürdigen zu todt zu schlagen.

Capulet.

Wie, wie, Vetter? Warum so stürmisch?

Tybalt.

Tybalt.

Oheim, hier ist einer unsrer Feinde, ein Montague; ein Bube der gekommen ist, uns unter die Nase zu lachen, und unsre Familien-Freude zu stören --

Capulet.

Ist es vielleicht der junge Romeo?

Tybalt.

Er selbst, der Schurke Romeo!

Capulet.

Gieb dich zu frieden, lieber Vetter, laß ihn gehen; er sieht einem jungen wakern Edelman gleich; und, wenn ich die Wahrheit sagen soll, er hat den Ruf eines tugendhaften wohlgesitteten Jünglings, der Verona Ehre macht. Ich wollte nicht um unsre ganze Stadt, daß ihm in meinem Hause was zu Leide gethan würde. Seyd also ruhig, thut als ob ihr ihn nicht kennet; ich will es so haben, und wenn ihr einige Achtung für mich habt, so heitert eure Stirne auf, und macht keine Gesichter, die sich so übel zu einer Lustbarkeit schiken.

Tybalt.

Sie schiken sich, wenn ein solcher Bube sich zum Gast aufdringt: ich will ihn nicht dulden!

Capulet.

Das sollt ihr aber! Wie, Herr Junge? -- Ihr sollt,

sag ich -- Geht, geht, bin ich hier Meister oder ihr? Geht, geht -- Ihr wollt ihn nicht dulden? Hol mich Gott, ihr würdet mir einen feinen Lermen unter meinen Gästen anrichten! Ihr wollt mir hier den Eisenfresser machen? Gelt, das wollt ihr?

Tybalt.

Wie, Oehm, es ist eine Schande --

Capulet.

Geht, geht, ihr seyd ein abgeschmakter Knabe — (auf die Seite zu einem von der Gesellschaft.) Ist es so, in der That? -- (zu Tybalt) ihr könnt was anfangen, das euch gereuen wird, ich weiß was ich sage -- (Seitwärts;) wohl gesprochen, meine Kinder,-- (zu Tybalt,) Ihr seyd ein Hasenfuß, geht -- seyd ruhig, oder -- (Seitwärts.) Mehr Lichter, mehr Lichter, es ist eine Schande, so dunkel ist's! -- (zu Tybalt) ich will euch ruhig machen -- (Seitwärts:) Wie, munter, meine Herzen!

Tybalt.

Geduld und Zorn vertragen sich nicht wohl bey mir zusammen; sie stossen, indem sie sich begegnen, die Köpfe so hart an einander an, daß mir alle Glieder davon wakeln. Ich will mich entfernen, aber er soll mir diese Zudringlichkeit bezahlen!

[Tybalt geht ab.]

Romeo

Romeo zu Juliette.

(*) [Wenn meine unwürdige Hand diesen heiligen Leib entweiht hat, so laß dir diese Busse gefallen: Meine Lippen, zween erröthende Pilgrimme, stehen bereit den Frefel, mit einem zärtlichen Kuß abzubüssen.

Juliette.

Ihr thut eurer Hand unrecht, mein lieber Pilgrim; sie hat nichts gethan, als was die bescheidenste Andacht zu thun pflegt; Heilige haben Hände, die von den Händen der Wallfahrenden berührt werden, und Hand auf Hand ist eines Pilgrims Kuß.

Romeo.

Haben Heilige nicht Lippen, und andächtige Pilgrimme auch?

Juliette.

Ja, Pilgrim, sie haben Lippen, aber zum Beten.

Romeo.

O so erlaube, theure Heilige, erlaube den Lippen nur, was du den Händen gestattest; sie bitten, (und du, erhöre sie,) daß du den Glauben nicht in Verzweiflung fallen lassest.

Juliette.

Heilige rühren sich nicht, wenn sie gleich unser Gebet erhören.

Romeo.

(*) Dieser Dialogus ist im Original eine Elegie mit verschränkten Reimen.

Romeo.

O so rühre du dich auch nicht, indem ich mich der Würkung meines Gebets versichre -- Er küßt sie. Die Sünde meiner Lippen ist durch die deinige getilgt.]

Juliette.

Also tragen nun meine Lippen die Sünde, die sie von den deinigen weggenommen haben.

Romeo.

Sünde von meinen Lippen? O! angenehme Strenge! Gebt mir meine Sünde nur wieder zurük.

Juliette.

Ihr habt küssen gelernt; ich verstehe mich nicht darauf.

Amme.

Gnädiges Fräulein, eure Frau Mutter möchte gern ein Wort mit euch sprechen --

[Juliette entfernt sich.]

Romeo.

Wer ist ihre Mutter?

Amme.

Sapperment, junger Herr, ihre Mutter ist hier die Frau vom Hause, und eine brave, gescheidte, tugendsame Frau. Ich säugte ihre Tochter, mit der ihr geredet habt; und ich sag euch, wer sie kriegt, bekommt so gewiß eine Jungfer --

Romeo.

Romeo (indem er sich entfernt, vor sich.)

Eine Capulet? O Himmel! Mein Herz und mein Leben sind unwiderbringlich in der Gewalt meiner Feindin.

Benvolio.

Weg, wir wollen gehen, der gröste Spaß ist vorbey.

Romeo.

Das fürcht' ich selbst, das übrige wird mich mehr als meinen Schlaf kosten.

Capulet.

Nein, ihr Herren, geht noch nicht weg, wir haben noch ein kleines schlechtes Nachtessen vor uns -- Wie, muß es denn seyn? Nun dann, so dank ich euch allen -- Ich dank euch, meine liebe Herren, gute Nacht -- Mehr Fakeln her -- (Zu den übrigen:) Kommt hinein, und dann zu Bette. -- Ah, guter Freund, bey meiner Treu, es ist schon späte. Ich will in mein Bette.

[Sie gehen nach einander ab.]

Juliette.

Ein wenig hieher, Amme -- Wer ist der junge Herr dort?

Amme.

Der einzige Sohn des alten Tiberio?

Juliette.

Wer ist der, der eben izt zur Thüre hinausgeht?

Amme.

Amme.

Das ist der junge Petrucchio, bild' ich mir ein.

Juliette.

Wer ist der, der ihm folgt, der nicht tanzen wollte?

Amme.

Ich kenn' ihn nicht.

Juliette.

Geh, frage nach seinem Namen -- (leise.) Wenn er schon vermählt ist, so ist sehr wahrscheinlich, daß mein Grab mein Braut-Bette seyn wird.

Amme.

Er heißt Romeo, er ist ein Montague, der einzige Sohn von unserm grossen Feind.

Juliette vor sich.

O Himmel! der, den ich einzig lieben kan, ist der, den ich einzig hassen sollte -- Zu früh gesehn, eh ich ihn kannte; und zu spät erkannt; was für eine seltsame Mißgeburt ist meine Liebe -- ich liebe -- meinen verhaßtesten Feind.

Amme.

Was sagtet ihr da? Was habt ihr?

Juliette.

Ein paar Reime, die ich eben von einem gelernt, mit dem ich tanzte.

[Man ruft hinter der Scene Juliette.]

Amme.

Amme.

Gleich, gleich; Kommt, wir wollen gehen, die Fremden sind schon alle fort.

[Sie gehen ab.]

[Zum Beschuß dieses Aufzugs tritt ein Chor auf, und sagt den Zuschauern in vierzehn Reimen, was sie vermuthlich von selbst errathen hätten -- daß Romeo, seit der Nacht, da er die schöne Juliette gesehen, seine erste Liebste nicht mehr schön befunden -- daß er nun Julietten liebe, und von ihr wieder geliebt werde -- daß die tödtliche Feindschaft ihrer Häuser zwar die Sympathie ihrer Herzen nicht habe verhindern können, aber ihnen hingegen alle Gelegenheit abschneide, sich zu sehen und zu sprechen, ohne daß jedoch dieser harte Zwang eine andre Würkung gethan habe, als die Heftigkeit ihrer Liebe und Sehnsucht zu verdoppeln.]

Zweyter Aufzug.

Erste Scene.

[Die Strasse.]

Romeo tritt allein auf.

Romeo.

Kan ich weggehen, wenn mein Herz hier ist? Dreh dich zurük, plumpe Erde, und suche deinen Mittelpunct.

(Er geht ab.)

Indem er sich entfernt, treten Benvolio und Mercutio von der andern Seite auf, und werden ihn gewahr.

Benvolio.

Romeo, Vetter Romeo!

Mercutio.

Er ist klug, und schleicht sich, auf mein Leben, heim zu Bette.

Benvolio.

Nein er lief diesen Weg, und sprang dort über die Garten-Mauer. Ruf ihm, Mercutio!

Mercutio.

Nicht nur das, ich will ihn gar beschwören. He! Romeo!

meo! Grillenfänger! Wetterhahn! Tollhäusler! Liebhaber! Erscheine du, erschein in der Gestalt eines Seufzer, rede, aber in lauter Reimen, und ich bin vergnügt. Aechze nur, Ach und O! reime nur Liebe und Triebe, sag meiner Gevatterin Venus nur ein einziges hübsches Wörtchen, häng' ihrem stokblinden Sohn und Erben nur einen einzigen Ueber-Namen an, (dem jungen Abraham Cupido, ihm der so gut schoß, als König Cophetua um ein Bettel-Mädchen seufzte (*) -- doch er hört nicht, er rührt sich nicht, er giebt kein Zeichen von sich; der Affe ist todt, ich muß ihn schon beschwören -- So beschwör' ich dich dann bey Rosalinens schönen Augen, bey ihrer hohen Stirne, und bey ihren Purpur-Lippen, bey ihrem niedlichen Fuß, schlamken Bein, runden Knie, und bey den angrenzenden schönen Gegenden, beschwör' ich dich, daß du uns in deiner eignen Gestalt erscheinest!

Benvolio.

Wenn er dich hörte, würdest du ihn böse machen.

Mercutio.

Das kan ihn nicht böse machen: Das würd' ihn böse machen, wenn ich einen Geist von irgend einer seltsamen Gestalt in seines Mädchens Circel citierte, und ihn so lange dort stehen liesse, bis sie ihn gelegt und zu Boden beschworen hätte; das wäre was, das er vielleicht übel nehmen könnte -- Aber meine Citation ist ehrlich und redlich, und ich beschwör' ihn, in seiner Liebsten Namen, einzig und allein zu seinem eignen Besten.

(*) Eine doppelte Anspielung, auf eine alte Ballade, oder Romanze, und einen damals bekannten Schützen, der Abraham hieß.

Benvolio.

Kommt, er hat sich vermuthlich hinter diese Bäume verstekt, und keine andre Gesellschaft zu haben, als die schwermüthige Nacht; die Liebe ist blind, und schikt sich am besten in die Dunkelheit.

Mercutio.

Izt wird er dir unter einem Mispeln-Baum sizen, und wünschen, daß seine Liebste von der Art von Früchten seyn möchte, welche die Mädchens Mispeln nennen, wenn sie allein zusammen schwazen -- Gute Nacht, Romeo, ich will in mein Roll-Bette, ich; dieses Feld-Bette ist mir zu kalt; kommt, wollen wir gehen?

Benvolio.

Es wird klüger seyn, als hier jemand zu suchen, der sich nicht finden lassen will.

Zweyte Scene.

[Verwandelt sich in Capulets Garten.]

Romeo tritt auf.

Romeo.

Der lacht über Narben, der nie keine Wunde fühlte -- Aber stille! was für ein Licht bricht aus jenem Fenster hervor? Es ist der Osten, und Juliet ist die Sonne --

(Juliet.

(Juliette erscheint oben am Fenster.)

Geh auf, schöne Sonne, und lösche diese neidische Luna aus, die schon ganz bleich und krank vor Verdruß ist, daß du, ihr Mädchen, schöner bist als sie. Sey nicht länger ihre Aufwärterin, da sie so neidisch ist; ihre Vestalen-Livree ist nur blaß und grün, und wird nur von Thörinnen getragen; wirf sie ab -- Sie spricht, und sagt doch nichts; was ist das? -- Ihr Auge redt, ich will ihm antworten — Wie voreilig ich bin! Sie redt nicht mit mir: Zween von den schönsten Sternen des ganzen Himmels, die anderswo Geschäfte haben, bitten ihre Augen, daß sie, indessen bis sie wiederkommen, in ihren Sphären schimmern möchten -- Wie wenn ihre Augen dort wären, und jene in ihrem Kopfe? Der Glanz ihrer Wangen würde diese Sterne beschämen, wie Tag-Licht eine Lampe; ihre Augen, wenn sie am Himmel stühnden, würden einen solchen Strom von Glanz durch die Luft herabschütten, daß die Vögel zu singen anfiengen, und dächten, es sey nicht Nacht: Sieh! sie lehnt ihre Wange an ihre Hand! O daß ich ein Handschuh an dieser Hand wäre, damit ich diese Wange berühren möchte!

Juliette.

Ach! ich Unglükliche! --

Romeo.

Sie redt. O, rede noch einmal, glänzender Engel! Denn so über meinem Haupt schwebend scheinst du diesen Augen so glorreich als ein geflügelter Bote des Himmels den weitofnen emporstarrenden Augen der Sterblichen, die, vor Begierde ihn anzugaffen, auf den Rüken fallen -- wenn er die trägschleichenden Wolken theilend auf dem Busen der Luft in majestätischem Flug dahersegelt.

Juliette.

O Romeo, Romeo -- Warum bist du Romeo? -- Verläugne deinen Vater und entsage deinem Namen -- oder wenn du das nicht willt, so schwöre mir nur ewige Liebe und ich will keine Capulet mehr seyn.

Romeo leise.

Soll ich länger zuhören, oder auf dieses antworten?

Juliette.

Nicht du, bloß dein Nahme ist mein Feind; du würdest du selbst seyn, wenn du gleich kein Montague wärest — Was ist Montague? -- Es ist weder Hand nach Fuß, weder Arm noch Gesicht, noch irgend ein andrer Theil. Was ist ein Name; Das Ding das wir eine Rose nennen, würde unter jedem andern Namen eben so lieblich riechen. Eben so würde Romeo, wenn er schon nicht Romeo genennt würde, diese ganze reizende Vollkommenheit behalten, die ihm, unabhängig von diesem Namen, eigen ist -- Romeo, gieb deinen Namen weg, und für diesen Namen, der kein Theil von dir ist, nimm mein ganzes Ich.

Romeo.

Ich nehme dich beym Wort; nenne mich nur deinen

Freund, und ich will meinem Taufnamen entsagen, ich will von nun an nicht mehr Romeo seyn.

Juliette.

Wer bist du, der hier, in Nacht gehüllt, mein einsames Selbstgespräche belauscht?

Romeo.

Durch einen Namen weiß ich dir nicht zu sagen, wer ich bin; mein Name, theure Heilige, ist mir selbst verhaßt, weil er ein Feind von dir ist. Ich wollt' ihn zerreissen, wenn ich ihn geschrieben hätte.

Juliette.

So neu sie mir ist, so kenn' ich doch diese Stimme -- Bist du nicht Romeo, und ein Montague?

Romeo.

Keines von beyden, schöne Heilige, wenn dir eines davon mißfällt.

Juliette.

Wie kamst du hieher, sage mir das, und warum? Die Garten-Mauer ist hoch und schwer zu ersteigen, und der Ort Tod, wenn dich einer von meinen Verwandten gewahr würde.

Romeo.

Mit der Liebe leichten Flügeln überflog ich diese Mauern, einen zu schwachen Wall gegen den mächtigsten Gott;

was die Liebe thun kan, dazu hat sie auch den Muth; und deßwegen können deine Verwandten mich nicht abschreken.

Juliette.

Wenn sie dich sehen, so ermorden sie dich.

Romeo.

O Götter! Es ist mehr Gefahr in deinem Aug als in zwanzig ihrer Schwerdter; sieh nur du mich huldreich an, so verlache ich alles was ihr Groll gegen mich unternehmen kan.

Juliette.

Ich wollte nicht um die ganze Welt, daß sie dich hier sähen.

Romeo.

Der Mantel der Nacht wird mich vor ihren Augen verbergen, und wenn nur du mich liebst, so mögen sie mich immer finden; besser daß ihr Haß mein Leben ende, als daß der Mangel deiner Liebe meinen Tod verlängre.

Juliette.

Wer gab dir Anweisung diesen Plaz zu finden?

Romeo.

Die Liebe, die mich antrieb ihn zu suchen; sie lehnte mir Wiz, und ich lehnte ihr Augen -- Ich bin kein Steuermann, aber wärst du so fern als jenes vom entferntesten Ocean bespülte Ufer, ich würd' um ein solches Kleinod mein Leben wagen.

Juliette.

Juliette.

Die Maske der Nacht liegt auf meinem Gesicht, sonst würde meine glühende Wange dir zeigen, wie beschämt ich bin, daß du mich reden hörtest da ich allein zu seyn glaubte. Vergeblich würd' ich izt mich befremdet stellen wollen, vergeblich, vergeblich läugnen wollen was ich gesprochen habe — So fahre dann wohl, Verstellung! Liebst du mich? Ich weiß, du wirst sagen, ja; und ich will mit deinem Wort zufrieden seyn -- wenn du schwörst, so konntest du meineydig werden; Jupiter lacht nur, sagen sie, zu den falschen Schwüren der Verliebten. O werther Romeo, sey redlich, wenn du mir sagst, du liebest mich: Oder wenn du denkst, ich lasse mich zu liecht gewinnen, so will ich sauer sehen, und verkehrt seyn, und dir nein sagen -- aber anders nicht um die ganze Welt -- In der That liebenswürdiger Montague, ich bin zu zärtlich; du könntest deßwegen nachtheilig von meiner Aufführung denken; Aber glaube mir, edler Jüngling, du wirst mich in der Probe zuverläßiger finden, als diejenigen welche List genug haben sich zuverstellen und Umstände zu machen. Ich würde selbst mehr gemacht haben, ich muß es bekennen, wenn der Zufall dich nicht, mir unwissend, zum Zeugen meiner zärtlichen Gesinnungen gemacht hätte. Vergieb mir also, und denke, um dieser schleunigen Ergebung willen, nicht schlimmer von einer Liebe, die dir die dunkle Nacht so unverhoft entdeckt hat.

Romeo.

Fräulein, bey jenem himmlischen Mond schwör' ich, der alle diese frucht-vollen Wipfel mit Silber mahlt --

Juliette.

O schwöre nicht bey dem Mond, dem unbeständigen Mond, der alle Wochen in seinem cirkelnden Kreise sich ändert -- oder deine Liebe könnte eben so veränderlich werden.

Romeo.

Wobey soll ich denn schwören?

Juliette.

Schwöre gar nicht, oder wenn du ja willst, so schwöre bey deinem anmuthsvollen Sebst, bey dem theuren Gegenstand meiner Anbetung, und ich will dir glauben.

Romeo.

Wenn jemals meine redliche Liebe --

Juliette.

Gut, schwöre nicht -- So angenehm du selbst mir bist, so ist mir doch diese nächtliche Verbindung nicht angenehm; sie ist zu rasch, zu unbesonnen, zu plözlich zu ähnlich dem Bliz, der schon aufgehört hat zu seyn, eh man sagen kan, es blizt -- Gute Nacht, mein Liebster. Diese Knospe von Liebe kan durch des Sommers reiffenden Athem sich zu einer schönen Blume entfalten, bis wir wieder zusammen kommen. Gute Nacht, gute Nacht -- Eine so süsse Ruhe komme über dein Herz, als die, so ich in meiner Brust empfinde!

Romeo.

O, willt du mich so unbefriediget verlassen?

Juliette.

Und was für eine Befriedigung kanst du noch verlangen.

Romeo.

Die Auswechslung des Gelübds deiner treuen Liebe gegen das Meinige.

Juliette.

Das that ich schon, eh du mich darum batest, und ich wollte lieber, ich hätt' es nicht gethan.

Romeo.

Möchtest du dein Herz wieder zurüknehmen? Warum das, meine Liebe?

Juliette.

Nur damit ich dir's noch einmal geben könnte -- und doch, was wünsch' ich mir damit, als was ich schon habe? Meine Zärtlichkeit ist so grenzenlos als die See, meine Liebe so tief; je mehr ich dir gebe, je mehr ich habe, denn beyde sind unerschöpflich -- Ich höre ein Getöse -- Lebe wohl, mein Geliebter --

(Man ruft Julietten hinter der Scene.)

Gleich, gute Amme; lieber Romeo, sey getreu -- warte nur ein wenig, ich komme gleich wieder.

[Sie geht weg.]

Romeo

Romeo.

O glükliche, glükliche Nacht! Ich besorge nur, weil es Nacht ist, daß alles, das nur ein Traum sey; es ist zu schmeichelnd-süß um würklich zu seyn.

Juliette kommt wieder.

Juliette.

Drey Worte, liebster Romeo, und dann gute Nacht, im Ernst -- Wenn die Absicht deiner Liebe rechtschaffen ist, und auf eine geheiligte Verbindung abzielet, so laß mich durch jemand, den ich morgen an dich schiken will, wissen, wann und wo du die Ceremonien verrichten lassen willst, und ich bin bereit, mein ganzes Glük zu deinen Füssen zu legen, und dir, mein Liebster, durch die ganze Welt zu folgen.

(Man ruft Julietten hinter der Scene.)

Ich komme gleich - wenn du es aber nicht wohl meynst, so bitt' ich dich -- (Man ruft wieder) Den Augenblik -- ich komme -- gieb deine Bewerbung auf und überlaß mich meinem Gram -- Morgen will ich schiken --

Romeo.

So möge meine Seele leben --

Juliette.

Tausendmal gute Nacht --

[Sie geht weg.]

Romeo.

Romeo.

Wie kann dein Wunsch erfüllt werden, da du mich verlässest? -- Schmerzen=volles Scheiden! -- Liebe zu Liebe eilt so freudig wie Schulknaben von ihren Büchern -- aber wenn Liebe sich von Liebe scheiden soll, da geht's der Schule zu, mit schwermüthigen Bliken --

(Er entfernt sich.)

Juliette kommt noch einmal zurük.

Juliette.

St! Romeo! St! -- Wo nemm' ich eines Falkeniers Stimme her, um diesen Terzelot sachte wieder zurük zuloken -- Ich darf nicht laut ruffen, sonst wollt ich die Hőle wo Echo ligt zersprengen, und ihre helle Zunge von Wiederholung meines Romeo heiser machen.

Romeo.

Ist es meine Liebe die mir bey meinem Namen ruft? welche Musik tönt so süß als die Stimme der Geliebten durch die Nacht hin dem Liebenden tönt!

Juliette.

Romeo!

Romeo.

Meine Liebe!

Juliette.

In welcher Stunde soll ich morgen zu dir schiken?

Romeo.

Um neun Uhr.

Juliette.

Ich will es nicht vergessen, es ist zwanzig Jahre bis dahin -- Ich habe vergessen, warum ich dich zurükrief.

Romeo.

Laß mich hier stehen, biß es dir wieder einfällt.

Juliette.

Deine Gegenwart ist mir so angenehm, daß ich vergessen werde, daß ich dich zu lange hier stehen lasse.

Romeo.

Und ich stehe so gerne hier, daß ich mich nicht erinnre eine andre Heimat zu haben als diese.

Juliette.

Es ist bald Morgen -- Ich wollte du wärest weg, und und doch nicht weiter als der Vogel eines spielenden Mädchens, den sie ein wenig von ihrer Hand weghüpfen läßt, aber aus zärtlicher Eifersucht über seine Freyheit, wenn er sich zu weit entfernen will, den armen kleinen Gefangnen gleich wieder an einem seidnen Faden zurükzieht.

Romeo.

Ich wollt' ich wäre dein Vogel.

Juliette.

Das wollt' ich auch, mein Herz, wenn ich nicht fürchtete daß ich dich gar zu tode liebkosen möchte. Gute Nacht, gute Nacht. Das Scheiden kommt mich so sauer an, daß ich so lange gute Nacht sagen werde, biß es Morgen ist.

(Sie geht weg.)

Romeo.

Schlummer ruhe auf deinen Augen, und süsser Friede in deiner Brust! Möcht' ich der Schlaf und der Friede seyn, um so lieblich zu ruhen! -- Ich gehe nun in die Celle meines Geistlichen Vaters, ihm mein Glük zu entdeken und ihn um seinen Beystand zu bitten.

(ab.)

Dritte Scene.

(Verwandelt sich in ein Kloster.)

Pater Lorenz tritt mit einem Korb auf.

Lorenz.

Der grau-augichte Morgen lächelt die runzelnde Nacht weg, und zeichnet die östlichen Wolken mit Streiffen von Licht; indem die geflekte Finsterniß gleich einem Betrunknen, den brennenden Rädern des Titan aus dem Wege taumelt. Nun ist es Zeit, daß ich, eh das flammende Auge der Sonne näher kömmt, dem Tag zu liebkosen, und den

nächtli-

nächtlichen Thau aufzutroknen, diesen Korb mit balsamischen Kräutern und Blumen von heilsamer Kraft anfülle. Die Erde, die Mutter der Natur, ist auch ihr Grab, und dieses fruchtbare Grab ists, aus dessen Schoos alle diese verschiednen Kinder entspringen, die wir saugend an ihrem mütterlichen Busen hangen sehen; jede Art mit besondern Kräften begabt, jede mit einer eignen Tugend geschmükt, und keine der andern gleich. Wie groß ist nicht die manchfaltige Kraft die in Pflanzen, Kräutern und Steinen ligt! Nichts was auf der Erde sich findet, ist so schlecht, daß die Erde nicht irgend einen besondern Nuzen davon ziehe; nichts so gut, dessen Mißbrauch nicht schädlich sey. Die Tugend selbst, wird durch Ueberspannung oder irrige Anwendung zum Laster, und das Laster hingegen zuweilen durch die Art wie es ausgeübt wird, geadelt - - In dieser kleinen Blume hier liegt Gift und Heil-Kraft beysammen; ihr Geruch stärkt und ermuntert alle Lebens-Kräfte; gekostet hingegen, raubt sie den Sinnen alle Empfindung, und das Leben selbst. Zween eben so feindselige Gegner ligen allezeit in jedes Menschen Brust, die Gnade, und der verdorbne Wille, und wo dieser die Oberhand gewinnt, da hat der krebsartige Tod nur gar zu bald die ganze Pflanze aufgefressen.

Romeo zu den Vorigen.

Romeo.

Guten Morgen, Vater.

Bruder Lorenz.

Benedicite! Was für eine frühe Zunge grüßt mich so freundlich?

freundlich? -- Junger Sohn, es zeigt einen verstörten Kopf an, daß du dein Bette so früh schon verlässest. Sorgen wachen wohl in alter Leute Augen, und wo Sorge wohnt, wird der Schlaf nie sein Nachtlager nehmen: Aber wo kummerfreye Jugend mit unbeladnem Hirn ihre Glieder ruhen läßt, da herrschet der goldne Schlaf. Dein frühes Aufseyn ist mir also ein Zeichen daß irgend eine aufrührische Leidenschaft deine innerliche Ruhe stört -- oder wenn dieses nicht ist, nun, so ist's bald errathen, daß unser Romeo diese Nacht gar nicht zu Bette gegangen ist.

Romeo.

Das leztere ist wahr, weil mir eine süssere Ruhe zu theil ward.

Bruder Lorenz.

Gott verzeihe dir deine Sünde! warst du bey Rasalinen?

Romeo.

Bey Rosalinen, mein geistlicher Vater? Nein. Ich habe sie bis auf ihren Namen vergessen.

Bruder Lorenz.

Das ist mein guter Sohn! Aber wo bist du denn gewesen?

Romeo.

Ich will es aufrichtig gestehen; ich befand mich vor einiger Zeit, unerkannt, bey einem Gastmal meines Feindes;

dort wurd' ich unversehens, von einer Person verwundet, die ich zu gleicher Zeit verwundet habe; du besizest die geheiligte Arzney, die uns allein helfen kan; du siehest, heiliger Mann, daß ich keinen Haß in meinem Herzen hege, da meine Bitte sich auch auf meinen Feind erstrekt.

Bruder Lorenz.

Rede gerad und ohne Umschweiffe mit mir, mein Sohn; eine räthselhafte Beicht' erhält auch nur einen räthselhaften Ablaß.

Romeo.

So wisse dann, daß ich des reichen Capulets schöne Tochter liebe; ihr Herz hängt an meinem, wie das meinige an dem ihrigen: Alles ist schon unter uns verglichen, und um gänzlich vereinigt zu seyn, fehlt uns nichts, als der Knoten, den du machen kanst. Wenn, wo, und wie, wir einander zuerst gesehen, geliebt, und unsre Herzen ausgetauscht haben, will ich dir hernach erzählen; alles warum ich izt bitte, ist, daß du einwilligest uns heute noch zu vermählen.

Bruder Lorenz.

Heiliger Franciscus! Was für eine Veränderung ist das! Ist Rosaline, die du so zärtlich liebtest, so schnell vergessen? So sizt wohl die Liebe junger Leute bloß in ihren Augen und nicht im Herzen! Jesu, Maria! Was für Fluthen von Thränen haben deine Wangen um Rosalinen willen über-

schwemmt

schwemmt! Die Sonne hat deine Seufzer noch nicht vom Himmel weggewischt, dein Gewinsel hallt noch in meinen alten Ohren; sieh, hier sizt auf deiner Wange noch der Flek von einer alten Thräne, die noch nicht weggewaschen ist. Wenn du damals du selbst warst, so gehörst du Rosalinen -- und du bist ihr untreu worden? So gestehe dann, daß es unbillig ist, auf den Leichtsinn der Weiber zu schmählen, da in Männern selbst keine Standhaftigkeit ist.

Romeo.

Uud doch beschaltest du mich so oft, daß ich Rosalinen liebe?

Bruder Lorenz.

Daß du in sie vernarrt warst, nicht daß du sie liebtest, mein Kind --

Romeo.

Und befahlst mir, meine Liebe zu begraben?

Bruder Lorenz.

Aber nicht eine neue aus ihrem Grab heraus zu holen.

Romeo.

Ich bitte dich, schohne meiner; Sie die ich liebe, erwiedert meine Zuneigung durch die ihrige; das that die andre nicht.

Bruder Lorenz.

Ohne Zweifel sagte ihr Herz ihr vorher, wie unzuverläßig das deinige sey! Doch komm nur, junger Flattergeist, folge mir; dein Wankelmuth kan vielleicht gute Folgen nach sich ziehen. Diese Verbindung kan das gesegnete Mittel werden, den alten Haß eurer Familien auszulöschen -- und in dieser einzigen Betrachtung will ich dir behülflich seyn.

Romeo.

O laß uns gehen, ich habe keine Zeit zu versäumen —

Bruder Lorenz.

Bedächtlich und langsam! Wer zu schnell lauft, stolpert leicht.

(Sie gehen ab.)

Vierte Scene.

(Verwandelt sich in die Strasse.)

Benvolio und Mercutio treten auf.

Mercutio.

Wo, zum T** mag denn dieser Romeo seyn? Kam er verwichene Nacht nicht nach Hause?

Benvolio.

Sein Bedienter sagt, nein.

Mercutio.

Wie, zum Henker, dieses bleichsüchtige, hartherzige

Mensch

Mensch, diese Rosaline quält ihn, daß er endlich zum Narren d'rüber werden wird.

Benvolio.

Tybalt, des alten Capulets Neffe, hat einen Brief in seines Vaters Haus geschikt.

Mercutio.

Eine Ausforderung, auf mein Leben!

Benvolio.

Romeo wird ihm antworten, wie sich's gebührt.

Mercutio.

Auf einen Brief kan endlich ein jeder antworten, der Schreiben gelernt hat.

Benvolio.

Nein, ich meyne, Tybalt wird seinen Mann in Romeo finden.

Mercutio.

Wollte Gott! Aber ach, der arme Romeo! er ist schon tod; von einer weissen Dirne schwarzem Aug zu tod gestochen! mit einem Liebes-Liedchen durch und durch – die Ohren gestossen! Der kleine blinde Bogenschüze hat ihm den Herz-Bendel abgeschossen; und er soll der Mann seyn, sich mit einem Tybalt zu messen?

Benvolio.

Wie, was ist denn Tybalt --

Mercutio.

Mehr als der Fürst der Kazen; daß glaube mir. -- O, das ist der herzhafte Obrist-Leutenant aller Complimente; er ficht dir so leicht als du einen Gassen-Hauer singst, und bohrt dir nach der Cadenz, troz dem besten Tanzmeister -- mit eins, zwey, drey, sein Federmesser in den Busen, daß es eine Lust zu sehen ist -- ein wahrer Mörder eines seidnen Knopfs, ein Duellist, ein Duellist! Ein Mann, der immer zu förderst an der Spize seines hohen Hauses steht, ein Mann der sich nach den Noten schlägt -- ah, der unsterbliche Passado, der Punto reverso, der -- Hey! --

Benvolio.

Der -- was?

Mercutio.

Der Henker hohle diese frazigten, lispelnden, affectierten Narren! Diese süssen Bürschchen, die mit einem halbausländischen Accent ausruffen: Jesu! die allerliebste Klinge! -- Der allerliebste Grenadier! -- die allerliebste H**! -- Wie, ist es nicht erbärmlich, Großvater, daß wir mit diesen Schmetterlingen, mit diesen Mode-Frazen, diesen pardonnés-moi's heimgesucht seyn sollen, die so steiff auf der neuen Mode halten, daß sie unmöglich auf dem alten Bank ruhig sizen können? -- O! ihre bons, ihre bons!

Romeo zu den Vorigen.

Benvolio.

Hier kommt Romeo, hier kommt er --

Mercutio.

Ohne seinen Rogen, wie ein gedörrter Häring -- O Fleisch, Fleisch, wie bist du fischificiert! -- Izt ist er in den Harmonien vertieft, worinn Petrach daherfließt: Laura war gegen sein Fräulein nur ein Küchen-Mensch -- Zum Henker, sie hatte einen Liebhaber der sie besser bereimen konnte -- Dido war gegen sein Mädchen nur eine dike Säug-Amme, Helena und Hero Mezen und Landstreichers-Waare, Thisbe ein kazen-augichtes Ding, oder so was -- Aber nun zur Sache! Signor Romeo, bon jour; das ist ein französischer guter Morgen für eure französischen Hosen -- Ihr spieltet uns einen artigen Streich lezte Nacht --

Romeo.

Guten Morgen -- meine Freunde: Was für einen Streich spielt' ich euch dann?

Mercutio.

Daß ihr so davon schlüpftet, wie wir euch ruften.

Romeo.

Um Vergebung, mein lieber Mercutio, mein Geschäfte war wichtig, und in einem solchen Fall wie der meinige, ist es einem ehrlichen Mann erlaubt, eine kleine Ausnahme von den Regeln der Höflichkeit zu machen -- (*)

(*) Hier fängt sich bis zum Auftritt der Amme eine Art von wizigem Duell mit Wortspielen, und abgeschmakt-sinnreichen Einfällen zwischen Romeo und Mercutio an, welcher leztere zuweilen auch noch mit schmuzigen Scherzen um sich wirft, wenn er sich nicht anders mehr zu helfen weiß -- Man kennt schon diese Mode-Seuche von unsers Autors Zeit, und erlaubt uns, eine Lüke zu machen, wo es in unsrer Sprache unmöglich ist so wizig zu seyn wie seine Spaß-Macher.

Die Amme, mit Peter, ihrem Diener, zu den Vorigen.

Amme.

Peter --

Peter.

He?

Amme.

Meinen Fächer, Peter --

Mercutio.

Thu es, guter Peter, damit sie ihr Gesicht verbergen kan; ihr Fächer ist doch das schönste von beyden.

Amme.

Guten Tag geb euch Gott, ihr Herren.

Mercutio.

Ein gutes Mittag-Essen geb euch Gott, schönes Frauenzimmer.

Amme.

Ist es schon Mittag-Essens-Zeit?

Mercutio.

Es ist nicht weniger, sag ich euch; denn die --- (*)

[Nach-

(*) Eine abermalige Lüke, die sich von einer Zote des sinnreichen Mercutio anhebt, und im Original mit dem albersten Zeug von der Welt ausgefüllt ist.

[Nachdem diese drey jungen Herren eine Zeitlang ihren geistreichen Spaß mit der Amme gehabt haben, welche dem Romeo sagt, daß sie einen Auftrag an ihn habe, so führen sich endlich die beyden andern ab, und Romeo bleibt bey der Amme zurük.]

Amme.

Ich bitte euch, Gnädiger Herr, wer war der grobe Geselle da, der so voller Rauphereyen stekte?

Romeo.

Ein junger Edelmann, Amme, der sich selber gerne reden hört, und in einer Minute mehr sagt, als er in einem Monat zu verantworten im Sinn hat.

Amme.

Wenn er etwas wider mich sagte, so wollt' ich ihn auf den Boden kriegen, und wenn er noch einmal so muthig wär' als er ist, und zwanzig solche Hansen; und wenn ich nicht kan, so will ich die wol finden, die es können -- der Schurke, der! Ich bin keine von seinen Fleder-Wischen; ich bin keine von seinen Unter-Pfülben! Und du must so da stehn, und zusehen, wie ein jeder Flegel seine Lust an mir büßt?

Peter.

Ich sah niemand seine Lust an euch büssen; wenn ich so was gesehen hätte, ich wollte bald mit der Fuchtel heraus gewesen seyn, das versichr' ich euch. Ich habe so viel

Herz als ein andrer, wenn ich Sicherheit in einem Handel sehe, und das Gesez auf meiner Seite ist.

Amme.

Nun, bey Gott, ich bin so übel, daß alles an mir zittert -- der garstige Mensch! Ich bitte euch, Gnädiger Herr, ein einziges Wort; und wie ich euch sagte, mein junges Fräulein befahl mir euch aufzusuchen; was sie mir sagte, daß ich sagen sollte, will ich bey mir behalten; aber ich will nur so viel sagen, wenn ihr sie ins Narren-Paradies führen würdet, wie man zu sagen pflegt, so wär' es gewißlich eine grosse Sünde, denn das Fräulein ist jung, und wenn ihr sie also nur betrügen wolltet, so wär' es in der That nicht hübsch mit einem jungen Fräulein umgegangen --

Romeo.

Empfiehl mich deiner Fräulein; ich protestiere dir --

Amme.

Das gute Herz! Wohl, meiner Treue, das will ich ihr sagen: Herr, Gott, sie wird sich vor Freude kaum zu lassen wissen --

Romeo.

Was willt du ihr denn sagen, Amme? Du hörst mich ja nicht an.

Amme.

Ich will ihr sagen, Gnädiger Herr, daß ihr protestiert,

wel-

welches, wie ichs verstehe, ein recht honnettes Anerbieten von einem jungen Cavalier ist --

Romeo.

Sag ihr, sie möchte ein Mittel aussindig machen, diesen Nachmittag zur Beichte zu gehen; so solle sie in Bruder Lorenzens Celle zu gleicher Zeit absolviert und copuliert werden -- Hier ist was für deine Mühe.

Amme.

Nein, wahrhaftig, Gnädiger Herr, nicht einen Pfenning.

Romeo.

Geh, geh, mach keine Umstände, du must --

Amme.

Diesen Nachmittag, Gnädiger Herr? Gut, wir wollen uns einfinden.

Romeo.

Noch eins, gute Amme; warte hinter der Kloster-Mauer, mein Diener soll binnen dieser Stunde bey dir seyn, und dir eine Strik-Leiter bringen, die mich diese Nacht auf den Gipfel meiner Glükseligkeit führen soll. Lebe wohl, sey getreu, und ich will deine Mühe reichlich belohnen.

Amme.

Nun, Gott im Himmel segne dich! Hört einmal, Gnädiger Herr --

Romeo.

Was willt du mir sagen, meine liebe Amme?

Amme.

Ist euer Bedienter auch verschwiegen? Hörtet ihr niemal sagen, zween können ein Geheimniß am besten bey sich behalten, wenn man einen davon thut?

Romeo.

Ich steh dir davor, mein Kerl ist so zuverlässig als Stahl und Eisen.

Amme.

Gut, Gnädiger Herr, mein Fräulein ist das holdseligste Fräulein von der Welt -- Herr Gott! wie sie noch ein kleines plapperndes Ding war -- O, -- es ist ein Edelmann in der Stadt, ein gewisser Paris, der seinen Mann gar zu gern bey ihr anbringen möchte; aber sie, die gute Seele, sie säh eben so gern eine Kröte als sie ihn sieht: Ich erzürne sie manchmal und sag ihr, Paris sey der schönere von beyden -- aber das versichr' ich euch, wenn ich so rede, so wird sie so bleich wie ein weisses Tuch -- Fangen nicht Rosmarin und Romeo beyde mit einem Buchstaben an?

Romeo.

Ja, Amme, warum fragst du das? Beyde mit einem R.

Amme.

Ah, Spottvogel! Das ist ja ein Hunds-Name -- Nein, nein, ich weiß, es fangt mit einem andern Buchstaben an, und sie sagt die artigsten Sentenzien darüber, über euch und den Rosmarin, daß es euch im Herzen wohl thäte, wenn ihr's hörtet.

Romeo.

Meine Empfehlung an dein Fräulein --

(Romeo geht ab.)

Amme.

O, tausendmal, -- Peter --

Peter.

He?

Amme.

Nimm meinen Fächer, und geh voran.

[Sie gehen ab.]

Fünfte Scene.

(Verwandelt sich in Capulets Haus.)

Juliette tritt auf.

Juliette.

Die Gloke schlug neun, wie ich die Amme ausschikte: und sie versprach in einer halben Stunde wieder zu kommen.

Vielleicht

Vielleicht kan sie ihn nicht finden -- Das kan es nicht seyn — Oh, sie ist lahm. Die Boten der Liebe sollten Gedanken seyn, die zehnmal schneller fortschlüpfen, als Sonnenstralen, wenn sie von dämmernden Hügeln die Schatten der Nacht vertreiben. Deßwegen ziehen leicht-geflügelte Dauben die Liebes-Göttin, und deßwegen hat der Wind-schnelle Cupido Schwingen. Die Sonne hat bereits den höchsten Gipfel ihrer täglichen Reise erstiegen; von neun bis zwölf sind drey lange Stunden -- und doch ist sie noch nicht da -- O, hätte sie warmes jugendliches Blut und ein gerührtes Herz, sie würde so schnell seyn als ein Ball; meine Worte würden sie zu meinem Geliebten stossen, und die seinigen zu mir --

Die Amme und Peter treten auf.

O Gott, sie kommt -- O Zuker-Amme, was bringst du mir für eine Zeitung? Hast du ihn angetroffen? — Schik deinen Diener weg.

Amme.

Peter warte vor der Thür auf mich.

[Peter geht ab.]

Juliette.

Nun, gute liebe Amme -- O Himmel, warum siehst du so finster? Wenn deine Zeitung böse ist, so solltest du doch freundlich dazu aussehen; und ist sie gut, so verderbst du ihre Music, wenn du sie mir mit einem sauern Gesicht vorspielst.

Amme.

Amme.

Ich bin müde, laßt mich ein wenig ausruhen -- Fy meine Beine schmerzen mich, was das für ein Gang war!

Juliette.

Ich wollte du hättest meine Beine, und ich deine Zeitung. Nein, komm, ich bitte dich, rede -- Gute, liebe Amme rede.

Amme.

Jesu! was für eine Ungeduld! Könnt ihr denn nicht ein wenig warten? Seht ihr nicht, daß ich ganz ausser Athem bin.

Juliette.

Wie bist du ausser Athem, da du Athem genug hast mir zu sagen, daß du ausser Athem bist? Die Entschuldigung die du für dein Zaudern machst ist länger als die Erzählung, auf die du mich warten läßst. Ist deine Zeitung gut oder böse? Antworte mir nur das; Sag eines von beyden, und ich will auf die Umstände warten; laß mich nicht in der Unruh, ist sie gut oder böse?

Amme.

Wohl, wohl, ihr habt eine feine Wahl getroffen; ihr wißt nicht wie man sich einen Mann auslesen muß: Romeo nein, er nicht; und doch, wenn sein Gesicht gleich nicht besser ist als andrer Leute ihres, so hat er doch die schönsten Waden, die man sehen kan; und was eine Hand, einen Fuß, und einen Leib anbetrift, wenn man schon nicht davon

von redt, so sind sie doch unvergleichlich. Er ist kein Complimenten-Narr nicht, aber ich bin gut davor, daß er so sanft ist wie ein Lamm -- Geh deines Wegs, Mädchen, und danke Gott -- Wie, habt ihr schon zu Mittag gegessen?

Juliette.

Nein, nein -- aber das alles wußt' ich schon vorher; was sagt er von unsrer Verheurathung? was sagt er davon?

Amme.

Herr, wie mir der Kopf weh thut! was ich für einen Kopf habe! Es schlägt nicht anders drinn, als ob er in zwanzig Stüke fallen sollte -- Und mein Rüken -- O mein Rüken, mein Rüken! Gott verzeih' es euch, daß ihr mich ausgeschikt, mit auf- und ablauffen mein Leben einzubüssen.

Juliette.

Bey meiner Treue, es ist mir leid, daß du so übel bist. Liebe, liebe, liebe Amme, ich bitte dich, was sagt mein Romeo?

Amme.

Euer Romeo redt wie ein rechtschaffner Edelmann, und ein artiger, und ein freundlicher, und ein hübscher, und, ich bin gut dafür, auch ein tugendhafter -- Wo ist eure Mutter?

Juliette.

Wo meine Mutter ist? Wie, sie ist in ihrem Zimmer;

wo soll sie sonst seyn? Wie wunderlich du fragst? Euer Liebhaber redt wie ein rechtschaffner Edelmann -- wo ist eure Mutter! --

Amme.

O heilige Mutter Gottes, wie hizig ihr seyd! Wahrhaftig, ihr macht mir's, daß es nicht recht ist. Ist das der Lohn für meine Schmerzen in den Beinen? Ein andermal rüstet eure Gesandschaften selbst aus --

Juliette.

Was du für einen Lerm machst? Komm, was sagt Romeo?

Amme.

Habt ihr Erlaubniß gekriegt, heut zur Beichte zu gehen?

Juliette.

Ja.

Amme.

So macht euch, sobald ihr könnt, nach Bruder Lorenzens Celle; dort wartet ein Mann auf euch, der euch zu einem Weibe machen will -- Nun rennt das muthwillige Blut wieder in eure Wangen -- Man kan euch kaum was neues sagen, so sind sie lauter Scharlach. Geht ihr zur Kirche; ich muß einen andern Weg, eine Leiter zu holen, auf der euer Liebhaber zu einem Vogel-Nest hinaufklettern soll, so bald es dunkel seyn wird. Ich bin den ganzen Tag mit euerm Vergnügen geplagt, aber heute

Nacht werdet ihr die Last selber tragen. Geht, ich will zum Mittag-Essen, macht ihr daß ihr in die Celle kommt.

Juliette.

Wie glüklich bin ich! -- Leb wohl indessen, gute Amme!

[Sie gehen ab.]

Sechste Scene.

(Verwandelt sich in das Kloster.)

Bruder Lorenz und Romeo treten auf.

Bruder Lorenz.

So lächle der Himmel auf diese heilige Handlung, daß keine nachfolgende Unglüks-Stunden uns zur Reue zwingen mögen!

Romeo.

Amen, Amen! Doch komme was für ein Unglük auch will, es kan die Wonne nicht überwiegen, die mir eine einzige kurze Minute in ihrem Anblik giebt: Vereinige du nur mit heiligen Worten unsre Hände, und dann mag der Tod selbst sein ärgstes thun; es ist genug, wenn ich sie nur mein nennen kann.

Bruder Lorenz.

Diese heftigen Entzükungen nehmen gemeiniglich ein

plözli-

plözliches Ende, und sterben in ihrem Triumph; wie Feuer und Pulver, die sich, indem sie sich begegnen, verzehren. Des süssesten Honigs wird man um seiner Süssigkeit willen zulezt überdrüssig. Liebe also mässig, damit du lange lieben könnest; zu schnell kommt eben so spät an, als zu langsam.

(Juliette zu den Vorigen.)

Hier kommt das Fräulein. Wie munter, wie leicht auf den Füssen sie ist! Ein Verliebter könnte das leichte Pflaum-Federchen besteigen, das in der üppigen Sommer-Luft herumflattert, und würde doch nicht fallen, so leicht ist Eitelkeit.

Juliette.

Guten Abend, mein geistlicher Vater.

Bruder Lorenz.

Romeo, meine Tochter, soll dir für uns beyde danken.

Juliette.

Ich wünsche ihm eben so viel, sonst wäre sein Dank zu viel.

Romeo.

Ah! Juliette, wenn das Maaß deiner Freude so aufgehäuft ist als das meinige, und du fähiger bist als ich, sie auszudrüken, o so versüsse durch deinen Athem diese umgebende Luft, und laß die zauberische Musik deiner Zunge die

Glükseligkeit entfalten, die wir beyde von dieser frohen Zusammenkunft erhalten.

Juliette.

Mein Herz ist zu voll von seinem Glük, als daß es sich in Worte ergiessen könnte -- Die sind nur arm, welche sagen können, wie reich sie sind -- Meine Zärtlichkeit ist zu einem solchen Uebermaaß gestiegen, daß ich nicht die Hälfte meines Reichthums anzugeben vermag.

Bruder Lorenz.

Kommt, kommt mit mir, und wir wollen kurze Arbeit machen; denn, mit eurer Erlaubniß, sollt ihr nicht allein beysammen bleiben, bis die heilige Kirch aus beyden Einen Leib gemacht hat.

[Sie gehen ab.]

Dritter

Dritter Aufzug.

Erste Scene.

[Die Strasse.]

Mercutio und Benvolio mit ihren Bedienten treten auf.

Benvolio.

Ich bitte dich, lieber Mercutio, laß uns gehen, der Tag ist heiß, und die Capulets schwärmen in den Strassen herum; wenn wir ihnen begegnen, so wird es unfehlbar Händel absezen; denn in diesen heissen Tagen ist das tolle Blut aufrührisch.

Mercutio.

Du kommst mir gerade so vor, wie einer von den tapfern Männern, die, wenn sie in ein Weinhaus kommen, gleich ihren Degen auf den Tisch schmeissen und sagen: Gott gebe daß ich dich nicht nöthig habe! aber sobald ihnen die zweyte Flasche in den Kopf gestiegen ist, ihn gegen den Keller-Jungen ziehen, welches sie in der That nicht nöthig hatten.

Benvolio.

Und einem solchen Burschen bin ich gleich?

Mercutio.

Komm, komm, wenn du aufgebracht bist, bist du ein so hiziger Klingen=Fresser als irgend einer in Italien -- und das schlimmste dabey ist, daß du eben so schnell aufzubringen bist, als du hizig bist, wenn man dich aufgebracht hat.

Benvolio.

Wie kömmt das?

Mercutio.

Wahrhaftig, wenn zween solche wären wie du, wir würden gar bald gar keinen haben, denn einer würde den andern in der ersten Stunde aufreiben. Du? du fängst ja Händel mit einem an, weil er ein Haar mehr oder weniger in seinem Bart hat, als du; du würdest mit einem anbinden, der Nüsse aufknakte, ohne eine andre Ursache angeben zu können, als weil du nußbraune Augen hast. Dein Kopf ist so voller Händel, als ein Ey voll von Dotter und Eyer-Klar -- und doch ist dir dieser nemliche Kopf, um deiner Schlägereyen willen, schon so weich geschlagen worden, als ein gesottnes Ey. Du hast dich mit einem geschlagen, der auf der Strasse hustete, weil er deinen Hund damit aufgewekt habe, der in der Sonne schlafend lag. Fiengst du nicht mit einem Schneider Händel an, weil er sein neues Wams vor Ostern trug? und mit einem andern, weil er seine neue Schuhe mit einem alten Nestel zugeknüpft hatte? Und du willt hier den Hofmeister mit mir machen, und mich vor Händeln warnen!

Benvolio.

Benvolio.

Wenn ich so händelsüchtig wäre wie du, es würde mir niemand zwo Stunden um mein Leben geben --

(Tybalt, Petruchio und andre von den Capulets treten auf.)

Bey meinem Kopf, hier kommen die Capulets --

Mercutio.

Bey meiner Ferse, ich frage nichts darnach.

Tybalt.

Haltet euch dicht an mir, ich will mit ihnen reden -- Guten Tag meine Herren, ein Wort mit einem von euch.

Mercutio.

Warum nur Ein Wort? Kuppelt es mit einem leibhaftern Ding zusammen, macht daß ein Wort und eine Ohrfeige draus wird.

Tybalt.

Ihr sollt mich willig genug dazu finden, Herr, wenn ihr mir Gelegenheit dazu geben wollt.

Mercutio.

Könnt ihr denn keine Gelegenheit nehmen, ohne daß man sie euch geben muß?

Tybalt.

Mercutio, du ziehst immer mit Romeo herum --

Mercutio.

Herumziehen! wie, machst du Bier=Fidler aus uns! Wenn du Bier=Fidler aus uns machst, so erwarte nichts bessers als Mißtöne zu hören -- Hier ist mein Fiddel=Bogen -- Hier ist was, das euch tanzen machen soll! -- Höll-Teufel! Herumziehen!

(Er legt die Hand an seinen Degen.)

Benvolio.

Wir sind hier mitten unter den Leuten. Entweder zieht euch an einen abgelegnen Ort zurük, oder macht euren Zwist mit kaltem Blut aus; hier gaffen uas alle Augen an.

Mercutio.

Die Leute haben ihre Augen drum, damit sie sehen söllen; laß sie gaffen; ich will niemand zum Gefallen von der Stelle gehen, ich.

Romeo zu den Vorigen.

Tybalt.

Gut! Ihr könnt Friede haben, Herr! Hier kommt mein Mann.

Mercutio.

Aber ich will gehangen seyn, Herr, wenn er euere Liverey trägt; geht nur zuerst zu Felde, er wird euch auf dem Fusse folgen; in diesem Sinn kan Eu. Gnaden ihn wol einen Mann heissen.

Tybalt.

Tybalt.

Romeo, die Liebe die ich zu dir trage, giebt mir keinen bessern Gruß für dich als diesen, du bist ein nichtswürdiger Kerl --

Romeo.

Tybalt, die Ursache die ich habe dein Freund zu seyn, ist groß genug, mich gegen die beleidigende Wuth eines solchen Grusses unempfindlich zu machen -- Ich bin nicht was du sagst -- Also, lebe wohl; ich sehe, du kennst mich nicht.

Tybalt.

Junge, damit sollst du nicht für die Beleidigungen davon kommen, die ich von dir empfangen habe; kehr um, und zieh.

Romeo.

Ich schwöre dir, daß ich dich nie beleidigt habe; ich liebe dich mehr als du dir einbilden kanst; und bis du die Ursach erfahren wirst, warum ich dich liebe, guter Capulet, (leiser -- dessen Name mir so theuer ist als mein eigner) gieb dich zufrieden.

Mercutio.

Wie? So gelassen? O schimpfliche, niederträchtige Gelassenheit! -- Tybalt, du Razenfänger, willt du mit mir kommen?

Tybalt.

Was willst du von mir?

Mercutio.

Guter Kazen-König, nichts als eines von deinen neun Leben, um ein bißchen lustig damit zu machen, und je nach dem ihr euch künftig aufführen werdet, euch auch die übrigen auszuklopfen. Wollt ihr euern Degen ziehen? Macht hurtig --

Tybalt.

Ich bin zu euern Diensten.

(Er zieht.)

Romeo.

Liebster Mercutio, stek dein Rapier ein.

Mercutio.

Wolan, Herr, einen kleinen Gang.

(Mercutio und Tybalt fechten.)

Romeo.

Zieh, Benvolio -- hilf mir ihnen die Degen aus den Händen schlagen -- Meine Herren -- Um's Himmels willen, haltet ein -- Tybalt -- Mercutio -- Ihr wißt das ausdrükliche Verbot des Fürsten -- Halt, Tybalt -- armer Mercutio --

(Tybalt geht ab.)

Mercutio.

Mercutio.

Ich bin verwundet -- Verderben über eure beyde Häuser! Ich habe meinen Theil. Ist er weg, und hat nichts?

Benvolio.

Wie, bist du verwundet?

Mercutio.

Ja, ja, eine Rize, eine Nadelrize -- Zum Henker, es ist genug, wo ist mein Diener? Geh, Schurke, hol einen Wund-Arzt.

Romeo.

Gutes Muths, Mann, die Wunde wird nicht viel zu bedeuten haben.

Mercutio.

Nein, sie ist nicht so tief als ein Zieh-Brunnen, noch so weit als eine Kirchen-Thür, aber sie ist eben recht, so viel ich brauche; fragt morgen wieder nach mir. Ich bin gepfeffert für diese Welt, das glaubt mir; der Henker hole eure beyden Häuser! Wie? ein Hund, eine Raze, eine Maus, eine Kaze soll einen Mann zu tod krazen? Eine feige Hure, ein Schurke, ein Lumpen-Kerl, der nach dem Rechenbuch ficht? Warum zum Teufel kam't ihr zwischen uns? Ich wurde unter euerm Arm gestossen --

Romeo.

Ich that es aus der besten Absicht.

Mercutio.

Hilf mir in irgend ein Haus, Benvolio, oder ich werde umsinken -- Die Pest über eure Häuser! Sie haben eine Wurms-Mahlzeit aus mir gemacht; ich hab' es, und bald genug -- Den Teufel über eure Häuser! --

(Mercutio und Benvolio gehen ab.)

Zweyte Scene.

Romeo.

Dieser Edelmann, ein naher Verwandter des Prinzen, mein bester Freund, muß um meinetwillen sein Leben lassen -- meine Ehre ist durch Tybalts Lästerungen befekt, Tybalts, der kaum seit einer Stunde mein Vetter ist: O süsse Juliette, deine Schönheit hat mich weibisch gemacht -- Würd' ein Mann soviel leiden und gelassen bleiben?

Benvolio tritt auf.

Benvolio.

O Romeo, Romeo, der brave Mercutio ist todt --

Romeo.

Dieser unglükselige Tag, es ahnet mir, wird mehr andre nach sich ziehen --

Tybalt zu den Vorigen.

Benvolio.

Hier kommt der rasende Tybalt wieder zurük.

Romeo.

Romeo.

Lebend, im Triumph? und Mercutio ist erschlagen? Hinweg gen Himmel, zurükhaltende Sanftmuth, und du, feuer-augichte Wuth, seyn nun meine Führerin! Nun, Tybalt nimm den nichtswürdigen Kerl zurük, den du vorhin mir gabst -- Mercutio's Seele schwebt nicht weit über unsern Häuptern und wartet auf die deinige -- Du oder ich, einer von uns muß ihm Gesellschaft leisten.

Tybalt.

Du, armseliger Junge, der hier mit ihm zu lauffen gewohnt war, du sollst mit ihm.

(Sie fechten; Tybalt fällt.)

Benvolio.

Romeo, hinweg, fliehe -- die Bürger lauffen zusammen, und Tybalt ist erschlagen -- Steh nicht so sinnlos da -- der Prinz wird dein Todes-Urtheil sprechen, wenn du ergriffen wirst -- Hinweg, fliehe, fort!

Romeo.

O! Ich unglükseliger Ball des Glüks --

Benvolio.

Wie, du zögerst noch?

(Romeo entweicht.)

Dritte

Dritte Scene.

Einige Bürger treten auf.

Bürger.

Welchen Weg floh Tybalt, der den Mercutio ermordet hat? Wo floh er hin?

Benvolio.

Hier ligt Tybalt.

Bürger.

Auf, Herr, geht mit mir -- ich befehle dir's in des Fürsten Namen, gehorche.

Der Prinz, Montague, Capulet, ihre Weiber, u. s. w. treten auf.

Prinz.

Wo sind die schändlichen Urheber dieser Unruh?

Benvolio.

Gnädigster Herr, ich kan den ganzen unglüklichen Hergang dieses fatalen Zwists erzählen; hier ligt, vom jungen Romeo erschlagen, der Mann der den tapfern Mercutio, euern Vetter erschlug.

Lady Capulet.

Tybalt, mein Neffe! O meines Bruders Kind! --

Unglük-

Unglükseliger Anblik! O weh mir, das Blut meines liebsten Neffen ist vergossen -- Prinz, so wahr du diesen Namen verdienst, so laß unser Blut durch das Blut des mördrischen Montague gerochen werden.

Prinz.

Benvolio, wer war der Anfänger des Handels?

Benvolio.

Tybalt, der hier von Romeo's Hand erschlagen ligt, von Romeo, der ihm freundlich zuredete, ihn bat die Gefährlichkeit der Händel, die er anfieng, zu bedenken, und daß er sich die schärfste Ahndung von Eurer Durchlaucht zuziehen werde; aber alles was er mit sanfter Stimme, ruhigen Bliken, und demüthig gebognen Knien sagte, war nicht vermögend die wüthende Galle des tauben Tybalts zu besänftigen -- noch ihn abzuhalten, den scharfen Stahl nach des kühnen Mercutio Brust zu züken, der gleich hizig ihm Stoß um Stoß wiedergab, und mit furchtlosem Kaltsinn, mit der einen Hand den kalten Tod auf die Seite schlug, mit der andern ihn zu Tybalt zurük sandte, von dessen geschikter Faust er gleich wieder auf seinen Gegner zurükprallte. -- Romeo ruft was er kan; haltet ein! Freunde! Freunde, haltet ein! und schneller als seine Zunge schlägt sein behender Arm beyder tödtliche Klingen nieder, und stürzt sich zwischen sie: Aber in eben diesem Augenblik durchbort, unter seinem Arm, ein unglüklicher Stoß von Tybalt des unbändigen Mercutio's Herz; Tybalt entflieht, aber bald kommt er wieder zu Romeo zurük, den eines

Freun-

Freundes Tod zur Rache ansporent, und wie der Bliz sind sie an einander: Denn eh ich sie von einander reissen konnte, war Tybalt erschlagen, und so wie er fiel, begab sich Romeo auf die Flucht. Diß ist die Wahrheit, oder laßt Benvolio sterben.

Lady Capulet.

Er ist ein Verwandter von den Montaguen, die Freundschaft macht ihn verdächtig, er sagt nicht die Wahrheit. Es waren ihrer wenigstens zwanzig gegen den einzigen Tybalt, weniger als diese zwanzig hätten nichts über ihn vermocht. Ich verlange Justiz, Prinz, und es ist nicht in deiner Gewalt sie abzuschlagen. Romeo tödtete Tybalt, Romeo soll nicht leben!

Prinz.

Romeo erschlug ihn, und er erschlug den Mercutio -- von wem soll dann ich das werthe Blut meines Anverwandten fordern?

Lady Montague.

Nicht von Romeo, Prinz, er war Mercutio's Freund: Sein ganzer Fehler war, daß er dem Mörder Tybalt das Leben nahm, welches ihm das Gesez ohnehin genommen hätte.

Prinz.

Und dieses Verbrechens wegen verbannen wir ihn von Stund an aus Verona -- Euere Feindschaft, euer ungezähmter Groll kostet mich mein eignes Blut, es ist hohe

Zeit,

Zeit um meiner eignen Sicherheit willen ihm Einhalt zu thun. Ich will es, ich will durch den Zwang der Straffen erhalten, was Drohung nicht vermocht hat. Keine Entschuldigungen! Keine Vorbitten! weder Thränen noch Fußfälle sollen die ermüdete Gerechtigkeit versöhnen -- Laßt Romeo unverzüglich fliehen, oder die Stunde, worinn er ergriffen wird, ist seine lezte -- Traget diesen Leichnam von hinnen, und erwartet meinen fernern Willen -- Gnade wird selbst zur Mörderin, wenn sie Mördern vergiebt.

(Sie gehen ab.)

Vierte Scene.

[Verwandelt sich in ein Zimmer in Capulets Haus.]

Juliette tritt allein auf.

Juliette.

Eilet, eilet davon, ihr feurigen Rosse der Sonne, euerm Nachtlager zu -- ein solcher Führer, wie Phaeton war, würde euch bald nach Westen gepeitscht, und in einem Augenblik den Tag in düstre Nacht verwandelt haben -- Spreite deinen dichten Vorhang aus, Liebe-befördernde Nacht! daß die Augen des müden Phöbus niken, und unbesprochen und ungesehn Romeo in diese Arme fliege. Liebende sehen genug zu ihren zärtlichen Geheimnissen beym Glanz ihrer eignen Schönheiten: Oder wenn die Liebe blind ist, so taugt sie am besten zur Nacht. Komm, stille Nacht, gleich einer sittsamen Matrone ganz in Schwarz gekleidet; komm und lehre mich ein gewinnreiches Spiel verliehren, das um ein paar unbeflekte Jungferschaften gespielt wird -- Verhülle das unbemannte Blut, das meine Wangen erhizt, in deinen schwarzen Schleyer, bis die ungewohnte Liebe kühner wird, und in ihren brünstigsten Ausbrüchen nichts als Unschuld findt. Komm, Nacht, komm, Romeo, komm du Tag in der Nacht, denn du wirst auf den Flügeln der Nacht weisser als Schnee auf eines Raben Rüken ligen; komm, holde Nacht, komm, liebende, schwarz-augichte Nacht! Gieb mir meinen Romeo, und wenn er einst sterben muß, so nimm ihn und schneid ihn in kleine Sterne aus, und er wird dem Antliz des Himmels eine so reizende Anmuth geben, daß die ganze Welt in die Nacht verliebt werden, und den Flitter-Glanz der Sonne nichts mehr achten wird -- O wie lang, wie verdrießlich lang ist dieser Tag, so lang, wie die Nacht vor einem Festtag einem ungeduldigen Kinde, das neue Kleider bekommen hat, und sie noch nicht tragen darf.

O, hier kommt meine Amme --

Die Amme mit einer Strik-Leiter.

und bringt mir Nachrichten -- jede Zunge, die meines Romeo Namen ausspricht, ist die Zunge eines Engels für mich -- Nun Amme, was giebt's neues? Was hast du hier? Die Strik-Leiter die Romeo dich holen hieß?

Amme.

Ja, ja, die Strik-Leiter --

Juliette.

Juliette.

Weh mir! was ist begegnet? warum ringst du die Hände?

Amme.

Ach! daß's Gott erbarm'! er ist todt, er ist todt, er ist todt! wir sind verlohren, Fräulein, wir sind verlohren! -- Ach, daß's Gott erbarm! er ist hin, er ist umgebracht, er ist todt!

Juliette.

Kan der Himmel so mißgünstig seyn?

Amme.

Was der Himmel nicht kan, kan Romeo -- O Romeo! Romeo! Wer hätte sich das einbilden können, Romeo?

Juliette.

Was für ein Teufel bist du, der mich so martert? Diese Folter sollte im Abgrund der Hölle geheult werden! Hat Romeo sich selbst ermordet? Sag nur ja, und diese einzige Sylbe wird mich schneller vergiften als das todtschiessende Auge des Basilisken.

Amme.

Ich sah die Wunde, ich sah sie mit meinen Augen, Gott behüte mich! Hier -- auf seiner männlichen Brust. Eine erbärmliche Leiche, eine blutige erbärmliche Leiche, bleich, bleich wie Asche, ganz mit Blut beschmiert, lauter geronnen Blut -- es wurde mir ohnmächtig wie ich es sah.

Juliette.

-- O brich mein Herz -- schließt euch zu, meine Augen; öffnet euch nicht mehr -- stirb, arme Unglükliche, daß dich und Romeo Eine Baare drüke?

Amme.

O Tybalt, Tybalt, der beste Freund den ich hatte: O freundlicher, wakrer, edler Tybalt, daß ich leben mußte, dich todt zu sehen!

Juliette.

Was für ein Sturm ist das, der von so entgegenstehenden Seiten bläst. Ist Romeo erschlagen, und ist Tybalt todt? Mein vielgeliebter Vetter, und mein geliebterer Gemahl? Wenn das ist, so mag die Posaune zum allgemeinen Gerichts-Tag blasen -- Denn wer lebt noch, wenn diese zween nicht mehr sind?

Amme.

Tybalt ist todt, und Romeo verbannt; Romeo, der ihn erschlug, ist verbannt.

Juliette.

O Gott! Romeo's Hand vergoß Tybalts Blut?

Amme.

Das that sie, das that sie, leider Gott erbarm's, das that sie.

Juliette.

O Schlangen-Herz, unter einem blühenden Gesicht verborgen! wohnte jemals ein Drache in einer so schönen Höhle? Liebreizender Unmensch, Englischer Teufel! -- O Natur, was hast du in der Hölle zu thun, wenn du den Geist eines solchen Teufels in ein irdisches Paradies herbergest? War jemals ein Buch von so schändlichem Inhalt so schön eingebunden? O, daß in einem so prächtigen Palast gleißnerisches Laster wohnen soll!

Amme.

Es ist weder Treu, noch Glauben, noch Ehrlichkeit in diesen Mannsleuten; sie sind alle meineydig, alle Verräther, lauter Nichts, alle Heuchler -- Ah! wo ist mein Diener? Gieb mir ein wenig Aquavit -- Dieser Jammer, diese Noth, diese Sorgen machen eins vor der Zeit grau -- Schaam über diesen Romeo!

Juliette.

Verflucht sey deine Zunge durch einen solchen Wunsch! Er ward nicht zur Schaam gebohren, sie untersteht sich nicht auf seine Stirne zu sizen: Sie ist ein Thron, wo die Ehre zum allgemeinen Monarchen der ganzen Welt gekrönt werden sollte! O was für eine Unglükliche war ich, so wider ihn auszubrechen!

Amme.

Wolltet ihr gut von dem Mörder euers Verwandten reden?

Juliette.

Soll ich übel von meinem Ehemann reden? -- Ach, armer Gemahl, was für eine Zunge soll deinem Namen liebkosen, da ich, dein dreystündiges Weib, ihn mißhandelt habe? -- Aber warum, Unglüklicher, tödtetest du meinen Vetter? Dieser Vetter, der Unglükselige! würde sonst meinen Gemahl getödtet haben. Zurük, thörichte Thränen, zurük in eure Quelle; ihr seyd ein Zoll der dem Kummer gebührt, und ihr bietet ihn aus Irrthum der Freude dar? Mein Gemahl lebt, den Tybalt ermorden wollte, und Tybalt ist todt, der meinen Gemahl gern getödtet hätte; alles dieses ist Trost; warum wein' ich dann? Ach! es war noch ein Wort, schlimmer als Tybalts Tod, das mich ermordet hat; ich streb' umsonst es zu vergessen, ach! es dringt sich meinem Gedächtniß auf, wie das Bewußtseyn böser Thaten dem Gemüthe des Sünders; Tybalt ist todt und Romeo verbannt; dieses verbannt, dieses einzige Wort verbannt, hat zehntausend Tybalts ermordet; Tybalts Tod war für sich allein Unglüks genug -- Oder wenn das Unglük ja Gesellschaft haben will, warum folgte, wie sie sagte -- Tybalt ist todt -- warum folgte nicht, dein Vater, oder deine Mutter, oder gar beyde? Aber mit diesem gräßlichen Nachklang: auf, Tybalt ist todt -- Romeo ist verbannt -- Durch dieses einzige Wort ist Vater, Mutter, Tybalt, Romeo, Juliet, alles erschlagen, alles todt! -- Romeo verbannt! Es ist weder Ziel, noch Maaß, noch Ende in dem Tod dieses Worts -- es sind keine Worte die den Jammer ausdrüken, den es in sich hält. Wo ist mein Vater und meine Mutter, Amme?

Amme.

Amme.

Weinend und jammernd über Tybalts Leiche. Wollt ihr zu ihnen? Ich will euch hinführen?.

Juliette.

Waschen sie seine Wunden mit Thränen? Meine sollen, wenn die ihrigen vertroknet sind, über Romeo's Verbannung fliessen. Nimm diese Strike zu dir -- arme Strike, ihr seyd verrathen, ihr und ich; Romeo ist verbannt! Er wollte sich auf euch einen Weg zu meinem Bette machen; aber nun werd' ich als eine verwittwete Jungfrau sterben. Komm, Strik-Leiter; komm, Amme; ich will in mein Braut-Bette, um dem Tod, nicht meinem Romeo in die Arme zu sinken. (*)

Amme.

Geht in euer Zimmer; ich will den Romeo aufsuchen, der euch trösten soll. Ich weiß wol wo er ist; ich will zu ihm, er ist in Bruder Lorenzens Celle.

Juliette.

O such ihn, find ihn, gieb ihm diesen Ring, und bitt' ihn daß er komme, sein leztes Lebewohl zu nehmen.

(Sie gehen ab.)

(*) Im Original sagt Juliette: And Death, not Romeo, take my Maidenhead? -- Shakespear mußte einen Reim auf den vorhergehenden Vers haben, und es ist kein Unsinn, keine Unanständigkeit, die er sich nicht erlauben sollte, um sich nicht lang auf einen Reim besinnen zu dürfen.

Fünfte Scene.

(Verwandelt sich in das Kloster.)

Bruder Lorenz und Romeo treten auf.

Bruder Lorenz.

Romeo, komm hervor, hervor du furchtsamer Mann; der Kummer ist in deine Schönheit verliebt, und du bist mit der Wiederwärtigkeit verheurathet.

Romeo.

Was bringt ihr mir neues, mein Vater? Was ist des Prinzen Urtheil? Was für ein noch unbekanntes Elend will Bekanntschaft mit mir machen?

Lorenz.

Nur allzuvertraut ist mein theurer Sohn mit so beschwerlicher Gesellschaft. Ich bringe dir Nachricht von des Prinzen Urtheil.

Romeo.

Was weniger kan mein Urtheil seyn als der Tod?

Lorenz.

Ein milderer Spruch ergieng von seinen Lippen -- Nicht dein Tod, nur deine Verbannung.

Romeo.

Ha! Verbannung! Sey mitleidiger, sage, Tod; denn

Verban-

Verbannung hat weit mehr schrekliches in ihren Bliken als der Tod selbst. Sage nicht, Verbannung.

Lorenz.

Hier aus Verona bist du verbannt; sey geduldig, die Welt ist weit und breit.

Romeo.

Ausser Verona's Mauern ist keine Welt, sondern nichts als Fegfeuer, Abgrund und Hölle. Von hier verbannt ist aus der ganzen Welt verbannt, und aus der Welt verbannt seyn, ist Tod. Dieses verbannt ist nur ein unrecht benennter Tod; wenn du den Tod Verbannung nennst, so ist das nichts bessers als ob du mir den Kopf mit einem goldnen Beil abhautest und zu dem Streich lächeltest, womit du mir das Leben nimmst.

Lorenz.

O Todsünde! O rohe Undankbarkeit! Auf dein Vergehen sezt unser Gesez den Tod; der gütige Fürst tritt dazwischen, stößt das Gesez auf die Seite, und verwandelt das schwarze Wort Tod in Verbannung; welch eine Gnade, und du siehst sie nicht?

Romeo.

Marter ist's, nicht Gnade! Der Himmel ist da, wo Juliette lebt; jede Kaze, jeder Hund, jede kleine Maus, jedes unwürdige Ding lebt hier im Himmel, und kan sie ansehen, nur Romeo nicht. Armselige Schmeiß-Fliegen haben mehr

Recht, sind achtbarer, edler, glüklicher als Romeo; sie können sich auf die weisse Hand meiner theuren Juliette sezen, und unsterbliche Wonne von ihren Lippen stehlen -- Fliegen können das thun, indeß daß ich von ihr fliehen muß; und sagst du noch, daß Verbannung nicht Tod ist? -- Sie können's, nur Romeo kan nicht, denn er ist verbannt -- Hast du keinen Gift-Trank, keinen Dolch, kein plözliches Todes-Werkzeug, (so elend es seyn mag, kan es doch nicht so elend seyn als verbannt) mir das Leben zu nemmen? Ha! Verbannt! O Vater, die Verdammten in der Hölle brauchen dieses Wort, und Heulen folgt darauf -- Wie kanst du so unbarmherzig seyn, du ein Mann Gottes, ein geistlicher Vater, ein Beichtiger, und mein erklärter Freund, mich mit diesem verfluchten Wort, zu zerschmettern?

Lorenz.

Wahnwiziger, liebeskranker Thor, höre mich reden --

Romeo.

O du willst wieder von Verbannung anfangen --

Lorenz.

Ich will dir Waffen geben, wodurch du dieses Wort von dir abhalten kanst; die süsse Milch der Widerwärtigkeit -- Philosophie, die dich beruhigen wird, ob du gleich verbannt bist.

Romeo.

Immer noch verbannt? An den Galgen mit Philosophie; wenn Philosophie nicht eine Juliette machen, eine Stadt versezen, die Urthel eines Prinzen aufheben kan, so hilft sie nicht, so nüzt sie nichts, sagt mir nichts mehr davon --

Lorenz.

Nun dann, tolle Leute haben keine Ohren, wie ich sehe.

Romeo.

Wie sollten sie, wenn kluge Leute keine Augen haben?

Lorenz.

Komm, laß uns vernünftig von deinen Umständen reden --

Romeo.

Du kanst von dem nicht reden was du nicht fühlst; wärest du so jung wie ich, und wäre Juliette deine Liebste, wärst du vor einer Stunde mit ihr verheurathet, und hättest in dieser Stunde Tybalten umgebracht, und liebtest bis zum Wahnwiz wie ich, und wärest wie ich verbannt -- dann möchtest du reden, dann möchtest du dir die Haare ausrauffen, und dich auf den Boden werfen, wie ich izt thue, und das Maqs zu deinem Grabe nemmen.

[Er wirft sich auf den Boden.]

Lorenz.

Steh auf -- es klopft jemand: (Man hört klopfen.) Guter Romeo, verbirg dich.

Romeo.

Nein wahrhaftig, wenn nicht der Dampf Herzzersprengender

gender Seufzer, mich wie ein Nebel vor den Augen der Leute verbirgt.

Lorenz.

Horche! was das für ein Klopfen ist! wer ist da? -- (leise.) Romeo steh auf, du wirst ergriffen werden -- (laut.) -- Nur einen Augenblik Geduld! -- (leise.) Steh auf, (Man klopft immer lauter.) lauf in meine Celle -- (laut.) Gleich, gleich -- Um Gottes willen, was für eine Halsstarrigkeit ist das! -- (Man klopft.) Ich komme, ich komme. Wer klopft so stark? Wer seyd ihr? Was wollt ihr?

Amme (hinter der Scene.)

Laßt mich nur ein, so sollt ihr gleich erfahren, worinn mein Auftrag besteht -- Ich komme von Fräulein Juliette --

Lorenz.

So seyd willkommen -- (Er macht auf.)

Die Amme tritt auf.

Amme.

O ehrwürdiger Herr, o sagt mir, ehrwürdiger Herr, wo ist meiner Fräulein ihr Herr? Wo ist Romeo?

Bruder Lorenz.

Hier, auf dem Boden, den seine Thränen überschwemmen.

Amme.

O, so macht er's gerade wie mein Gnädiges Fräulein, sie macht's gerade auch so; o trauervolle Sympathie! Gerade so ligt sie, schluchzend und weinend, und weinend und schluchzend -- Die Baken sind ihr ganz davon aufgeschwollen -- Steht auf, steht auf -- Steht, wenn ihr ein Mann seyd -- Um Juliettens willen, um ihrentwillen, auf vom Boden und steht! warum sollt ihr in ein so tiefes O! -- fallen? --

Romeo.

Amme? --

Amme.

Ach, Gnädiger Herr, Gnädiger Herr! -- Mit dem Tod hört alles auf.

Romeo.

Redst du von Julietten? Wie steht es um sie? Glaubt sie nicht, ich sey ein verhärteter Ruchloser, ein Mörder vom Handwerk, da ich die Kindheit unsrer Freude mit ihr so nahverwandtem Blut beflekt habe? Wo ist sie? Was macht sie? Was sagt meine neuangetraute Gemahlin zu den unverhoften Hinternissen unsrer Liebe?

Amme.

O, sie sagt nichts, Gnädiger Herr; sie thut nichts als weinen und weinen, und sinkt dann auf ihr Bett hin, und fährt dann wieder auf, ruft Tybalt, und dann Romeo, -- und sinkt dann wieder von neuem hin --

Romeo.

-- Als ob dieser Name wie aus dem tödtlichen Canal einer Flinte geschossen, sie ermorde, wie dieses Namens verfluchte Hand ihren Verwandten ermordet hat -- Sag mir, Vater, sag mir, in was für einem verworfnen Theil dieses Körpers mein Name wohnt? Sag mir's, damit ich die verhaßte Wohnung zerstören kan.

(Er zükt seinen Degen.)

Bruder Lorenz.

Halt deine verzweifelnde Hand. Deine Thränen sind unmännlich und deine wilden Bewegungen die Ausbrüche der vernunftlosen Wuth eines wilden Thiers -- Unweibliches Weibsbild in Gestalt eines Manns, wildes Thier in der schönen Gestalt eines vernünftigen Geschöpfs -- Du sezst mich in Erstaunen. Bey meinem heiligen Orden! Ich traute dir mehr Muth, mehr gesezteS Wesen zu. Du hast Tybalten erschlagen -- Willt du nun auch dich, auch deine Geliebte, die in dir lebt, ermorden? Verachtest du so, was deine Geburt, was Himmel und Erde für dich gethan haben; alle drey vereinigten sich, dich groß und glüklich zu machen, und du willt alles durch einen Streich verliehren? Fy, fy, du entehrst deine Gestalt, deine Liebe, deine Vernunft, da du, wie ein Wucherer, an allen dreyen so reich bist, und keines zu dem edeln Gebrauch anwendest wozu du es empfiengest.

pflengest. Deine schöne Gestalt ist ohne den tapfern Muth eines Mannes, nur ein wächsernes Bild -- Deine heilig beschwohrne Liebe nur treuloser Meineyd, da du eben diese Liebe tödten willst, die du zu ernähren angelobet hast. Deine Vernunft, welche beyde regieren und verschönern sollte, wird wie Pulver in eines unachtsamen Soldaten Beutel, durch deine eigne Unbesonnenheit in Feuer gesezt, und du durch dasjenige aufgerieben, was dich beschüzen sollte. Wie, stehe auf, Mann, deine Julia lebt noch, um derentwillen du todt warest: Hierinn bist du glüklich. Tybalt wollte dir das Leben nehmen, aber du nahmst es ihm; hierinn bist du auch glüklich. Das Gesez, das dir den Tod dräute, wurde dein Freund, und verwandelte ihn in Verweisung; auch darinn bist du glüklich. Wie viel Glükseligkeiten -- und du erkennst sie nicht? Die Glükseligkeit kleidet dich in ihren schönsten Puz, und wie ein unartiges verdrießliches Mädchen, schielst du dein Glük und deine Liebe mit unzufriednen Bliken an. Nimm dich in acht, nimm dich in acht, solche Leute nehmen meistens ein elendes Ende. Geh, geh zu deiner Geliebten, wie es abgeredet war, steig in ihr Zimmer, weg, und tröste sie; aber siehe zu, daß du dich nicht so lange verweilest, bis die Wache aufzieht; sonst könntest du nicht nach Mantua entrinnen, wo du dich so lange aufhalten sollst, bis wir die gelegne Zeit ersehen, eure Heyrath bekannt zu machen, euch mit euern Freunden auszusöhnen, des Prinzen Verzeihung zu erlangen, und dich mit zwanzigtausendmal mehr Freude zurük zu beruffen, als

izt

izt der Schmerz ist mit dem du fortgehst. Geh voran, Amme; grüsse mir dein Fräulein, und bitte sie, sie soll machen, daß das ganze Haus fein bald zu Bette komme, wozu die allgemeine Betrübniß sie ohnehin geneigt machen wird. Romeo wird bald nachfolgen.

Amme.

O Herre, ich hätte die ganze Nacht hier stehen mögen, um so gescheidte Sachen reden zu hören: O was das ist, wenn man gestudiert ist! Gnädiger Herr, ich will meiner Fräulein sagen, daß ihr kommen werdet.

Romeo.

Thu das, und bitte sie, sie soll sich gefaßt machen, mich auszuschelten.

Amme.

Hier ist ein Ring, Gnädiger Herr, den sie mir für euch mitgab -- Eilet doch, macht hurtig, es ist schon sehr spät --

Romeo.

Wie schnell diese Erwartung meinen Muth wiederaufleben macht!

Bruder Lorenz.

Halte dich in Mantua auf; ich will einen zuverläßigen Mann für euch ausfündig machen, der euch von Zeit zu Zeit berichten soll, was für günstige Umstände sich hier für

euch

euch ereignen. Gieb mir deine Hand, es ist späte, lebe wohl! Gute Nacht!

Romeo.

Rieffe mich nicht Freude über alle Freuden hinweg, wie schmerzlich würde mir dieser schnelle Abschied seyn!

[Sie gehen ab.]

Sechste Scene.

(Verwandelt sich in Capulets Haus.)

Capulet, Lady Capulet und Paris treten auf.

Capulet.

Es sind so unglükliche Umstände eingefallen, mein Herr, daß wir keine Zeit gehabt haben, unsrer Tochter zuzureden. Seht ihr, sie liebte ihren Vetter Tybalt gar herzlich, und das that ich auch -- Wohl, wir werden gebohren, um wieder zu sterben -- Es ist sehr spät, sie wird diese Nacht nicht herunter kommen; ich versichre euch, wenn mir eure Gesellschaft nicht so lieb wäre, ich würde schon eine Stunde im Bette seyn.

Paris.

Ich bescheide mich gerne, daß diese Trauer-Tage keine Zeit zu Liebes-Bewerbungen sind. Gute Nacht, Gnädige Frau -- Empfehlt mich eurer Tochter --

Lady Capulet.

Ich will, und morgen früh nachforschen, wie sie gesinnt ist -- Für diese Nacht ist sie zu ihrer Traurigkeit eingeschlossen.

Capulet.

Signor Paris, ich getrau es auf mich zu nehmen, euch meines Kindes Liebe zu versprechen: Ich denke, sie wird sich in allen Stüken von mir regieren lassen -- nichts weiter, ich zweifle gar nicht, Frau, geh du noch zu ihr, eh du zu Bette gehst, gieb ihr Nachricht von Signor Paris Liebe, und sag ihr, hörst du, bis nächsten Mittwoch -- aber sachte -- was ist heut für ein Tag? --

Paris.

Montag, Gnädiger Herr.

Capulet.

Montag? Ha, ha, gut, Mittwoch ist zu bald, laßt es den Donnerstag seyn; nächsten Donnerstag, sag ihr, soll sie mit diesem edeln Grafen vermählt werden -- Wollt ihr bisdahin fertig seyn? Seyd ihr mit dieser Eilfertigkeit zufrieden? -- wir wollen kein grosses Wesen nicht machen -- Einen oder zween Freunde -- Denn, seht ihr, da Tybalt so kürzlich erst ermordet worden, so würde es so herauskommen, als ob wir wenig Antheil an seinem Unfall nähmen, wenn wir grosse Freuden-Bezeugungen anstellen wollten -- Deßwegen wollen wir etwann ein halb Duzend

Freunde

Freunde haben, und damit ist's aus. Aber was sagt ihr zum Donnerstag?

Paris.

Gnädiger Herr, ich wollte der Donnerstag wäre Morgen.

Capulet.

Gut, gut, geht izt zu Bette -- auf Donnerstag sey es also -- (Zu Lady Capulet.) Du, geh zu Julietten eh du zu Bette gehst, Weib -- Bereite sie auf ihren Hochzeit-Tag vor. Lebt wohl, Graf -- Licht in mein Zimmer, he! -- Geht zu, geht zu, es ist schon so spät, daß wir's bald früh heissen dürften. Gute Nacht --

[Sie gehen ab.]

Siebende Scene.

(Juliettens Zimmer, von der Garten-Seite.)

Romeo und Juliette, oben an einem Fenster; woran eine Strik-Leiter befestigt ist.

Juliette.

Willt du schon gehen? Es ist noch lange bis zum Tag: Es war die Nachtigall und nicht die Lerche, die dich vorhin erschrekte -- sie pflegt alle Nacht auf jenem Granatbaum zu singen; glaube mir, mein Herz, es war die Nachtigall.

Romeo.

Es war die Lerche, die Heroldin des Morgens, nicht die Nachtigall. Siehst du, meine Liebe, die neidischen Streiffen, die dort im Osten die sich scheidenden Wolken umwinden: Die Kerzen der Nacht sind abgebrannt, und der fröliche Tag gukt auf den Zehen stehend über die Spizen der neblichten Berge. Ich muß gehen und leben, oder bleiben und sterben.

Juliette.

Jenes Licht ist nicht Tag-Licht, glaube mir's, es ist irgend ein Meteor, das die Sonne ausdünstet, um in dieser Nacht deine Reise nach Mantua zu beleuchten; bleibe noch ein wenig, du sollst nicht so früh gehen.

Romeo.

Laß mich ergriffen, laß mich zum Tod verurtheilt werden; ich bin zufrieden, wenn du es haben willst. Ich will sagen, jenes Grau sey nicht des Morgens Auge, sondern nur der blasse Gegenschein von Cynthia's Stirne; und es sey nicht die Lerche, deren Noten so hoch über unserm Haupte zu den himmlischen Gewölben hinaustönen. Nichts als die Sorge für unsre Sicherheit kan mich aus deinen Armen reissen; aber Juliette will's, und der Tod soll mir willkommen seyn. Wie ists, meine Seele? Laß uns schwazen, es ist noch nicht Tag.

Juliette.

Es ist, es ist; verlaß mich, fliehe, mein Geliebter; es

ist die Lerche, die so tonloß singt, ihr mißlautendes, unangenehm-scharfes Gurgeln ruft dich weg -- O gehe, gehe, es wird immer heller und heller.

Romeo.

Sage, immer finstrer und finstrer, da ich in wenigen Augenbliken dich nicht mehr sehen werde.

Die Amme kommt herein.

Amme.

Gnädige Frau --

Juliette.

Amme?

Amme.

Euer Gnaden Frau Mutter ist im Begriff heraufzukommen: Der Tag bricht an, nehmt euch in Acht, seht euch vor --

(ab.)

Juliette.

So muß ich dann von meinem Leben scheiden? --

Romeo.

Lebe wohl, lebe wohl; noch einen Kuß, und ich will gehen.

(Romeo steigt aus dem Fenster herab.)

Juliette.

Und gehst du dann so? O mein Liebster, mein Herr,

mein Gemahl, mein Freund! Ich muß alle Tage Nachricht von dir haben, alle Stunden, denn in einer Minute ohne dich sind viele Tage. Ach! nach dieser Rechnung werd' ich alt seyn, eh ich meinen Romeo wieder sehe.

Romeo.

Lebe wohl, meine Liebe: ich will keine Gelegenheit versäumen, wodurch ich dir meinen Gruß übermachen kan.

Juliette.

Ach, denkst du, wir werden uns jemals wieder sehen?

Romeo.

Zweifle nicht; es wird eine Zeit kommen, wo alle diese Wiederwärtigkeiten uns zum Stoff angenehmer Gespräche dienen werden.

Juliette.

O Gott! ic hab' eine Unglük-weissagende Seele -- Mich dünkt, ich seh dich, da ich so auf dich hinunter schaue, wie einen, der todt in seinem Grabe ligt. Entweder werden meine Augen düster, oder du siehst bleich --

Romeo.

Glaube mir, Liebe, du kommst mir eben so vor; der Kummer trinkt das Blut in unsern Wangen auf -- Lebe wohl, lebe wohl! --

(Romeo geht ab.)

Achte

Achte Scene.

Juliette.

O Glük, Glük, alle Leute nennen dich unbeständig; wenn du unbeständig bist, was thust du mit dem, dessen Treue du kennen solltest? Doch, sey immerhin unbeständig, denn so hab ich Hoffnung, daß du ihn nicht lange behalten, sondern mir bald zurükschiken wirst.

Lady Capulet tritt auf.

Lady.

Wie, Tochter, seyd ihr schon auf?

Juliette.

Wer ist da, wer ruft? Ist es meine Gnädige Mamma? Was für eine ungewöhnliche Ursache führt sie so früh hieher?

Lady.

Wie, Juliette, wie steht's um dich?

Juliette.

Ich bin nicht wohl, Gnädige Frau.

Lady.

Immer noch in Thränen um deines Vetters Tod? Wie, hofst du ihn mit deinen Thränen aus seinem Grab herauszuwaschen? Wenn du es auch könntest, so könntest du ihn doch nicht wieder lebendig machen. Gieb dich also einmal zufrieden. Ein gemässigter Schmerz ist ein Beweis der Liebe; aber zuviel Schmerz beweißt allemal zu wenig Verstand.

Juliette.

Ich kan einen so empfindlichen Verlust nicht zuviel beweinen.

Lady.

Auf diese Art verewigst du das Gefühl deines Verlusts, und kanst doch den Freund nicht zurük bringen, dessen Verlust du beweinst.

Juliette.

So wie ich den Verlust meines Freundes fühle, kan ich nicht anders als ihn immer beweinen.

Lady.

Gut, Mädchen, du weinst nicht so sehr um seinen Tod, als daß der Bösewicht lebt, der ihn ermordet hat.

Juliette.

Was für ein Bösewicht, Gnädige Frau?

Lady.

Was für ein andrer als Romeo?

Juliette (leise.)

Bösewicht, und er, sind manche Meilen von einander. (laut.)

(laut.) Gott verzeih' ihm! Ich thue es von ganzem Herzen -- Und doch ist niemand der meinem Herzen empfindlichere Schmerzen verursacht als er.

Lady.

Du meynst, weil der Verräther lebt --

Juliette.

Ich, Gnädige Frau, -- (leise.) Ohne daß ihn diese meine Arme erreichen können -- (laut.) Ich wollte nichts, als daß ich allein meines Vetters Tod rächen dürfte.

Lady.

Wir wollen uns Rache verschaffen, sey du unbekümmert; höre nur auf zu weinen. Ich will jemand nach Mantua, wo der verbannte Renegat sich aufhält, senden, der ihn bald genug dem Tybalt nachschiken soll; und dann, hoff ich, wirst du doch zufrieden seyn.

Juliette.

In der That, Gnädige Frau, ich werde nie mit Romeo zufrieden seyn, ich seh' ihn dann -- todt -- ist mein armes Herz für meinen unglüklichen Freund. (*) Gnädige Frau, wenn ihr mir nur einen Mann finden könnt, der ihm einen Gift=Trank bringen wollte, ich wollte ihn so

 mischen,

(*) Der Leser bemerkt ohne unsre Erinnerungen, den erkünstelten Doppelsinn in den Reden der Juliette, womit der Autor ein ziemlich kindisches Spiel treibt. Man hat sie, so gut es möglich war, auszudrüken gesucht, obgleich die natürliche Wortfügung in unsrer Sprache sich nicht recht dazu bequemen wollte.

mischen, daß Romeo, sobald er ihn eingenommen hätte, im Frieden schlafen sollte -- O! wie mein Herz es verabscheut, daß ich ihn nennen höre -- und nicht zu ihm kommen kan -- um die Liebe, die ich zu meinem ermordeten Vetter trug, an der Person desjenigen auszulassen, der ihn ermordet hat.

Lady.

Finde du nur das Mittel aus, und laß du mich für den Mann sorgen. Aber nun will ich dir eine angenehme Zeitung sagen, Mädchen.

Juliette.

Sie kommt sehr zu gelegner Zeit, wenn sie angenehm ist. Und worinn besteht sie dann, wenn ich Euer Gnaden bitten darf?

Lady.

Gut, gut, du hast einen sorgfältigen Vater, Kind; der, um dich von deiner Schwermuth zu befreyen, einen unverhoften Freuden-Tag angeordnet hat, an den keine von uns beyden dachte.

Juliette.

Und darf man fragen, was für ein Tag das ist, Gnädige Frau?

Lady.

Den nächsten Donnerstag, mein Kind, früh Morgens

gens wird der junge, edle, liebenswürdige Graf Paris in St. Peters Kirche dich zu einer glüklichen Braut machen.

Juliette.

Nun, bey St. Peters Kirch, und bey St. Peter selbst, das soll er nicht. Ich bin sehr verwundert, daß ich mit so grosser Eilfertigkeit vermählt werden soll, eh mein bestimmter Gemahl sich die mindeste Mühe um mich gegeben hat. Ich bitte Eu. Gnaden, sagt meinem Herrn und Vater, daß ich noch nicht heurathen will; und wenn ichs thue, so soll es eher Romeo seyn, den ich hasse, wie ihr wißt, als Paris -- das sind neue Zeitungen, in der That!

Lady.

Hier kommt euer Vater, sagt ihm das selbst, und seht wie wohl ers von euch aufnehmen wird.

Capulet und Amme zu den Vorigen.

Capulet.

Nun, wie gehts? was machst du, Mädchen? Wie, immer noch Thränen? Immer regnerisch? Du stellst in deiner einzigen kleinen Person ein Schiff, die See und den Wind vor; deine Augen, die eine immer abwechselnde Ebbe und Fluth von Thränen machen, sind die See; dein Leib ist das Schiff daß in dieser salzichten See dahersegelt; und die Winde deine Seufzer, die, mit deinen Thränen in die Wette rasend, wenn nicht eine plözliche Stille erfolgt, deinen vom Sturm herumgewälzten Leib endlich untergehen machen werden --

Was

Was ist's, Frau? Habt ihr dem Mädchen unsern Entschluß bekannt gemacht?

Lady.

Ja, mein Herr; aber sie will nichts davon hören, sie bedankt sich davor; ich wollte, die Närrin wäre mit ihrem Grabe verheurathet.

Capulet.

Sachte, nehmt mich mit, Frau, nehmt mich mit euch. Wie, sie will nichts davon hören? Sie dankt uns nicht davor? Sie ist nicht stolz darauf, sie schäzt sich nicht glüklich so unwürdig als sie ist, das wir ihr einen so würdigen Edelmann zum Bräutigam auserkohren haben.

Juliette.

Nicht stolz darauf, daß ihr es gethan habt, aber doch dankbar; stolz kan ich nicht seyn auf etwas das ich hasse, aber dankbar, selbst für etwas Böses das eure Liebe gut gemeynt hat.

Capulet.

Wie, was, wie, Distinctionen-Macherin? Was soll das bedeuten? Stolz! und ich dank euch! und ich dank euch nicht! und doch nicht stolz! -- Wie, Fräulein Wunderlich, Ihr, schwazt mir nichts von Dank und Stolz und Unstolz und Undank daher, sondern legt eure schönsten Kleider auf Donnerstag Morgen zurechte, um mit Paris zur St. Peters Kirche zu gehen, oder ich will dich auf einer Schleiffe hinziehen lassen. Aus meinem Gesicht, du bleich-

süchtiges

süchtiges Raben=Aas! Fort, du Sausödel! du Talk-Gesicht!

Lady Capulet.

Fy, fy, wie, seyd ihr toll?

Juliette.

Liebster Herr Vater, ich bitte euch auf meinen Knien, hört mich nur ein einziges Wort mit Geduld an.

Capulet.

An den Galgen, du junge Meze! Ungehorsame, leichtfertige Creatur! Ich will dir was sagen, geh mir auf den Donnerstag in die Kirche, oder komm mir nimmer vor mein Angesicht. Sag nichts, replicier nicht, antworte mir nichts; meine Finger juken mir. Weib, wir hielten uns kaum für glüklich, weil uns Gott nur dieses einzige Kind gegeben hatte; aber nun seh ich, daß dieses einzige zuviel ist, und daß wir sie zu einem Fluch bekommen haben -- Aus meinem Gesicht, Bastart!

Amme.

Gott im Himmel segne sie! Ihr habt unrecht, Gnädiger Herr, daß ihr so hart mit ihr verfahrt.

Capulet.

Und wie, My Lady Weisheit? Haltet ihr euer Maul, und schnattert mit euern Gevattrinnen -- pakt euch --

Amme.

Ich rede nichts unrechtes; -- O, Gott gebe euch einen guten Tag -- Darf eins nicht mehr reden?

Capulet.

Capulet.

Still, still, ihr murmelnde Närrin, spielt eure Gravität wenn ihr mit euern Gevatterinnen zecht; hier haben wir ihrer nicht vonnöthen.

Lady.

Ihr seyd zu hizig.

Capulet.

Wie, Sakerlot! Soll einen das nicht wild machen? Tag und Nacht, früh und spat, daheim und ausser dem Haus, allein und in Gesellschaft, wachend und schlafend ist immer meine einzige Sorge gewesen, wie ich sie wohl verheurathen wolle: und izt, da ich einen wakern jungen Edelmann, von schönen Mitteln, von der ansehnlichsten Verwandtschaft, für sie gefunden habe; der, wie alle Leute sagen, Verdienste hat; kurz einen Mann, wie man sich einen wünschen mag, soll ich eine heillose alberne Tröpfin, ein pinselndes Püpchen haben, die, wenn das Glük sie anlacht, antwortet: Ich will noch nicht heurathen -- Ich kan nicht lieben -- Ich bin noch zu jung -- ich bitte um Vergebung -- Gut, wenn ihr nicht heurathen wollt, so will ich euch vergeben; grast wo ihr wollt, aber mit mir sollt ihr nicht in einem Hause leben; Ueberlegts, denkt ihm nach, es ist mein Brauch nicht, zu spassen. Es ist nicht mehr lange bis Donnerstag; leg die Hand auf dein Herz, bedenk dich; wenn du mein bist, so will ich dich meinem Freunde geben; und bist du's nicht, so häng dich, bettle, verhungre, stirb auf

der

der Strasse; bey meiner Seele, ich will dich nicht für mein Kind erkennen, und du sollst von dem meinigen nicht soviel bekommen, als du auf der Zunge spüren könntest -- Verlaß dich drauf, und bedenk dich, ich werde meinen Eyd gewiß nicht brechen.

[Er geht ab.]

Juliette.

Ist denn hier kein mitleidiges Wesen, in den Wolken sizend, das in den Grund meines Schmerzens hinabschaut? -- O meine liebste Mutter, werft mich nicht hinweg, verschiebt diese Heurath nur einen Monat - nur eine Woche; oder, wenn ihr nicht wollt, so macht mein Braut-Bette in das düstre Begräbniß, wo Tybalt ligt.

Lady Capulet.

Wende dich nicht an mich, ich will kein Wort reden: Thu, was du willst, ich habe dir nichts mehr zu sagen.

(Sie geht ab.)

Juliette.

O Gott! O Amme, wie kan diesem vorgebaut werden? Mein Gemahl ist auf Erden; meine Treue im Himmel; wie kan diese Treue wieder zurük kommen, wenn nicht mein Gemahl sie mir zurükschikt, indem er die Erde verläßt? -- Tröste mich, gieb mir einen Rath. O Jammer, Jammer, daß der Himmel so hart, so streng mit einem so sanften Geschöpf als ich bin, verfahren soll! Was sagst du? Hast du kein einziges tröstliches Wörtchen? Nur einen kleinen Trost, Amme! --

Amme.

Amme.

Ey ja, und hier ist er; Romeo ist verbannt: Ich wette die ganze Welt gegen nichts, daß er das Herz nicht hat, zurük zu kommen, und Anspruch an euch zu machen; oder wenn ers thun wollte, so müßt er's doch nur heimlich thun. Weil also die Umstände so beschaffen sind, so wäre das beste, däucht mich, ihr nähmet den Grafen. Oh, er ist ein liebenswürdiger junger Herr! Romeo ist nur ein Feg-Lumpen gegen ihn; ein Adler hat kein so scharfes, so munteres, so schönes Aug als Paris hat. Ich will nicht ehrlich seyn, wenn diese andre Partie nicht besser ist als die erste; und wenn es auch nicht wäre, so ist ja euer erster Mann gestorben, oder so viel als gestorben, da er fern von hier lebt, und euch zu nichts gut ist.

Juliette.

Redst du aus deinem Herzen?

Amme.

Und aus meiner Seele dazu, oder ich will beyde verlohren haben!

Juliette.

Amen.

Amme.

Was?

Juliette.

Gut; du hast mir einen vortrefflichen Trost gegeben; geh

geh hinein, und sag der Gnädigen Frau, weil ich meinen Vater erzürnt habe, so sey ich in Bruder Lorenzens Celle gegangen, um meine Beicht abzulegen, und den Ablaß zu empfangen.

Amme.

Meiner Six, das will ich; und es ist auch wohl gethan.

(Sie geht ab.)

Juliette.

Alte Todsünde! böser verführischer Teufel! Es ist wol eine grössere Sünde von dir, daß du mich treubrüchig machen willst, und daß du meinen Gemahl mit eben dieser Zunge lästerst, mit der du ihn so viel tausendmal über alles erhoben hast? Geh, Rathgeberin -- du und mein Busen sollen von nun an keine Gemeinschaft mehr mit einander haben: Ich will zu dem Pater, um zu hören, ob er mir zu helfen weiß; und fehlt alles andre, so hab ich Muth zum Sterben.

[Sie geht ab.]

Vierter Aufzug.

Erste Scene.

(Das Kloster.)

Bruder Lorenz und Paris treten auf.

Bruder Lorenz.

Auf den Donnerstag, Gnädiger Herr! Die Zeit ist sehr kurz.

Paris.

Mein Vater Capulet will es so haben, und seine Eilfertigkeit stimmt zu sehr mit meinen Wünschen überein, als daß ich sie aufzuhalten gedenken könnte.

Bruder Lorenz.

Ihr gesteht doch, daß ihr die Gesinnungen der jungen Dame noch nicht wißt -- Diese Sache geht nicht wie sie gehen soll; es gefällt mir gar nicht.

Paris.

Sie überläßt sich einer ganz unmässigen Traurigkeit über Tybalts Tod, und das war die Ursache, warum ich ihr noch wenig von Liebe sagen konnte; denn Venus lächelt nicht in einem Trauer-Hause. Nun hält es ihr Vater für gefährlich, daß sie ihrem Kummer so viel Plaz geben solle,

und

und beschleuniget unsre Vermählung, in der Absicht, dem Lauf ihrer Thränen dadurch Einhalt zu thun; allein und sich selbst überlassen, findet sie eine Art von Ergözung darinn, eine Traurigkeit zu nähren, von der nichts als die Gesellschaft sie zerstreuen kan. Begreist ihr nun die Ursache dieser Eilfertigkeit?

Bruder Lorenz (bey Seite.)

Ich wollt', ich wißte nicht, warum ihr Einhalt gethan werden muß -- Seht, Gnädiger Herr, hier kommt das Fräulein gegen meine Celle her.

(Juliette zu den Vorigen.)

Paris.

Willkommen, meine Liebe, meine Gebieterin, und mein Weib.

Juliette.

Das erste mag alsdann seyn, wenn das lezte seyn kan.

Paris.

Das wird, das muß nächsten Donnerstag seyn, meine Liebe.

Juliette.

Was seyn muß, das wird seyn.

Bruder Lorenz.

Das ist ein Text, über den kein Streit seyn kan.

Paris.

Kommt ihr, diesem Vater zu beichten?

Juliette.

Wenn ich diese Frage beantwortete, so würd' ich euch beichten.

Paris.

Läugnet ihm wenigstens nicht, daß ihr mich liebet.

Juliette.

Ich will euch hiemit gebeichtet haben, daß ich ihn liebe.

Paris.

Das will ich auch; ich bin gewiß, daß ihr mich liebt.

Juliette.

Wenn ich das thue, so würd' es von grösserm Werth seyn, es hinter euerm Rüken, als es euch ins Gesicht zu sagen.

Paris.

Arme Seele, dein Gesicht ist ganz von Thränen entstellt.

Juliette.

Die Thränen haben nur einen kleinen Sieg dadurch erhalten, denn es war vorhin schon schlecht genug.

Paris.

Du thust ihm mehr Unrecht, mein Kind, indem du das sagst, als alle deine Thränen.

Ju-

Juliette.

Was die blosse Wahrheit ist, mein Herr, ist keine Verläumdung; und was ich da sagte, sagt' ich zu meinem Gesicht.

Paris.

Dein Gesicht ist mein, und du hast es verläumdet.

Juliette.

Es mag seyn, denn mein ist es in der That nicht -- Ist es euch izt gelegen, heiliger Vater, oder soll ich nach der Vesper wieder kommen?

Bruder Lorenz.

Ich habe izt Musse, meine Gedanken-volle Tochter. Gnädiger Herr, mit eurer Erlaubniß --

Paris.

Gott verhüte, daß ich eure Andacht stören wolle -- Juliette, nächsten Donnerstag will ich euch früh genug weken -- bis dahin, adieu, mit diesem unschuldigen Kuß.

(Paris geht ab.)

Juliette.

Geh, verschließ die Thür, und wenn du's gethan hast, so komm, und weine mit mir -- Mein Elend läßt keine Hoffnung, kein Mittel, keine Rettung übrig.

Bruder Lorenz.

O Juliette, ich kenne deine Noth, und es ängstigt

 mich,

mich, daß ich kein Mittel kenne dir zu helfen. Bis nächsten Donnerstag, hör' ich, sollt ihr an diesen Grafen vermählt werden, und nichts kan es hintertreiben.

Juliette.

Sage mir nichts davon, daß du das hörst, wenn du mir nicht sagen kanst, wie ich's vermeiden kan. Wenn deine Weisheit dir kein Mittel an die Hand geben kan, so billige du nur meinen Entschluß, und ich will mir auf der Stelle durch diesen Dolch helfen. Gott vereinigte mein Herz und Romeo's; du, unsre Hände; und eh diese Hand, die du meinem Romeo versiegelt hast, eh dieses Herz, das ihn allein für seinen Herrn erkennt, verräthrischer Weise sich einem andern ergeben soll, eh soll dieser Stahl beyden die Bewegung rauben. Suche also in der Wissenschaft, womit die graue Erfahrung eines langen Lebens dich bereichert hat, einen schleunigen Rath; oder gestatte, daß dieses blutige Messer der Schiedrichter zwischen mir und meinem grausamen Schiksal sey -- Antworte mir kurz -- ein jeder Augenblik den ich noch lebe, ist mir verhaßt, wenn das was du mir sagen willst, kein Rettungs-Mittel ist.

Bruder Lorenz.

Halt ein, meine Tochter, ich entdeke eine Art von Hoffnung, die von einem eben so verzweifelten Mittel abhängt, als dasjenige ist, was wir vermeiden wollen. Wenn du entschlossen bist dir eher selbst das Leben zu nehmen, als den Grafen Paris zu heurathen, so ist zu vermuthen, du werdest dir kein Bedenken machen etwas zu wagen, das dem

Tod

Tod ähnlich ist, um einer Schande zu entgehen, der du dich durch den Tod selbst zu entziehen bereit bist. Wofern du also Muth genug dazu hast, will ich dir ein Mittel geben.

Juliette.

O, befiehl mir, eher als daß ich mich dem Paris überlasse, von den Zinnen jenes Thurms herabzuspringen, oder feßle mich an die felsichte Spize eines steilen Gebürgs, wo heulende Bären und Grimm-volle Löwen schwärmen -- Oder schließ mich eine ganze Nacht durch in ein Beinhaus ein, bis an den Hals, mit morschen Todten-Knochen, dürren Schien-Beinen, und kahlen gelben Schädeln bedekt -- oder befiehl mir in ein neugemachtes Grab zu gehen, und mich zu einem Todten unter sein Leichen-Tuch zu verbergen -- Dinge, wovon der blosse Gedanke mich zittern macht -- befiehl mir's, und ich will es ohne Zögern thun, um meinem Geliebten eine unbefiekte Treue zu erhalten.

Bruder Lorenz.

Wolan dann, so geh heim, sey aufgeräumt, und thu, als ob du in deine Vermählung mit dem Paris einwilligest; morgen ist Mittwoch; morgen Nachts siehe, daß du dich von deiner Amme erledigest, und allein ligen könnest; und wann du dann in deinem Bette bist, so nimm diese Phiole, und trinke sie rein aus, so wird augenbliklich ein erkältender einschläfernder Dunst durch alle deine Adern lauffen, und jeden deiner Lebens-Geister binden; der Kreislauf deines Bluts wird stillstehen, keine Wärme, kein Athem wird verrathen, daß du noch lebest; die Rosen auf deinen Lippen und Wangen werden zu aschfarber Blässe verwelken; deine Auglieder sich schliessen, als ob der Tod selbst sie vorm Licht des Tages verriegelt hätte; jeder Theil, seiner elastischen Biegsamkeit beraubt, wird steif, kalt und starr seyn; und in dieser anscheinenden Todes-Gestalt wirst du zwo und vierzig Stunden verharren, und dann wie aus einem süssen Schlaf erwachen. Wenn nun der Bräutigam des Morgens kommt, dich aufzuweken, so bist du todt, und wirst dann, nach dem Gebrauch unsers Landes, in deinem schönsten Anzug in eine Baare ohne Dekel gelegt, und in das Begräbniß deiner Familie gebracht -- in eben diese alte Gruft, wo alle Abkömmlinge der Capulets ligen. In der Zwischen-Zeit bis du erwachst, will ich durch Briefe den Romeo von unserm Anschlag benachrichtigen, und ihn hieher beruffen; er und ich wollen dein Erwachen abwarten, und in der nemlichen Nacht soll Romeo dich von hier nach Mantua bringen. Hier hast du das Mittel, das dich von der vorschwebenden Schande, die du fürchtest, retten kan, wenn du frey genug von weibischer Zagheit bist, es mit Entschlossenheit zu gebrauchen.

Juliette.

Gieb mirs, o, gieb mir's, sag mir nichts von Furcht.
(Sie nimmt die Phiole.)

Bruder Lorenz.

Gut, geh izt, und bleibe standhaft bey diesem Entschluß; ich will eilends einen vertrauten Ordensmann mit Briefen an deinen Gemahl nach Mantua senden.

Juliette.

Juliette.

Liebe, gieb mir Stärke, und Stärke wird mir Hülfe geben -- Lebet wohl, mein theurer Vater! --

(Sie gehen ab.)

Zweyte Scene.

[Verwandelt sich in Capulets Haus.]

Capulet, Lady Capulet, Amme, und zween oder drey Bediente treten auf.

Capulet.

Lade alle Gäste ein, deren Namen auf diesem Papier sind -- Du, geh und bestelle mir zwanzig gute Köche.

Bedienter.

Ihr sollt keinen schlechten kriegen, Gnädiger Herr, denn ich will probieren, ob sie ihre Finger leken können.

Capulet.

Wie willst du das probieren?

Bedienter.

Sapperment, Gnädiger Herr, das muß ein schlechter Koch seyn, der seine eigne Finger nicht leken kan; wenn also einer seine Finger nicht leken kan, so soll er daheim bleiben.

 Capulet.

Capulet.

Geh, geh -- Wir werden schlecht genug auf einen solchen Anlaß versehen seyn -- He? ist meine Tochter zu Bruder Lorenzen gegangen?

Amme.

Ja, wahrlich.

Capulet.

Gut; vielleicht kan er etwas gutes bey ihr ausrichten: die unartige, eigensinnige Beze, die sie ist!

Juliette zu den Vorigen.

Amme.

Seht, da kommt sie von der Beichte; sie sieht ganz frölich aus --

Capulet.

Was giebts, Starr-Kopf? Wo seyd ihr herumgeschwärmt?

Juliette.

Ich war an einem Ort, wo ich die Sünde des Ungehorsams gegen euch und eure Befehle bereuen lernte, und wo mir auferlegt wurde, auf meine Knie zu fallen und euch um Vergebung zu bitten -- Vergebet mir also, ich bitte euch; von nun an soll euer Wille allezeit meine Richtschnur seyn.

Capulet.

Capulet.

Schikt nach dem Grafen, geht, sagt ihm das; ich will diesen Knoten gleich morgen zusammengeknüpft haben.

Juliette.

Ich traf ihn in Bruder Lorenzens Celle an, und begegnete ihm so freundlich als ich konnte, ohne die Grenzen der Anständigkeit zu überschreiten.

Capulet.

Gut, das hör' ich gerne, es ist gut, steh auf; es ist wie es seyn soll; ich muß den Grafen sehen -- He, zum Henker, geht, sag' ich, und holt ihn her -- Nun, bey Gott, dieser Pater ist in der That ein ehrwürdiger heiliger Mann, und ein Mann, dem unsre ganze Stadt viel zu danken hat.

Juliette.

Amme, wollt ihr mit mir in mein Zimmer gehen, und mir den Puz aussuchen helfen, den ihr auf den morgenden Tag schiklich findet?

Lady Capulet.

Es ist noch Zeit genug bis Donnerstag.

Capulet.

Geh, Amme, geh mit ihr; morgen soll die Ceremonie vor sich gehen.

[Juliette und Amme gehen ab.]

Lady

Lady Capulet.

Aber wo sollen wir auf diese Weise Zeit zu den Vorbereitungen hernehmen? Es ist schon beynahe Nacht.

Capulet.

Still, ich will selbst ausgehen, und es soll für alles gesorgt werden, Frau, ich stehe dir davor. Geh du zu Julietten, hilf sie aufpuzen; ich will heute nicht zu Bette gehen, laß mich allein: Ich will einmal in meinem Leben die Hausmutter vorstellen -- he! holla! -- Sie sind alle fort; gut, ich will selbst zu Graf Paris gehen, damit er sich auf morgen gefaßt mache. Es ist mir recht leicht um's Herz, seitdem sich das Hexen-Mädchen so zum Ziel gelegt hat.

(Sie gehen ab.)

Dritte Scene.

[Juliettens Zimmer.]

Juliette und die Amme treten auf.

Juliette.

Ja, dieser Anzug ist der beste; aber, liebe Amme, ich bitte, laß mich heute Nacht allein; ich werde einen guten Theil davon mit beten zubringen, um den Himmel zu bewegen, daß er mein Vorhaben begünstige -- Du kennst meine sündhaften Umstände, und weißst also wol, daß ichs nöthig habe.

Lady

Lady Capulet zu den Vorigen.

Lady.

Wie, so geschäftig? Kan ich euch was helfen?

Juliette.

Nein, Gnädige Mamma, wir haben alles zusammengesucht, was wir auf unsern morgenden Umstand nöthig haben können; wenn ihr's erlauben wolltet, so wünscht' ich izt allein gelassen zu werden, und daß ihr die Amme bey euch aufbleiben liesset; denn ich bin gewiß, daß ihr bey diesem unverhoften Vorfall alle Hände voll zu thun haben werdet.

Lady Capulet.

Gute Nacht, geh du zu Bette und schlafe; du hast es vonnöthen.

(Lady Capulet und Amme gehen ab.)

Juliette.

Gute Nacht -- Gott weiß, wenn wir uns wieder sehen werden! -- Ich weiß nicht was für ein kalter schrekhafter Schauer durch meine Adern fährt -- Ich will sie zurükruffen, daß sie mir einen Muth einsprechen -- Amme! -- Aber was soll sie hier? Ich muß meine schrekenvolle Scene nothwendig allein spielen -- Komm, Phiole -- Wie wenn diese Tinctur keine Würkung thäte? Soll ich mich dann mit Gewalt an den Grafen verheurathen lassen? Nein, nein, diß soll es verwehren -- Lig' du hier -- (Sie weißt auf einen

nen Dolch.) Wie, wenn es ein Gift wäre, das mir der Pater auf eine feine Art beybringen will, um mich aus dem Wege zu schaffen, aus Furcht seine Ehre möchte unter dieser Heurath leiden, da er mich schon vorher mit dem Romeo getrauet hat? Ich fürcht', es ist so, und doch, däucht mich, kan es nicht seyn, denn er ist immer als ein heiliger Mann befunden worden. Wie, wenn ich, nachdem man mich in die Gruft geleget, eher erwache als Romeo gekommen ist, mich abzuholen? Das ist ein fürchterlicher Umstand: Werd ich nicht in diesem Gewölbe, dessen fauler Mund keine gesunde Luft einathmet, von dem verpesteten Schwall erstikt werden, eh mein Romeo kommt? Und wenn ich auch lebe, ist es nicht ganz natürlich, daß die grauenvolle Scene von Tod und Nacht, die Vorstellung des Orts, wo ich bin -- in diesem uralten Gewölbe, wo seit so vielen hundert Jahren die Gebeine aller meiner Vorfahren zusammengehäuft ligen -- wo der blutige Tybalt in gährender Verwesung in seinen Grabtüchern ligt -- wo, wie man sagt, zu gewissen Stunden in der Nacht Geister gehen -- O! Himmel, ist es nicht wahrscheinlich, daß die scheuslichen Ausdünstungen, das gräßliche Geheul der Gespenster, (gleich den Alraunen, wenn sie aus der Erde gerissen werden,) Töne, von deren Anhören lebende Menschen den Verstand verliehren -- mich vor der Zeit erweken werden; oder wenn ich erwache, werd' ich von allen diesen Schreknissen umringt, von Sinnen kommen, wahnwiziger Weise mit meiner Voreltern Gebeinen spielen, den halbverfaulten Tybalt aus seinen Tüchern reissen, und in dieser Raserey, mit den Knochen irgend eines grossen Ahnherrn, wie mit einer Keule, mir mein verzweifelndes Gehirn ausschlagen? -- O! Sieh, mich däucht ich sehe meines Vetters Geist, der diesen Romeo bey mir sucht, seinen Mörder! und meinen Gemahl! -- Halt, Tybalt, halt! Romeo, ich komme! Diß trink ich dir zu.

[Sie trinkt die Phiole aus, und wirft sich auf ihr Bette.]

Vierte Scene.

(Ein Vorsaal in Capulets Hause.)

Lady Capulet und die Amme treten auf.

Lady Capulet.

Warte, nimm diese Schlüssel, und hole mehr Gewürz, Amme.

Amme.

Sie ruffen um Datteln und Quitten in die Tarte?

Capulet zu den Vorigen.

Capulet.

Auf, munter, hurtig, regt euch, der Hahn hat schon zum andern mal gekräht, die Morgen-Gloke ist schon geläutet worden, es ist drey Uhr -- Sieh, zu dem Bakwerk, gute Angelica -- Spar't nur nichts an den Sachen --

Amme.

Geht, geht, und mengt euch nicht in Weiber-Sachen --

chen -- geht in euer Bett, ihr werdet morgen krank dafür seyn, daß ihr diese Nacht nicht geschlaffen habt.

Capulet.

Nein, nichts weniger -- was? Ich denke wol der Zeit, da ich ganze Nächte durch um einer schlechtern Ursache willen gewacht habe, und bin nie krank geworden.

Lady.

Ja, ja, ihr seyd ein feiner Mäuse-Jäger in eurer Jugend gewesen -- aber heutigs Tags will ich euch schon bewachen, daß ihr nicht so wachen sollt.

(Lady Capulet und Amme gehen ab.)

Capulet.

Eifersucht, pure Eifersucht! -- Nun, Bursche, was giebt's hier zu thun?

Drey oder viere mit Bratspiessen, Körben, Holz, u. s. w. treten auf.

Bedienter.

Sachen für den Koch, Gnädiger Herr, aber ich weiß nicht was.

Capulet.

Macht hurtig, macht hurtig; Schurke, hole troknere Holz, ruf dem Peter, er wird dir weisen wo es ligt.

Bedien-

Bedienter.

Gnädiger Herr, um Klöze zu finden, hab' ich selber Kopfs genug, ich brauche keinen Peter dazu.

Capulet.

Sakerlot! wol gegeben, -- du hast Wiz, Bursche, ha, ha -- Aber bey meiner Treue, es ist schon Tag -- (Man hört Musik von Ferne.) Der Graf wird bald mit Musicanten hier seyn -- er hat es versprochen -- Ich hör ihn schon kommen. Amme -- Frau -- wie, holla! he! Amme, sag ich!

Die Amme kommt.

Geh, weke Julietten, geh und puze sie auf, ich will gehn und indeß mit Paris schwazen: Fort, mach hurtig, mach hurtig, der Bräutigam ist schon da -- Mach hurtig, sag ich --

(Sie gehen ab.)

Fünfte Scene.

(Verwandelt sich in Juliettens Schlaf-Zimmer; Juliette ligt auf dem Bette.)

Die Amme tritt wieder auf.

Amme.

Gnädiges Fräulein -- he! Fräulein! Juliette -- Das

heißt

heißt geschlaffen, das gesteh ich -- he, Däubchen -- he, Fräulein -- fy, ihr Sieben-Schläferin -- he! Liebchen, sag ich -- Fräulein -- Herzchen -- Braut -- wie? nicht ein Wort? Ich seh, ihr nehmt für eure drey Pfenninge zum Voraus; ihr schlaft vor die ganze Woche; gut, in der nächsten Nacht, da bin ich gut dafür, wird Graf Paris Mann dafür seyn, daß ihr wenig genug schlafen sollt -- Gott verzeih mir's -- heilige Marie! und Amen! -- was für einen gesunden Schlaf sie hat! Ich muß sie aufschreyen -- Fräulein, Fräulein, Fräulein -- Nun, wahrlich, laßt nur den Grafen euch in sein Bette kriegen, er wird euch aufrütteln, mein Treu -- Kan's denn nicht seyn? Wie, angezogen, in euern Kleidern -- und wieder zurük! -- Ich muß Ernst brauchen -- Fräulein, Fräulein, Fräulein -- O Gott! o Gott! helft, helft, helft! Mein Fräulein ist todt! O Herzenleid! O! warum mußt ich gebohren werden! -- O, einen Schluk Aquavit -- he! -- Gnädiger Herr! Gnädige Frau!

Lady Capulet.

Lady Capulet.

Was ist hier für ein Geschrey?

Amme.

O unglükseliger Tag!

Lady Capulet.

Was ist's, was ist's?

Amme.

Da seht -- O unglüklicher Tag!

Lady Capulet.

O Gott, o Gott! mein Kind, mein einziges Leben! leb wieder auf, sieh mich an, oder laß mich mit dir sterben. Hülfe, Hülfe! schrey um Hülfe!

Capulet zu den Vorigen.

Capulet.

Schämt euch doch, warum bringt ihr Julietten so lange nicht; ihr Gemahl ist gekommen.

Amme.

Sie ist todt, gestorben ist sie, sie ist todt: O! daß es Gott erbarme!

Capulet.

Ha! laßt mich sehen -- O Himmel! es ist aus, sie ist kalt, ihr Blut ist gestokt und ihre Gelenke sind starr -- ihre Lippen sind ohne Leben, der Tod ligt auf ihr, wie ein frühzeitiger Frost auf der angenehmsten Blume des ganzen Gefildes. Verfluchter Unfall! Unglükseliger alter Mann!

Amme.

O des kläglichen Hochzeit-Tags!

Lady Capulet.

Arme trostlose Mutter!

Capulet.

Der Tod, der mir die Freude meines Alters geraubt hat, bindet meine Zunge, und will mich nicht reden lassen.

Bruder Lorenz und Paris mit Musicanten.

Bruder Lorenz.

Kommt, ist die Braut fertig zum Kirchgang?

Capulet.

Zum Kirchgang, aber nicht zur Heimholung. O Sohn, in der Nacht vor deinem Hochzeit-Tag ist der Tod bey deinem Weibe gelegen. Sieh, hier ligt sie, die holde Blume die sie war, nun von ihm ihres Schmuks beraubt: Der Tod ist mein Tochter-Mann.

Paris.

Hab ich so lange mich gesehnt, diesen Morgen zu sehen, und giebt er mir nun einen solchen Anblik?

Lady Capulet.

Verfluchter, elender, unseliger, verhaßter Tag! Jammervolleste Stunde, die jemals die Zeit auf ihrer immerwährenden Pilgrimschaft erblikte! Nur ein einziges, ein armes, einziges, liebes, zärtliches Kind; nur ein einziges, das mir zur Freude und zum Trost war, und der unbarmherzige Tod hat es mir weggenommen. (*)

Capulet.

(*) Paris hat hier im Original eine Rede, die vollkommner Non-Sense ist, und durch die er die Amme abläßt, die sich mit unaufhörlichen Ausrufungen: O weh, o weh; o Tag, o Tag, heiser geschrien. Man hat beyde dem Genius des Shakespears aufgeopfert.

Capulet.

Unseliger Zufall! -- Mußte unsre Freude auf eine so meuchelmördrische Art ermordet werden! O mein Kind, mein Kind! Meine Seele, nicht mein Kind, sollst du todt seyn? O Gott, todt! - Mein Kind ist todt -- alle meine Hoffnungen sinken mit ihm ins Grab.

Bruder Lorenz.

Nun, so hemmt doch endlich diesen Ausbruch der Ungeduld und Verzweiflung! Alle diese trostlosen Klagen können euer Weh nicht heilen: Der Himmel und ihr hattet Antheil an diesem liebenswürdigen Mädchen; nun hat der Himmel Alles, und desto besser ist es für sie. Euern Antheil an ihr konntet ihr nicht vor dem Tode bewahren: Aber der Himmel erhält den seinen bey ewigem Leben. Alles was ihr suchtet, war ihre Erhebung -- und ihr weint nun, sie über die Wolken, so hoch als der Himmel selber ist, erhoben zu sehen? Was für eine verkehrte Liebe zu euerm Kind ist das, das ihr von Sinnen kommen wollt, da ihr seht daß sie glüklich ist! Troknet eure Thränen, umstekt diese schöne Leiche mit Rosmarin, und traget sie, wie es der Gebrauch ist, in ihrem besten Anzug in die Kirche.

Capulet.

Alle Zurüstungen, die wir zu unserm Fest gemacht haben, verwandeln sich nun in ein trauervolles Leichen-Gepränge. Unsre musicalischen Instrumente in melancholische Todten-Gloken, unser hochzeitliches Gastmahl in ein schwermüthiges Leichen-Mahl, unsre festlichen Lobgesänge in bange Klaglieder, und unsre hochzeitlichen Blumen-Kränze dienen nun eine Todten-Baare zu schmüken -- O der kläglichen Verwandlung!

Bruder Lorenz.

Gnädiger Herr, geht hinein, und ihr, Madam, geht mit ihm, und ihr, Signor Paris; ein jedes bereite sich, diese schöne Leiche zu ihrem Grabe zu begleiten; und hütet euch, durch murrende Ungeduld den über euch schwebenden Zorn des Himmels noch mehr zu reizen.

(Sie gehen ab.)

Sechste Scene.

Die Amme und die Musicanten bleiben, wie natürlich, zurük. Die leztern sind so fein, es von sich selbst zu merken, daß sie hier zu nichts mehr nuzen, und die weise Amme sagt es ihnen noch zum Ueberfluß; sie steken also ihre Pfeiffen ein, und wollen gehen. Aber zu grossem Vergnügen der Zuschauer in den obersten Gegenden kommt Peter, und verlangt, daß sie ihm ein lustiges Stükchen aufspielen sollen; dieses giebt dann den Anlaß zu einem kleinen Divertissement von Wortspielen und Späßen im Geschmak des Wiener-Harlequins; einer Abwechslung, die freylich, (wie der sinnreiche Herr von Voltaire weislich bemerkt,)

dem

dem Geschmak unsers Autors und seiner Zeitgenossen wenig Ehre macht, aber doch den Vortheil mit sich führt, daß die Zuschauer, (welche am Ende doch in die Comödie gegangen sind, um sich einen Spaß zu machen,) durch die kläglichen Scenen nicht gar zu sehr gerührt werden.

Fünfter Aufzug.

Erste Scene.

(Mantua.)

Romeo tritt auf.

Wenn ich den schmeichelnden Eingebungen des Schlafs trauen dürfte, so würden mir meine Träume angenehme Neuigkeiten vorbedeuten. Ein ungewöhnlicher Geist der Frölichkeit erfüllt meinen Busen, und hebt mich mit angenehmen Gedanken über den Boden empor: Ich träumte, meine Geliebte käme und fände mich todt -- (Was für ein seltsames Ding ein Traum ist, daß er todten Leuten doch noch die Erlaubniß giebt zu denken!) -- und hauchte durch ihre Küsse ein solches Leben in meine Lippen, daß ich wieder von den Todten auferstand und ein Kayser wurde. O Himmel! wie süß ist der würkliche Genuß der Liebe, da ihre Schatten schon so reich an Wonne sind!

(Balthasar tritt auf.)

Neue Zeitungen von Verona -- Wie steht's, Balthasar? Bringst du mir Briefe vom Pater? Was macht meine Geliebte? Ist mein Vater wohl? Was macht meine Juliette? Das muß ich noch einmal fragen; denn wenn sie wohl ist, so ist nichts übel.

Baltha-

Balthasar.

So ist sie denn wohl und nichts ist übel. Ihr Leichnam schläft in dem Begräbniß der Capulets, und ihr unsterblicher Theil lebt mit Engeln. Ich sah sie in das Gewölb ihrer Familie legen, und nahm sogleich die Post es euch zu berichten. Vergebung, Gnädiger Herr, daß mein Dienst mich nöthigt, euch eine so böse Zeitung zu bringen!

Romeo.

Ist es würklich so? -- So biet' ich euch Troz, ihr Sterne! -- Du kennst meine Wohnung, geh hole mir Dinte und Papier, und bestelle Post-Pferde -- Ich will diese Nacht noch fort.

Balthasar.

Um Vergebung, Gnädiger Herr, ich darf euch nicht so verlassen. Eure Blike sind düster und wild, und bedeuten nichts Gutes.

Romeo.

Stille! du betrügst dich. Verlaß mich und thu was ich dir sage: Hast du keine Briefe vom Pater an mich?

Balthasar.

Nein, gnädiger Herr.

Romeo.

Das hat nichts zu bedeuten: geh, und bestelle die Pferde; ich will gleich bey dir seyn.

[Balthasar geht ab.]

Gut, Juliette, heute Nacht will ich bey dir ligen -- Laß sehen, wie machen wir das? Wie schnell findet Unheil den Eingang in ein verzweifelndes Gemüth! -- Ich erinnre mich eines Apothekers, der hier irgend wohnt, und den ich lezthin in einem zerlumpten Kittel, mit überhangenden Augbrauen, Kräuter suchend fand. Ich faßte den Mann ins Auge; seine Blike sahen mager und verhungert aus, Kummer und Elend schien ihn bis auf die Knochen abgenuzt zu haben; in seiner armseligen Bude hieng eine Schildkröte, ein ausgestopfter Alligator, und ein paar andre Häute von mißgeschaffnen Fischen; und rings um auf dem Gestelle stuhnd ein bettelhaftes Gepränge von leeren Büchsen, grünen irdnen Töpfen, Blasen, muffigen Saamen, Resten von Pakfaden, und alte Rosen=Kuchen dünn genug zerstreut, damit es doch etwas gleich sehen sollte. In dem Augenblik da mir dieser armselige Zustand in die Augen fiel, dacht' ich bey mir selbst, wenn izt einer Gift brauchte, dessen Verkauff in Mantua ohne Gnad' am Leben gestraft wird, so lebt hier ein armseliger Tropf, der ihm's zu kauffen gäbe. O! dieser Gedanke war eine Ahnung, daß ich diesen Mann bald selber nöthig haben würde. So viel ich mich erinnere, sollte diß das Haus seyn; weil heut ein Feyertag ist, so ist des Bettlers Bude geschlossen. Holla! he! Apotheker.

Der Apotheker kommt heraus.

Apotheker.

Wer ruft so laut?

Romeo.

Romeo.

Komm hervor, Mann! Ich sehe, du bist arm; sieh, da sind vierzig Ducaten; gieb mir eine Drachme Gift davor, von so schneller Würkung, daß es sich in einem Augenblik durch alle Adern verbreite, und der Lebens-überdrüssige, der es einnimmt, so plözlich und mit solcher Gewalt des Athemholens entladen werde, als das unaufhaltsame Pulver, sobald es sich entzündet, aus dem fatalen Bauch einer Canone losbricht.

Apotheker.

Dergleichen tödtliche Präparata hab' ich; aber das Gesez ist todt für den, welcher sie hergiebt.

Romeo.

Bist du so nakend und mit Elend beladen, und fürchtest den Tod? Hunger sizt auf deinen Wangen, Mangel und Kummer schauen aus deinen holen Augen hervor, Verachtung und Betteley hangen auf deinem Rüken, und du fürchtest den Tod? Die Welt ist nicht dein Freund, und ihr Gesez auch nicht; die Welt giebt kein Gesez dich reich zu machen; sey also klüger, brich es, und nimm mein Gold.

Apotheker.

Meine Dürftigkeit williget ein, nicht mein Wille.

Romeo.

Auch bezahl' ich nicht deinen Willen, sondern deine Dürftigkeit.

Apothe-

Apotheker.

Gießt dieses in was für einen Liquor ihr wollt, und trinkt es aus; und wenn ihr die Stärke von zwanzig Männern hättet, so wird es euch in die andre Welt schiken.

Romeo.

Hier ist dein Gold; ein schädlichers Gift für die Seelen der Menschen, und welches mehr Mordthaten in dieser heillosen Welt verursacht, als diese arme Quaksalbereyen, die du nicht verkauffen kanst: Ich habe dir Gift verkauft, nicht du mir -- fahre wohl, kauf dir zu essen, und mach, daß du zu Fleisch kommst -- Komm, Herz-Stärkung, nicht Gift; komm mit mir, wo ich dich brauche, zu Juliettens Grab.

[Sie gehen ab.]

Zweyte Scene.

(Verwandelt sich in das Kloster zu Verona.)

Bruder Johann tritt auf.

Johann.

Ehrwürdiger Sohn des heiligen Franciscus, Bruder! he!

Bruder Lorenz kommt heraus.

Lorenz.

Das sollte Bruder Johanns Stimme seyn -- Willkommen

men von Mantua; was sagt Romeo? Oder habt ihr mir einen Brief von ihm?

Johann.

Da ich abreisen wollte, gieng ich, einen Baarfusser-Bruder von unserm Orden zum Reise-Gefährten zu suchen, der hier in der Stadt war, um Kranken beyzustehen. Ich fand ihn; aber wie wir aus dem Hause gehen wollten, kamen die Visitatoren der Stadt, und weil sie einen Argwohn hatten, daß in dem Hause worinn sie uns fanden, eine anstekende Krankheit grassiere, versiegelten sie die Thüren und liessen uns nicht fort; so daß also meine Reise nach Mantua unterbleiben mußte.

Lorenz.

Wer brachte dann dem Romeo meinen Brief?

Johann.

Ich konnt' ihn nicht fortschiken, hier ist er wieder; ich konnte nicht einmal jemand finden, der ihn dir wiedergebracht hätte, so groß war ihre Furcht, sie möchten angestekt werden.

Lorenz.

Das ist ein unglüklicher Zufall! Bey meinem Ordens-Gelübd, der Brief enthielt Sachen von der grössesten Wichtigkeit, und diese Versäumung kan böse Folgen haben. Bruder Johann, geh, schaff mir ein Brech-Eisen und bring mirs in meine Celle.

Lorenz.

Lorenz.

Nun muß ich allein in die Gruft; in den nächsten drey Stunden wird die schöne Juliette erwachen -- Wie wird sie über mich schmählen, daß ihr Romeo von allen diesen Vorfällen keine Nachricht bekommen hat! Aber ich will noch einmal nach Mantua schreiben, und sie indeß in meiner Celle verbergen, bis Romeo kommt. Arme lebende Leiche, ich eile, dich aus deiner Todten-Gruft zu ziehen! --

[Er geht ab.]

Dritte Scene.

[Verwandelt sich in einen Kirchhof -- auf demselben die Familien-Gruft der Capulets.]

Paris und sein Edelknabe, mit einer Fakel, treten auf.

Paris.

Gieb mir deine Fakel, Junge: Geh und steh von Ferne. Doch nein, lösche sie aus, ich möchte nicht gesehen werden -- Leg dich, so lang du bist, unter jenen Taxus-Bäumen hin, und halte dein Ohr dicht an den hohlen Boden, so wird kein Fuß auf diesen Kirchhof treten können, ohne daß du es hörst; und sobald du hörst, daß sich etwas nähert, so zische mir zu; das soll das Zeichen seyn. Gieb mir diese Blumen -- thu, was ich dir sage, geh.

Edel-

Edelknabe.

Ich fürchte mich herzlich, so allein hier auf dem Kirchhof zu seyn, und doch will ich es wagen.

(Geht ab.)

Paris geht an die Gruft, und streut Blumen über sie.

Anmuthsvolle Blume! So bestreu' ich mit Blumen dein Brautbette: Schöne Juliette, nun die Gespielin der Engel, nimm dieses lezte Merkmal der Liebe, von einem der im Leben dich verehrte, und nun im Tode -- (der Knabe zischt) Der Junge giebt ein Zeichen, es nähert sich was -- was für verfluchte Füsse wandern in dieser späten Nacht hieher, mich in den zärtlichen Gebräuchen der traurenden Liebe zu stören? -- Wie? ein Licht? Verhülle mich eine Weile, o Nacht --

[Er geht bey Seite.]

Vierte Scene.

Romeo und Balthasar mit einem Lichte.

Romeo.

Gieb mir den Karst und das Heb-Eisen. Hier, nimm diesen Brief, und sieh daß du ihn morgen früh meinem Herrn und Vater überlieferst. Gieb mir das Licht; so lieb dir dein Leben ist, befehl' ichs dir, du magst hören oder sehen, was du willst, so bleib von ferne stehen, und unterbrich mich nicht in meinem Vorhaben. Warum ich in diese Gruft herabsteige, ge, ist, theils meine Geliebte noch einmal zu sehen, hauptsächlich aber um von ihrem todten Finger einen kostbaren Ring zu ziehen, einen Ring den ich zu einem wichtigen Gebrauch nöthig habe; entfern dich also von hier, geh -- unterfängst du dich aber aus Fürwiz zurükzukehren, um zu sehen, was ich noch mehr zu thun im Sinn habe, beym Himmel, so will ich dich Gelenk für Gelenk in Stüke reissen, und diesen hungrigen Kirchhof mit deinen Gliedern bestreuen. Die Zeit und meine Absichten sind grausam und wild, grimmiger und unerbittlicher als blut-lechzende Tyger und die heulende See.

Balthasar.

Ich will gehen, Gnädiger Herr, und euch nicht stören.

Romeo.

So kanst du mir deine Freundschaft beweisen -- Nimm du das; leb und sey glüklich, fahrwohl, guter Junge.

Balthasar (im Weggehen vor sich.)

Das alles ist mir ein desto stärkerer Beweggrund, mich hier in der Nähe zu verbergen. Ich fürchte seine Blike, und zweifle, daß er was Gutes im Sinn habe.

Romeo.

Du abscheulicher Schlund, verfluchter Rachen des Todes, der das kostbarste was die Welt hatte, verschlungen hat, so zwing ich deine morschen Kinnbaken sich zu öfnen, (er bricht die Gruft auf,) um dich mit Gewalt mit noch mehr Speise vollzustopfen.

Paris

Paris (kommt hervor.)

Diß ist der verbannte übermüthige Montague, der den Vetter meiner Geliebten erschlug, (welches durch den Kummer den sie darüber hatte, wie man glaubt, die Ursach ihres Todes gewesen ist,) und nun ist er gekommen, irgend eine niederträchtige Schmach an ihren Leichnamen auszuüben: Ich will ihn anhalten -- Halt ein mit deiner verdammlichen Arbeit, nichtswürdiger Montague: Willt du deine Wuth bis auf die Todten ausdähnen? Verurtheilter Bösewicht, ich bemächtige mich deiner; gehorche, geh mit mir, du must sterben.

Romeo.

Ich muß, in der That, und darum kam ich hieher -- Guter junger Mensch, reize nicht einen verzweifelnden Mann; flieh von hinnen, und laß mich: Denk an diese, die hier ligen, und laß sie dich schreken. Ich bitte dich, Jüngling, häuffe nicht noch eine neue Sünde über mein Haupt, treibe mich nicht zur Wuth. O geh! Beym Himmel! ich liebe dich besser als mich selbst; denn ich bin gegen mich bewaffnet hieher gekommen. Verweile nicht, geh, und sage, daß du dein Leben der Barmherzigkeit eines rasenden Mannes zu danken habest.

Paris.

Ich verschmähe dein Mitleiden, und arrestiere dich hier als einen Hochverräther.

Romeo.

So willst du mich denn mit Gewalt reizen? Hab es dann an dir selber, Junge.

[Sie fechten. Paris fällt.]

Edelknabe.

O Gott, sie fechten, ich will gehen und die Wache holen.

Paris.

Oh, ich bin des Todes; wenn du einiger Erbarmung fähig bist, so öffne die Gruft und lege mich zu Julietten.

[Er stirbt.]

Romeo.

Auf meine Ehre, das will ich: Laß mich dieses Gesicht in der Nähe besehen -- Mercutio's Vetter! der edle Graf Paris! was sagte mir mein Diener unterwegs, indem meine im Sturm herumgewälzte Seele nicht darauf Acht gab, was er sagte -- Mich däucht, er erzählte mir, Paris habe Julietten heurathen sollen. Sagte er das nicht? oder träumte mir's nur? Oder bin ich unsinnig, daß ich mir einbilde es sey so, weil ich ihn so zärtlich von Julietten reden hörte? -- O gieb mir deine Hand, du, den das Schiksal in mein Unglük verflochten hat, ich will dir ein beneidenswürdiges Grab gewähren -- Ein Grab? O nein, eine Glorie, ermorderter Jüngling; denn Juliette ligt hier, und ihre Schönheit erfüllt diese grauenvolle Gruft mit Licht und Herrlichkeit; Tödter, lige du hier, von einem Todten begraben.

(Er legt ihn in die Gruft.)

Wie

Wie oft ist es schon begegnet, daß Sterbende kurz vor ihrem lezten Augenblik noch aufgeräumt gewesen sind -- O gönne mir noch einen solchen Augenblik! -- Meine Geliebte, mein Weib, der Tod, der den Honig deines Athems aufgesogen, hat noch keine Gewalt über deine Schönheit gehabt; du bist nicht besiegt; noch schwebt die purpurne Fahne der Schönheit auf deinen Lippen und Wangen, und die blasse Flagge des Todes ist hier noch nicht aufgesteckt -- Tybalt, ligst du hier in deinem blutigen Leichen-Tuch? O was kan ich mehr thun, wie kan ich dich besser rächen, als eben diese Hand, die dein jugendliches Leben geendigt hat, gegen deinen Mörder zu gebrauchen? Vergieb mir, theurer Vetter! -- Ach! liebste Juliette, warum bist du noch so schön? Soll ich glauben, der unwesentliche Tod sey in dich verliebt worden, und das dürre scheußliche Ungeheuer unterhalte dich hier im Dunkeln, um seine Liebste zu seyn? Aus Furcht es möchte so seyn, will ich immer bey dir bleiben, und von diesem Augenblik diesen Palast der düstern Nacht nimmermehr verlassen; hier, hier will ich bleiben, bey den Würmern, die deine Kammer-Mädchen sind; hier will ich eine immerwährende Ruhe finden, wenn ich das tyrannische Joch erboßter Sterne von diesem Lebens-überdrüssigen Fleisch abgeschüttelt habe -- Mein Auge, sieh' sie zum leztenmal an; umfanget sie zum leztenmal, meine Arme, und ihr siegelt, o meine Lippen, mit dem lezten Kuß dem wuchernden Tod eine Verschreibung, die nie wieder abgelößt werden kan -- Diß, meine Liebe, trink ich dir zu! -- o ehrlicher Apotheker, (er trinkt das Gift aus,)

aus,) Deine Tränke würken gut -- Noch diesen Kuß. --
[Er stirbt.]

Bruder Lorenz mit einer Laterne, einem Brech-Eisen, und einer Spathe.

Bruder Lorenz.

St. Franciscus steh mir bey! Wie manchmal haben schon in später Nacht meine alten Füsse an Gräbern gestolpert? Wer ist hier?

Balthasar kommt hervor.

Balthasar.

Ein Freund, der euch wol kennt.

Lorenz.

Heil sey dir! Sage mir, guter Freund, was für eine Fakel seh ich dort, die ihr Licht so vergeblich Würmern und auglosen Schädeln leiht? Wie mich däucht, so brennt sie in der Gruft der Capulets.

Balthasar.

Es ist würklich so, heiliger Vater, und derjenige, der darinn ist, ist mein Herr, einer von euern liebsten Freunden.

Lorenz.

Wie nennt er sich?

Balthasar.

Romeo.

Lorenz.

Lorenz.

Wie lang ist er schon da?

Balthasar.

Eine volle halbe Stunde.

Lorenz.

Geh mit mir in die Gruft.

Balthasar.

Ich habe das Herz nicht, ehrwürdiger Herr -- Mein Herr weiß nichts anders als daß ich weggegangen sey, und bedräute mich auf eine fürchterliche Art, daß er mich umbringen wolle, wenn ich zurükbleiben und sein Vorhaben belauschen würde.

Lorenz.

So bleibe du hier, ich will allein gehen -- mich kommt ein Grauen an -- ich fürcht', ich fürcht' es ist ein Unglük geschehen.

Balthasar.

Wie ich unter diesem Taxus-Baum schlief, da träumte mir mein Herr und ein andrer fechten mit einander und mein Herr habe ihn erschlagen.

Lorenz (bey dem Eingang der Gruft.)

Romeo! -- O Himmel! was, bedeutet dieses Blut das den steinernen Eingang dieser Gruft beflekt? Was bedeuten diese herrenlose Schwerdter, die mit geronnenem Blut beschmizt an diesem Ort des Friedens ligen? Romeo! o Gott, ohne Leben! und dieser? -- Wie? Paris? -- im Blute schwimmend? Ha, was für eine unselige Stunde ist an diesem jammervollen Zufall schuldig? -- Das Fräulein rührt sich --

Juliette (erwachend.)

O Trostbringender Vater! wo ist mein Gemahl? Ich erinnre mich wohl, wo ich seyn soll, und ich bin da -- Aber wo ist Romeo?

Lorenz.

Ich hör ein Getöse -- Fräulein, komm hervor aus dieser Höle des Todes, der Verwesung und des unnatürlichen Schlafs; eine grössere Macht, als der wir wiederstreben könnten, hat unsern Entwurf durchschnitten; komm, komm mit mir -- dein Gemahl ligt todt hier, und Paris auch -- Komm, ich will dich in ein Kloster von heiligen Schwestern führen: Halte dich nicht mit Fragen auf, ich sehe die Wache kommen -- Komm, geh, liebste Juliette; ich kan nicht länger bleiben --

[Er geht.]

Juliette.

Geh, geh du, und laß mich hier bleiben -- Was ist hier? Ein Becher, in meines Geliebten Hand? -- Gift, wie ich seh, ist sein unzeitiger Tod gewesen -- O du Unfreundlicher, alles auszutrinken, und nicht einen freundschaftlichen

schaftlichen Tropfen übrig zu lassen, der mir dir nach helfe! Ich will deine Lippen küssen; vielleicht hängt noch so viel Gift daran, als ich nöthig habe -- Deine Lippen sind noch warm --

Der Edelknabe, mit der Wache treten auf.

Wache.

Weis' uns den Weg, Junge.

Juliette.

So? Kommt jemand? So will ich's kurz machen -- (Sie findt einen Dolch.) O glüklicher Dolch! hier ist deine Scheide, hier roste und laß mich sterben.

[Sie ersticht sich.]

Knabe.

Hier ist der Ort; dort, wo die Fakel brennt.

Wache.

Der Boden ist voller Blut. Sucht auf dem ganzen Kirchhof, geht, etliche von euch, macht feste wen ihr findet. Erbärmlicher Anblik! Hier ligt der Graf erschlagen, und Juliette in ihrem Blut, noch warm, und kaum entseelt, die doch diese zween Tage schon hier begraben gelegen ist. Geht, zeigt es dem Fürsten an, rennt zu den Capulets, wekt die Montaguen auf -- Und ihr andere sucht -- Die Umstände allein können diese klägliche Begebenheit begreiflich machen.

Etliche Wächter mit Balthasar.

2. Wächter.

Hier ist ein Bedienter von Romeo, den wir auf dem Kirchhof gefunden haben.

1. Wächter.

Haltet ihn auf, bis der Fürst kommt.

Ein andrer Wächter, mit Bruder Lorenzen.

3. Wächter.

Hier ist ein Franciscaner, der zittert, ächzt und weint; wir fanden dieses Brech-Eisen und diese Spathe bey ihm, und er kam von dieser Seite des Kirchhofs her.

1. Wächter.

Das ist sehr verdächtig; haltet ihn auch auf.

Fünfte Scene.

Der Fürst und sein Gefolge, treten vorn auf der Schaubühne auf.

Fürst.

Was für ein Unheil ist so früh auf, daß es uns aus unserm Morgen-Schlaf wekt?

Capulet

Capulet und Lady Capulet, treten auf der andern Seite auf.

Capulet.

Was mag das seyn, daß ein so gräßliches Geschrey auf den Strassen ist?

Lady Capulet.

Die Strassen sind voll Volks das Romeo schreyt; einige schreyen, Juliette; einige Paris; und alle rennen mit Entsezen und Geschrey unserm Begräbniß zu?

Fürst.

Was für Töne des Schrekens stürzen sich in unser Ohr?

1. Wächter.

Gnädigster Herr, hier ligt der Graf Paris ermordet, und Romeo todt, und Juliette, die zuvor todt war, warm, und vor wenigen Minuten umgebracht.

Fürst.

Sucht, forscht nach, und spähtaus, woher diese scheußliche Mordthaten kommen?

1. Wächter.

Hier ist ein Mönch, und des erschlagnen Romeo's Diener, die mit Werkzeugen, diese Todten-Gräber aufzubrechen, ertappt worden sind.

Capulet.

O Himmel! -- O Weib! Sieh wie unsre Tochter blutet! Dieser Dolch hat sich verfehlt; sieh, die Scheide ligt auf dem Rüken des Montaguen, und die entblößte Klinge in meiner Tochter Busen --

Lady Capulet.

O Gott, dieser Anblik ist wie eine Todten-Gloke, die meinem grauen Alter zu Grabe läutet.

Montague zu den Vorigen.

Fürst.

Komm, Montague -- und sieh hier deinen einzigen Sohn und Erben --

Montague.

Weh mir! -- Mein Weib, Gnädigster Herr, ist in dieser Nacht verschieden -- Der Gram über ihres Sohnes Verbannung hat ihr das Herz gebrochen -- Was für ein neues Weh verschwört sich gegen mein graues Alter?

Fürst.

Schau hieher, so wirst du's sehen.

Montague.

O du Uebelgezogner, was für Lebens-Art war das, dich vor deinem Vater so in's Grab zu drängen?

Fürst.

Fürst.

Haltet noch mit euern Klagen ein, bis wir diese verworrene Geschichte ins Klare gesezt, und ihren Ursprung und wahren Hergang herausgebracht haben; alsdann will ich selbst der Anführer euers Klag-Geschreys seyn -- Bis dahin, haltet inn! -- bringet die verdächtigen Personen herbey!

Bruder Lorenz.

Ich, der unvermögendste, bin derjenige, den der stärkste Verdacht drükt; Zeit und Ort scheinen mich dieses gräßlichen Mords anzuklagen; und hier steh ich zugleich mein eigner Ankläger und Advocat zu seyn.

Fürst.

So sage dann, ohne Umschweiffe, was dir davon bekannt ist.

Bruder Lorenz.

Ich will kurz seyn, mein Athem ist ohnehin nicht lang genug für eine langweilige Historie. Romeo, der hier todt ligt, war Juliettens Gemahl, und Sie, die hier todt ligt, Romeo's getreues Weib: Ich segnete ihre Ehe ein; und der Tag ihrer heimlichen Vermählung war Tybalts Sterb-Tag, dessen unzeitiger Tod den neuen Bräutigam aus dieser Stadt verbannte, und dieses, nicht Tybalts Tod, war die Ursache von Juliettens Gram. Ihr, (zu Capulet) um ihr diesen Kummer aus dem Sinn zu bringen, verspracht sie dem Grafen Paris, und waret im Begriff, sie zu

dieser

dieser Heurath mit Gewalt zu zwingen. In diesen Umständen kommt sie zu mir, und, mit wilden Bliken, bittet sie mich daß ich ihr ein Mittel an die Hand gebe, diese zweyte Heurath zu vermeiden, oder sie wolle sich in meiner Celle selbst ums Leben bringen. In diesem schwürigen Augenblik kam mir meine Wissenschaft zu Hülfe; ich gab ihr einen Schlaf-Trunk, dessen Würkung meiner Absicht vollkommen antwortete -- denn er sezte sie in einem Zustand, der dem Tode so gleich sah, daß sie für eine Leiche angesehen, und so behandelt wurde. Inmittelst schrieb ich an Romeo, und bestellte ihn, daß er in eben dieser schreklichen Nacht, als der Zeit, worinn die Würkung des Tranks zu Ende gehen würde, hieher kommen, und mir helfen möchte, sie aus ihrem geborgten Grabe heraus zu holen. Allein, Bruder Johann, der ihm meinen Brief überbringen sollte, wurde durch einen Zufall aufgehalten, und gestern kam mein Brief mir wieder zu; ich war also genöthigt, um die bestimmte Zeit ihres Erwachens ganz allein hieher zu kommen, und sie aus der Gruft ihrer Familie zu befreyen: Des Vorhabens, sie so lange in meiner Celle verborgen zu halten, bis ich Gelegenheit fände, den Romeo hieher zu beruffen. Aber wie ich kam, (wenige Minuten vor ihrem Erwachen) da lag der edle Paris hier erschlagen, und der allzugetreue Romeo todt. Sie erwacht, und ich bitte sie inständigst mit mir zu gehen, und diese Schikung des Himmels mit Geduld zu tragen: Allein ein Getöse, das ich gleich darauf hörte, scheuchte mich von der Gruft weg, und sie, verzweifelnd und entschlossen zu sterben, wollte nicht mit mir gehen, sondern legte, wie es scheint, gewaltsame Hand an sich selbst. Alles dieses weiß ich, und von der heimlichen Heurath kan auch ihre Amme Zeugniß geben: Ist aber in allem diesem etwas durch meine Schuld gefehlt und zu diesem unglüklichen Ausgange gebracht worden, so laßt immer mein altes Leben, etliche Stunden vor meiner bestimmten Zeit, der Strenge des Gesezes aufgeopfert werden.

Fürst.

Wir haben dich jederzeit als einen heiligen Mann gekannt. Wo ist Romeo's Diener? Was kan Er von der Sache berichten?

Balthasar.

Ich brachte meinem Herren die Zeitung von Julia's Tod, und sogleich kam er mit Post-Pferden von Mantua hieher, unmittelbar hieher, zu dieser nehmlichen Gruft; übergab mir diesen Brief an seinen Vater, und dräute mir, indem er auf die Gruft zugieng, den Tod, wenn ich nicht weggehen und ihn allein lassen wollte.

Fürst.

Gieb mir den Brief, ich will ihn übersehen -- Wo ist des Grafen Knabe, der die Wache herbeyholte? -- Bursche, was machte dein Herr an diesem Orte?

Knabe.

Er kam, das Grab seiner Geliebten mit Blumen zu bestreuen, und befahl mir von Ferne stehn zu bleiben, wie ich auch that; bald darauf kommt einer mit einem Licht,

die

die Gruft zu öffnen, und augenbliklich zieht mein Herr den Degen gegen ihn; und da lief ich und holte die Wache.

Fürst.

Dieser Brief bekräftiget die Erzählung des Ordens-Manns -- und hier schreibt er, daß er Gift von einem armen Apotheker gekauft, und damit in diese Gruft gekommen sey, um zu sterben und in Juliettens Grab zu ligen -- Wo sind diese Feinde? Capulet! Montague! Seht hier die Ruthe, womit euere Unversöhnlichkeit gezüchtiget wird; seht wie der Himmel Mittel findet, durch die Liebe selbst die Freuden euers Lebens zu tödten. Auch ich, weil ich zuviel Nachsicht gegen euere Uneinigkeiten hatte, habe zween Verwandte verlohren: Wir sind alle gestraft!

Capulet.

O Bruder Montague, gieb mir deine Hand; das ist meiner Tochter Witthumb -- mehr kan ich nicht verlangen.

Montague.

Aber ich kan dir mehr geben; denn ich will ihre Bild-Säule von gediegnem Gold aufstellen, daß, so lange Verona diesen Namen trägt, kein Denkmal dem Denkmal der zärtlichen und getreuen Juliette gleich geschäzt werde!

Capulet.

Eben so glänzend soll Romeo bey seiner Gattin ligen; theure, unglükliche Opfer unsrer unseligen Feindschaft!

Fürst.

Fürst.

Dieser Morgen bringt uns einen düstern Frieden, und die Sonne selbst scheint trauernd ihr Haupt verhüllt zu haben -- Geht, und erwartet unsre Entscheidung, was in diesem unglüklichen Handel Strafe und was Verzeihung verdient -- [Ihr aber, getreue Liebende, die ein allzustrenges Schiksal im Leben getrennt, und nun ein freywilliger Tod auf ewig vereiniget hat, lebet, Juliette und Romeo, lebet in unserm Andenken, und die späteste Nachwelt möge das Gedächtniß eurer unglüklichen Liebe mit mitleidigen Thränen ehren!]

Othello,

Othello,

der

Mohr von Venedig.

Ein

Trauerspiel.

Personen.

Der Herzog von Venedig.

Brabantio, ein Edler Venetianer.

Gratiano, dessen Bruder.

Lodovico, derselben Neffe.

Othello, der Mohr, Venetianischer General in Cypern.

Cassio, sein General-Lieutenant.

Jago, Fähndrich des Othello.

Rodrigo, ein einfältiger Junker, in Desdemona verliebt.

Montano, des Mohren Vorfahrer im Commando zu Cypern.

Hans Wurst, des Mohren Diener.

Ein Herold.

Desdemona, des Brabantio Tochter.

Emilia, Jago's Weib.

Bianca, eine Courtisane, Cassio's Liebste.

Officiers, verschiedene Cavaliers, Abgeordnete, Musicanten, Matrosen, und Bediente.

Der Schau-Plaz ist im ersten Aufzug in Venedig; und durch das ganze übrige Stük in Cypern.

Der Mohr von Venedig.

Erster Aufzug.

Erste Scene.

(Eine Strasse in Venedig.)

Rodrigo und Jago treten auf.

Rodrigo.

Stille, sage mir nichts mehr davon, ich nehm' es sehr übel, daß du, Jago, der du mit meinem Beutel schalten und walten durftest, als ob er dein eigen gewesen wäre, Nachricht von diesem --

 Jago.

Jago.

Ihr wollt mich ja nicht anhören: Wenn ich jemals von so was nur geträumet habe, so seht mich als ein Scheusal an.

Rodrigo.

Du sagtest mir, du trügest einen unversöhnlichen Haß gegen ihn.

Jago.

Speyt mir ins Gesicht, wenn's nicht so ist. Drey grosse Männer in dieser Stadt zogen, in eigner Person, die Müzen bis auf den Boden vor ihm ab, daß er mich zu seinem Lieutenant machen möchte: Und, so wahr ich ein ehrlicher Mann bin, ich kenne mich, ich weiß, daß ich keinen schlechtern Plaz werth bin. Aber er, dessen hochmüthiger Eigensinn andre Absichten hatte, entwischte ihnen mit einem Galimathias von Umständen, und rauhtönenden Kriegs-Kunst-Wörtern; und das Ende vom Liede war, daß er meine Gönner mit einer langen Nase abziehen ließ. Es ist mir leid, sagt er, aber ihr kommt zu spät; ich habe mir meinen Lieutenant schon ausersehen. Und wer ist denn der? Ein gewisser Michel Cassio, ein Bursche, der noch keinen Feldzug gethan hat, der von Anordnung eines Treffens gerade so viel versteht als eine Woll-Spinnerin -- nichts als was er aus Büchern gelernt, blosse Theorie, wovon unsre ehrsamen, friedliebenden Senatoren eben so gelehrt sprechen können als er; blosses Gewäsche, ohne Erfahrung -- Das ist alles, was er vom Krieg versteht -- Der hatte den

Vorzug;

Vorzug; und ich, von dem seine Augen in Rhodis, in Cypern, und in so vielen andern Orten, auf Christlichem und Heidnischem Boden, die Proben gesehen haben; ich muß mich mit Complimenten und Versprechungen abspeisen lassen -- ich bin euer Schuldner, mein Herr, habt Geduld, wir wollen schon Gelegenheit finden, mit einander abzurechnen, und dergleichen -- Kurz, er muß nun sein Lieutenant seyn, und ich, Dank sey den Göttern! seiner Mohrischen Excellenz demüthiger Fahnen-Junker.

Rodrigo.

Beym Himmel, ich wollte lieber sein Profos seyn.

Jago.

Dafür ist nun kein Kraut gewachsen -- Es geht im Dienste nicht anders; Beförderung geht heutigs Tags nach Gunst und Empfehlungs-Schreiben, und nicht nach der Zeit, die man im Dienste gewesen ist, wie vor Zeiten, da der zweyte allemal den erstern erbte. Nun, mein Herr, mach' ich euch selbst zum Richter, ob ich mit einigem Schein der Wahrheit beschuldiget werden kan, daß ich den Mohren liebe.

Rodrigo.

Ich möchte nicht gerne haben, daß du ihn begleitest.

Jago.

O mein Herr, das laßt euch keine Sorge machen; ich begleite ihn, um mir selbst auf seine Unkosten Dienste zu thun. Wir können nicht Befehlhaber seyn, und nicht alle Befehlhaber können getreue Diener haben. Ihr werdet in der Welt manchen Dienst-ergebenen, knie-biegenden Schurken sehen, der unter einer vieljährigen treu-eyfrigen Dienstbarkeit endlich so grau wird wie seines Herrn Esel, ohne etwas anders davon zu haben, als daß er gefüttert, und wenn er alt ist gar abgedankt wird? Peitscht mir solche gutherzige Schurken -- Dagegen giebt es andre, die zwar ihr Gesicht meisterlich in pflichtschuldige Falten zu legen wissen, aber ihr Herz hingegen von aller fremden Zuneigung rein bewahren; die ihren Herren nichts als den äusserlichen Schein der Ergebenheit und eines erdichteten Eifers zeigen, aber eben dadurch ihre Sachen am besten machen, und wenn sie ihre Pfeiffen geschnitten haben, davon gehen, und ihre eigne Herren sind. Das sind noch Leute die einigen Verstand haben, und ich habe die Ehre einer von ihnen zu seyn. Es ist so gewiß als ihr Rodrigo seyd; wär' ich der Mohr, so möcht ich nicht Jago seyn: izt dien ich, das wissen die Götter! bloß um mir selbst zu dienen, und nicht aus Ergebenheit und Liebe -- ich stelle mich zwar so, aber das hat seine Absichten -- denn wahrhaftig, wenn mein Gesicht, und meine äusserlichen Handlungen die wahre innerliche Gestalt meines Herzens zeigten, so würde mein Herz in kurzem den Krähen zum Futter dienen -- Mein guter Freund, ich bin nicht, was ich scheine.

Rodrigo.

Was für ein Glük macht der dik-maulichte Kerl, wenn er sie so davon tragen kan!

Jago.

Jago.

Ruft ihren Vater auf, wekt ihn auf, macht Lerm, versalzt ihm wenigstens seinen Spaß; ruft es in den Strassen aus, jagt ihre Verwandten in den Harnisch, und wenn ihr ihn aus dem Paradiese, worein er sich eingenistert hat, nicht vertreiben könnt, so plagt ihn doch mit Fliegen (*), so daß seine Freude, wenn sie gleich nicht völlig aufhört Freude zu seyn, doch wenigstens durch die Verdrießlichkeiten womit sie unterbrochen wird, etwas von ihrer Farbe verliere.

Rodrigo.

Hier ist ihres Vaters Haus -- ich will ihm überlaut ruffen.

Jago.

Thut es, und mit einem so gräßlichen Ton, und Zetter-Geschrey, als wie wenn bey Nacht durch Nachlässigkeit Feuer in einer volkreichen Stadt ausgekommen ist.

Rodrigo.

He! holla! Brabantio! Signor Brabantio! he!

Jago.

Wacht auf! he! holla! Brabantio! he! Diebe! Diebe! Seht zu euerm Haus, zu eurer Tochter, und zu euern Geld-Säken: Diebe! Diebe!

(*) Eine Anspielung auf die Beobachtung, daß die schönsten und fruchtbarsten Gegenden des Erdbodens am meisten mit Ungeziefer gestraft sind.

Zweyte Scene.

Brabantio zeigt sich oben an einem Fenster.

Brabantio.

Was ist die Ursache dieser fürchterlichen Aufforderung? Was giebt's hier?

Rodrigo.

Signor, ist eure ganze Familie zu Hause?

Jago.

Sind alle eure Thüren verriegelt?

Brabantio.

Was sollen diese Fragen?

Jago.

Sakerlot! Herr, man bestiehlt euch; zieht doch wenigstens einen Rok an, und seht zu euern Sachen; man greift euch nach der Seele, euer bestes Kleinod ist verlohren; eben izt in diesem Augenblik, Herr, bespringt ein alter schwarzer Schaaf-Bok euer weisses Schaaf. Auf, auf, wekt die schnarchenden Bürger mit der Sturm-Gloke, oder der Teufel wird euch zum Großvater machen; auf, sag ich.

Brabantio.

Wie? Habt ihr euern Verstand verlohren?

Rodrigo.

Rodrigo.

Mein hochzuverehrender Herr und Gönner, kennt ihr meine Stimme nicht?

Brabantio.

Wahrlich nicht; wer seyd ihr dann?

Rodrigo.

Mein Nam' ist Rodrigo.

Brabantio.

Desto schlimmer! Hab ich dir nicht verboten, um meine Thüren herum zu schwärmen? Hab ich dir nicht aufrichtig und ehrlich herausgesagt, meine Tochter sey nicht für dich gemacht? Und izt, nachdem du dich voll gefressen und gesoffen hast, kommst du in tollem Muthe boshafter Weise den Narren mit mir zu treiben, und mich in der Ruhe zu stören?

Rodrigo.

Herr, Herr, Herr --

Brabantio.

Aber du darfst dich unfehlbar darauf verlassen, daß mein Unwille und mein Ansehen es in ihrer Gewalt haben, dich theuer davor bezahlen zu machen.

Rodrigo.

Geduld, mein guter Herr.

Brabantio.

Was sagst du mir von Dieben? Wir sind hier in Venedig; mein Haus ist keine Scheure.

Rodrigo.

Sehr ehrwürdiger Brabantio, ich komm in der Einfalt meines Herzens, und in guter Meynung zu euch.

Jago.

Sakerlot! Herr, ihr seyd, glaub ich, einer von denen die Gott den Dienst aufkünden würden, wenn's der Teufel so haben wollte. Weil wir kommen, und euch einen Dienst thun wollen, so meynt ihr wir seyen Spizbuben; ihr wollt also haben, daß eure Tochter von einem Barber-Hengst belegt werden soll; ihr wollt haben, daß eure Enkel euch anwiehern; ihr wollt Postklepper zu Vettern und kleine Andalusische Stutten zu Basen haben.

Brabantio.

Was für ein heilloser Lotterbube bist du?

Jago.

Ich bin einer, Herr, der ausdrüklich hieherkommt, euch zu sagen, daß eure Tochter und der Mohr im Begriff sind das Thier mit zween Rüken zu machen.

Brabrantio.

Du bist ein Nichtswürdiger --

Jago.

Jago.

Ihr seyd ein Senator.

Brabantio.

Du sollst mir das bezahlen. Ich kenne dich, Rodrigo.

Rodrigo.

Mein Herr, ich bin für alles gut. Aber ich bitte euch, hört mich nur an. Wenn es mit euerm guten Willen und hochweisen Beyfall geschehen ist, (wie ich fast vermuthen sollte) daß eure schöne Tochter, in dieser nehmlichen Nacht, in keiner bessern Begleitung als eines gemietheten Schurken, eines Gondoliers, den viehischen Umarmungen eines geilen Mohren zugeführt worden; wenn das, sag ich, mit eurer Begnehmigung geschehen ist, so haben wir euch allerdings gröblich beleidiget. Wißt ihr aber nichts hievon, so sind wir diejenigen, die sich über Unrecht zu beschweren haben; oder ich verstehe nicht was die gute Lebensart mit sich bringt: Glaubet nicht, daß ich von allem Gefühl der Anständigkeit so sehr verlassen sey, daß ich aus blossem Muthwillen hieher kommen und Eure Excellenz zum Besten haben sollte. Ich sag es noch ein mal, wenn ihr eurer Tochter nicht die Erlaubniß dazu gegeben habt, so hat sie sich sehr vergangen, indem sie ihre Pflicht, ihre Schönheit, ihren Verstand, und ihr Vermögen einem herumirrenden Ritter, einem Abentheurer, aufopfert, der hier und allenthalben ein Fremdling ist -- Verziebt nicht länger; sezt euch selbst ins Klare: Wenn sie in ihrem Zimmer oder in euerm Hause zu finden ist, so laßt mich die ganze Strenge der Justiz dafür erfahren, daß ich euch so mißhandelt habe.

Brabantio.

Schlagt Feuer, he! bringt mir ein Licht -- Ruft meine Leute zusammen -- Dieser Zufall sieht meinem Traum nicht ungleich, und ich sterbe vor Furcht, daß es so seyn möchte. He! Licht, sag ich, Licht!

Jago.

Lebt wohl, ich kan mich nicht länger aufhalten -- Es würde sich gar nicht wol für meinen Plaz schiken, und mir in keinerley Absicht gesund seyn, als ein Zeuge gegen den Mohren vorgeführt zu werden. Die Gründe, die ihn zum Heerführer in dem Cyprischen Kriege, worinn sie würklich begriffen sind, bestimmen, sind so dringend, daß sie, für ihre Seelen, keinen andern von seinem Gewicht finden können, dem sie dieses Geschäft mit Sicherheit anvertrauen dürften. Bey solchen Umständen muß ich, ob ich ihn gleich so herzlich hasse als die Pein der Hölle, doch äusserlich, meines eignen Vortheils wegen, dergleichen thun, als ob ich ihm gänzlich ergeben sey. Damit ihr ihn aber unfehlbar findet, so führet den Brabantio und seine Leute zum Schüzen, und dort werd' ich bey ihm seyn. Hiemit, gehabt euch wol.

(Jago geht ab.)

Dritte

Dritte Scene.

Brabantio und einige Bediente mit Fakeln.

Brabantio.

Mein Unglük ist nur allzugewiß. Sie ist weg; und Schmach und Bitterkeit ist nun der Antheil meines übrigen Lebens. Nun, Rodrigo, wo sahst du sie? O, das unglükselige Mädchen! Mit dem Mohren, sagst du? Wer wollte mehr ein Vater seyn wollen? -- Woher wußtest du, daß sie's war? O! das ist unbegreiflich, wie sehr ich mich an ihr betrogen habe! -- Was sagte sie zu euch? -- Noch mehr Fakeln her -- Ruft meine ganze Verwandtschaft zusammen -- meynt ihr, sie seyen schon verheurathet?

Rodrigo.

Ich denke freylich, sie sind's.

Brabantio.

O Himmel! wie ist's möglich, daß sie so aus der Art schlagen konnte! -- Väter, forthin trauet euern Kindern nicht weiter als ihr sie sehet. Giebt es nicht Zauber-Mittel, wodurch die Unschuld eines jungen unwissenden Mädchens verführt werden kan? Habt ihr nichts von dergleichen Dingen gelesen, Rodrigo?

Rodrigo.

Ja, mein Herr, das hab' ich, in der That.

Braban-

Brabantio (zu einem Bedienten.)

Ruft meinen Bruder; oh, wie wollt' ich izt, ihr hättet sie gehabt, auf eine oder die andre Art -- Wißt ihr, wo wir sie und den Mohren antreffen können?

Rodrigo.

Ich denke, ich werde sie entdeken können, wenn es euch gefällt, unter einer guten Bedekung mit mir zu gehen.

Brabantio.

Ich bitte euch, geht voran. Ich will von Hause zu Hause ruffen; ich kan befehlen, wenn's nöthig ist; schafft Waffen her, holla! und holt einige Officiers, auf die man sich verlassen kan -- Geht, mein guter Rodrigo, ich will dankbar für eure Bemühung seyn.

(Sie gehen ab.)

Vierte Scene.

(Verwandelt sich in eine andre Strasse vorm Schüzen.)

Othello, Jago, und Gefolge mit Fakeln.

Jago.

Ob ich gleich, seitdem ich das Kriegs-Handwerk treibe, manchen im Feld erschlagen habe, so mach' ich mir doch das grössest̄e Gewissen draus, einen vorsezlichen Mord zu begehen! Weniger Bedenklichkeit würde manchmal mein

Vortheil

Vortheil seyn -- Ich dachte neun-oder zehn mal, ich müßte ihm nothwendig eins unter die Ribben geben.

Othello.

Es ist besser, daß du's nicht gethan hast.

Jago.

Nein, aber er plapperte, er gayferte so lotterbübisches Zeug, und in so empfindlichen Ausdrüken gegen eure Ehre, daß all mein Bißchen Sanftmuth kaum zureichend war, mich bey Geduld zu erhalten. Aber ich bitte euch, mein Herr, seyd ihr auch recht gültig verheurathet? Denn davon dürft ihr versichert seyn, daß der Magnifico sehr beliebt ist, und daß seine Stimme in der Republik zum wenigsten so viel zu bedeuten hat, als des Herzogs selbst: Er wird auf die Zerreissung euers Bandes dringen, und wenn sich seine Macht auch so weit nicht erstrekt, euch doch so viel Uebels thun, als das Gesez in seiner äussersten Strenge ihm Befugniß geben kan.

Othello.

Er mag sein Aergstes thun; die Dienste, die ich der Regierung gethan habe, werden seine Klagen weit überschreyen. Es ist noch unbekannt, (ich werd es aber beweisen, wenn die Rettung meiner Ehre mich zu einem Schritt zwingt, den ich sonst als eine meiner unwürdige Praleren ansehe,) daß mein Blut aus einer königlichen Quelle geflossen ist; und meine Verdienste allein sind, ohne Vergrösserung, zulänglich auf ein so stolzes Glük Anspruch zu machen,

als

als dieses ist, dessen ich mich bemächtiget habe. Denn wisse, Jago, wär' es nicht, daß ich die reizende Desdemona liebe, der Werth des ganzen Oceans sollte mich nicht bewegen, meine Freyheit in die Fesseln des ehlichen Standes schliessen zu lassen. Aber siehe, was für Lichter kommen dort?

Fünfte Scene.

Cassio, mit Fakeln, zu den Vorigen.

Jago.

Es werden der aufgebrachte Vater und seine Freunde seyn — das beste wär', ihr giengt hinein.

Othello.

Ich? gewiß nicht, ich muß gefunden werden. Meine Verdienste, mein Titel, und mein unerschrokner Muth sollen mich in meinem wahren Lichte zeigen. Sind sie's?

Jago.

Beym Janus, ich denke, nein.

Othello.

Es sind Leute vom Herzog und mein Lieutenant: guten Abend, meine Freunde; was bringt ihr Neues?

Cassio.

Der Herzog entbeut euch seinen Gruß, Feldherr; und

ersucht

ersucht euch mit der eilfertigsten Behendigkeit, gleich diesen Augenblik, um eure Gegenwart.

Othello.

Was meynt ihr, warum es zu thun sey?

Cassio.

Etwas von Cypern, soviel ich errathen kan. Es muß eine dringende Anliegenheit seyn. Die Galeren haben in dieser nemlichen Nacht zwölf Expressen hinter einander hergeschikt, ein grosser Theil der Senatoren ist auf, und im Pallast des Herzogs versammelt. Man ließ euch sehr dringend ruffen, und da man euch nicht in euerm Quartier fand, schikte der Senat drey verschiedene Parthеyen aus, euch überall aufzusuchen.

Othello.

Es ist gut, daß ihr mich gefunden habt: Ich habe nur ein Wort in diesem Hause zu reden, und dann will ich mit euch gehen.

[Othello geht ab.]

Cassio.

Fähndrich, was thut er hier?

Jago.

Meiner Treue, er hat heute Nacht eine reiche Land-Caraque (*) aufgebracht; wenn sie für gute Prise erklärt wird, so ist sein Glük gemacht.

(*) Eigner Name, der ehmaligen grossen Portugiesischen Kauffarthey-Schiffe.

Cassio.

Ich weiß nicht, was ihr sagen wollt.

Jago.

Er hat sich verheurathet.

Cassio.

Mit wem?

Jago.

Bey G*** mit -- he! Herr General, wollt ihr gehen?

Othello zu den Vorigen.

Othello.

Hier bin ich --

Cassio.

Da kommt eine andre Parthey, die euch sucht.

Sechste Scene.

Brabantio, und Rodrigo, mit Officieren, Bedienten und Fakeln.

Jago.

Es ist Brabantio; General, nehmt euch in Acht; er hat nichts Gutes im Sinn.

Othello.

Holla! Steht, ihr dort!

Rodrigo.

Signor, es ist der Mohr.

Brabantio.

Zu Boden mit ihm, dem Räuber!

(Sie ziehen auf beyden Seiten.)

Jago.

Wie, ihr, Rodrigo? -- Kommt, mein Herr, ich bin auf eurer Seite -- (Zu Othello.)

Othello.

Stekt eure Degen ein, der Thau möchte sie rostig machen. Werther Signor, euer Alter wird euch mehr Gewalt geben, als eure Waffen.

Brabantio.

O du schändlicher Räuber! Wo hast du meine Tochter hin verborgen? Verdammlicher Bube! Du hast sie bezaubert; denn ich will alles was Vernunft hat den Ausspruch thun lassen, ob ein Mädchen, so jung, so schön, so zärtlich als sie war, von ihrem Stand und Glük, und so abgeneigt vom Heurathen, daß sie den Augen der auserlesensten und reichsten von unsrer edelsten Jugend sich entzog -- ob ein solches Mädchen, ohne die fesselnde Gewalt zaubrischer Künste fähig gewesen wäre, dem allgemeinen Spott Troz zu bieten, und aus dem väterlichen Haus zu entlauffen, um in die russichten Arme eines solchen Dings wie du, das geschikter ist Schreken zu erweken, als Liebe, sich hinein zu stürzen? Die ganze Welt sey Richter, ob es nicht handgreiflich ist, daß du vermittelst schnöder Zauber-Mittel oder Liebes-Tränke die das Hirn verrüken, ihre schuldlose Jugend mißbraucht und verleitet hast -- Ich will es untersucht haben: Es ist wahrscheinlich, man kan sich nichts anders vorstellen. Ich arrestiere dich also hier, als einen Verführer und der hiezu verbotne Künste treibt -- Bemächtigt euch seiner; und wenn er sich wehrt, so entwaffnet ihn auf seine Gefahr.

Othello.

Haltet ein, zu beyden Seiten; wenn es hier meine Scene zum Fechten wäre, so würd' ich's ohne einen Einsager gewußt haben. Wohin wollt ihr, daß ich mit euch gehen soll, mich auf diese Anklage zu verantworten?

Brabantio.

Ins Gefängniß, bis zur gehörigen Zeit, wo du vor der Gerichts-Bank erscheinen sollst.

Othello.

Aber wenn ich euch gehorche, wie soll indeß der Herzog zufrieden gestellt werden, dessen Abgeordnete hier zu meiner Seite und im Begriff sind, mich in einer dringenden Angelegenheit des Staats zu ihm zu führen.

Officier.

Diß verhält sich würklich so, sehr edler Herr; der Herzog ist im Staats-Rath; und ich bin sicher, daß ihr gleichfalls dahin beruffen worden seyd.

Brabantio.

Wie? der Herzog im Staats-Rath? In dieser späten Nacht? Führt ihn dahin; meine Sache ist keine Kleinigkeit. Der Herzog selbst und jeder von meinen Brüdern im Staat kan nicht anders als diese Beleidigung so empfinden, als ob sie ihnen selbst angethan worden wäre. Wenn solche Frefel-Thaten ungestraft verübt werden dürften, so würden bald Sclaven und Banditen unsre Befehlshaber seyn.

(Sie gehen ab.)

Siebende Scene.

(Verwandelt sich in das Rath-Haus.)

Der Herzog und die Senatoren, an einer Tafel mit Lichtern sizend, und einige Officianten 2c.

Herzog.

Es ist zu wenig Uebereinstimmung in diesen Zeitungen, als daß sie Glauben verdienen könnten.

1. Senator.

In der That, sie gehen weit von einander ab; meine Briefe sagen hundert und sieben Galeren.

Herzog.

Und meine hundert und vierzig.

2. Senator.

Und die meinen zwoohundert; allein ob sie gleich in der Zahl nicht zusammentreffen, (welches in Fällen, wo der Bericht nach blosser Muthmassung gemacht werden muß, nicht zu verwundern ist,) so stimmen doch alle darinn überein, daß eine türkische Flotte in der See ist, und daß es auf Cypern abgesehen sey.

Herzog.

Es ist möglich, und wenn ich mich auch irren sollte, so werd' ich doch alle Maaßnehmungen einer klugen Furcht, die allezeit die Mutter der Sicherheit ist, bey diesen Umständen gut heissen.

Matrosen (hinter der Scene.)

Holla! ho! he! aufgemacht!

Die Matrosen kommen herein.

Officiers.

Eine Bottschaft von den Galeeren.

Herzog.

Nun! -- was ist euer Anbringen?

1. Matrose.

Ich habe Befehl der Regierung anzuzeigen, daß die Türkischen Kriegs-Zurüstungen der Insel Rhodis gelten.

[Die Matrosen gehen ab.]

Herzog.

Was sagt ihr zu diesem Wechsel?

1. Senator.

Es kan nicht seyn, es ist ganz und gar nicht glaublich. Es ist ein blosser Kunstgriff, unsre Augen von der Seite abzuhalten, wo die Gefahr würklich ist. Wenn wir bedenken, wie wichtig Cypern den Türken ist -- wie viel gelegner es ihnen ist als Rhodis -- und daß sie die Eroberung desselben weit eher hoffen können, da es weniger befestigt, und in allen Absichten in schwächerm Vertheidigungs-

Stand ist -- Wenn wir dieses in gehörige Betrachtung ziehen, so werden wir uns schwerlich einbilden können, daß der Türk so unbesonnen seyn werde, eine reiche und leicht zu gewinnende Beute fahren zu lassen, um sich an eine gefährliche und wenig vortheilhafte Unternehmung zu wagen, von der er sich mit keiner Wahrscheinlichkeit einen guten Erfolg versprechen kan.

Herzog.

In der That, allen Umständen nach ist es nicht auf Rhodis abgezielt.

Officiers.

Hier kommt wieder eine Zeitung.

Ein Expresser tritt auf.

Expresser.

Erlauchte und Gnädige Herren, die Ottomannen, die in geradem Lauf gegen die Insel Rhodis gesegelt hatten, haben sich dort mit einem kleinern Geschwader vereinbart --

1. Senator.

Das dacht' ich ja; wie stark haltet ihr sie?

Expresser.

Dreyßig Segel; und nun steuern sie ihren Lauf, ohne ihre wahre Absichten länger zu verheelen, nach Cypern. Signor Montano, euer getreuer und tapfrer Befehlshaber

auf

auf dieser Insel, erstattet Euch, unter Versicherung seiner pflichtvollen Ergebenheit, diesen Bericht, und bittet ihm vollen Glauben beyzumessen.

Herzog.

Wir sind also nun gewiß, daß es um Cypern zu thun ist; ist Marcus Lunicos nicht in der Stadt?

1. Senator.

Er ist würklich in Florenz.

Herzog.

Schreibet unverzüglich in unserm Namen an ihn, daß er sich mit der äussersten Eilfertigkeit hieher begebe.

1. Senator.

Hier kommt Brabantio und der tapfre Mohr.

Achte Scene.

Brabantio, Othello, Cassio, Jago, Rodrigo und Officiers, zu den Vorigen.

Herzog.

Tapfrer Othello, wir sind im Begriff Eurer gegen unsern allgemeinen Feind Ottoman vonnöthen zu haben. (Zu Brabantio.) Ich sah euch nicht gleich; willkommen, werther Signor; wir mangelten euern Rath und eure Hülfe diese Nacht.

Brabantio.

Und ich die eurige; vergebet mir, Durchlauchtigster; weder mein Plaz, noch was mir von einem vorschwebenden Staats-Geschäfte gesagt wurde, hat mich aus meinem Bette aufgewekt; das gemeine Wesen ficht mich izt wenig an; mein Privat-Schmerz ist von einer so wüthenden und ungestümen Art, daß er alle andre Sorgen verschlingt, und mich nichts anders fühlen läßt.

Herzog.

Wie? Was kan die Ursach seyn?

Brabantio.

Meine Tochter! O! meine Tochter! --

Senator.

Gestorben?

Brabantio.

Für mich wenigstens; sie ist verführt, von mir weggestohlen, mißbraucht worden, durch Zauber-Mittel und Liebes-Tränke, den Kram von Markt-Schreyern, zu Grunde gerichtet worden -- Denn auf eine so widernatürliche Art konnte die Natur (da sie weder dumm, noch blind, noch schwach von Sinnen ist,) nicht ausschweiffen -- Zauberey allein konnte sie dahin bringen --

Herzog.

Wer der auch seyn mag, der durch so schändliche Mittel

tel eure Tochter, sich selbst, und euch entführt hat, dessen Urtheil sollt ihr selbst in dem blutigen Gesez-Buch lesen, und selbst der Ausleger des strengen Buchstabens seyn; ja, und wenn unser eigner Sohn der Thäter wäre.

Brabantio.

Ich danke Eu. Durchlaucht unterthänig. Hier ist der Mann, dieser Mohr, den nun eben, wie es scheint, euer Befehl, in Geschäften des Staats hieher gebracht hat.

Alle.

Das thut uns herzlich leid.

Herzog (zu Othello.)

Und was könnt ihr, eurer Seits, hierauf antworten?

Brabantio.

Nichts, als daß es so ist.

Othello.

Erlauchte und Großmächtigste Herren, meine sehr edle, geliebte und gnädige Gebieter; daß ich dieses alten Mannes Tochter entführt habe, ist wahr; und wahr ist's, daß ich mit ihr vermählt bin -- So weit erstrekt sich die äusserste Linie meines Verbrechens, und weiter nicht -- Ich bin kein Redner, und wenig geübt in der friedsamen Kunst, die Zuhörer durch Worte zu gewinnen -- Seitdem diese meine Arme siebenjähriges Mark hatten, bis izt, die leztverflossnen neun oder zehen Monate ausgenommen, sind die Arbeiten

des

des Kriegs meine einzige Beschäftigung gewesen -- in diesen Kreis ist alle meine Wissenschaft eingeschlossen, und das ist alles, wovon ich reden kan. Ich werde also, indem ich für mich selbst rede, meiner Sache wenig Vortheil verschaffen. Und doch will ich, mit eurer Erlaubniß, eine aufrichtige ungeschminkte Erzählung von dem ganzen Hergang meiner Liebes-Geschichte machen; damit ihr sehet, durch was für Tränke, Zauber-Formeln, Beschwörungen und übernatürliche Künste, (weil ich doch solche Mittel gebraucht zu haben beschuldiget werde,) ich seine Tochter gewonnen habe.

Brabantio.

Ein unschuldiges junges Mädchen, die immer das zärtlichste, schüchternste Kind von der Welt war; eine so sanfte und ruhige Seele, daß jede ihrer Bewegungen über sich selbst zu erröthen schien -- und sie sollte, troz Natur, Jugend, Geburt, Ehre, allem in der Welt, in einen Mann verliebt werden, den sie zu furchtsam war nur anzusehen -- Was für eine Art zu schliessen muß der haben, der sich vorstellen kan, daß die Natur so weit von ihren eignen Gesezen abweichen sollte -- Es ist unmöglich; aus der Hölle mußten die verdammten Künste hergeholt werden, die das zuwegebringen konnten. Ich behaupte also noch einmal, daß er sie durch Tränke, die das Blut in gewaltsame Unordnung sezen, oder durch irgend ein andres übernatürliches Mittel mißbraucht und zu Falle gebracht habe.

Herzog.

Herzog.

Behaupten ist nicht Beweisen -- es gehören stärkere Beweisthümer hiezu als die blossen nakten Vermuthungen, die ihr, in ein dünnes Gewand einer schaalen Wahrscheinlichkeit gekleidet, gegen ihn aufzustellen vermeynt.

1. Senator.

Redet dann, Othello; brauchtet ihr krumme und gewaltsame Kunstmittel, die Neigungen dieser jungen Tochter zu erzwingen; oder erhieltet ihr sie durch Bitten, und auf diejenige Weise, wie eine Seele die andre anzuziehen pflegt?

Othello.

Ich bitte euch, laßt die junge Dame aus dem Schüzen herholen, und sich selbst in Gegenwart ihres Vaters erklären; findet ihr, daß ihre Erzählung seine Anklage rechtfertiget, so entsezet mich nicht nur aller Ehren und Würden, die ich von euch empfangen habe, sondern laßt mein Leben selbst der strengen Gerechtigkeit verfallen seyn.

Herzog.

Holet Desdemona hieher.

(Zween oder drey gehen ab.)

Othello (zu Jago.)

Fähndrich, weiset ihnen den Weg, ihr kennt den Ort am besten -- (Jago geht ab.) -- Und indessen bis sie kommt, will ich, so aufrichtig als ich dem Himmel selbst

die

die Vergehungen meines Blutes bekenne, dieser ehrwürdigen Versammlung anzeigen, wie ich das Herz der schönen Desdemona gewonnen habe.

Herzog.

Redet, Othello.

Othello.

Ihr Vater liebte mich, lud mich oft ein, fragte mich immer nach der Geschichte meines Lebens, von Jahr zu Jahr, und ließ mich alle Schlachten, Belagerungen und Abentheuer, durch die ich passiert bin, erzählen. Das that ich nun, und durchlief mein ganzes Leben, von meinen kindischen Tagen an bis auf den nemlichen Augenblik, worinn er mich erzählen hieß: Und da sprach ich ihm also von den verschiedenen seltsamen Glüks-Wechseln, die ich erfahren, von hunderterley tragischen und herzbrechenden Unfällen, die mir zu Wasser und Land aufgestossen, und wie oft ich kaum noch auf der Breite eines Haars dem eindringenden Tod entgangen; und wie ich in die Hände grausamer Feinde gefallen, und zum Sclaven verkauft worden; und wie ich wieder in Freyheit gekommen, und dann die ganze Geschichte meiner irrenden Ritterschaft -- als von ungeheuern Grotten, und unterirdischen Gewölben, einöden Inseln, Steinbrüchen, Felsen und Gebürgen, die mit dem Kopf am Himmel anstossen, und von Cannibalen die einander aufessen, und von Anthropophagen, und von Leuten, die die Köpfe unter den Schultern tragen, -- und was der Dinge mehr war, womit ich ihn zu unterhalten

pflegte.

pflegte. Allem diesem hörte dann Desdemona mit grosser Aufmerksamkeit zu; und obgleich die Hausgeschäfte sie von Zeit zu Zeit wegrieffen, so machte sie sich doch so schnell als sie konnte, davon los, kam wieder zurük, und verschlang meine Erzählung mit gierigem Ohr: Ich bemerkte dieses, und da sich einst eine günstige Stunde anbot, wußte ich bald Anlas zu machen, daß sie mich recht von Herzen bat, ihr die ganze Geschichte meiner Reisen, wovon sie nur einzelne, zerrißne Stüke gehört hatte, vollständig und im Zusammenhang zu erzählen: Ich willigte ein, und lokte manche Thräne aus ihren schönen Augen, wenn ich auf die verschiednen Trübsalen und Unfälle kam, die meine Jugend ausgestanden. Wie ich mit meiner Geschichte fertig war, belohnte sie meine Mühe mit einer Welt voll Seufzer (*) -- sie schwur bey ihrer Treu, es sey ausserordentlich, über die Maassen ausserordentlich -- es sey rührend, zum Verwundern rührend -- Sie wünschte, sie hätte nichts davon gehört -- und doch wünschte sie, der Himmel hätte einen solchen Mann für sie gemacht -- und endlich dankte sie mir, und sagte, wenn ich einen Freund hätte, der in sie verliebt wäre, so möcht' ich ihn nur meine Geschichte erzählen lehren, und er würde sie damit gewinnen. Auf diesen Wink fieng' ich dann an zu reden, -- und so verlohren wir beyde unsre Herzen -- Sie liebte mich aus Mitleiden mit den

Gefahren,

(*) Es hieß (Küsse) in einigen Ausgaben; und das war freylich in mehr als einer Betrachtung sehr ungereimt. Pope hat die ächte Lesart wieder hergestellt. Das junge Fräulein, meynt er, wäre gar zu freygebig gewesen, wenn sie für die blosse Erzählung einer Historie eine Welt voll Küsse gegeben hätte -- und er hat allerdings recht.

Gefahren die ich ausgestanden, und ich liebte sie um dieses Mitleidens willen: Das ist die ganze Zauberey die ich gebraucht habe. Aber hier kommt sie selbst, laßt sie Zeugniß geben.

Neunte Scene.

Herzog.

Ich denke, in vollem Ernst, eine solche Erzählung würde meine eigne Tochter noch oben drein behexen - Guter Brabantio, seht diese Sache, da sie nun nicht mehr zu ändern ist, von der besten Seite an. Die Leute brauchen im Nothfall immer lieber ihre zerbrochne Waffen, als die blosse Hand.

Brabantio.

Ich bitte euch, laßt sie reden. Bekennt sie, daß sie seinen Liebes-Bewerbungen auf halben Weg entgegen gegangen sey, - so falle Verderben auf mein Haupt, wenn ich ihn einen Augenblik länger tadle. Kommt näher, angenehmes Frauenzimmer; empfindet ihr, wem in dieser ganzen edeln Versammlung ihr am meisten Gehorsam schuldig seyd?

Desdemona.

Mein edler Vater, ich empfinde daß meine Pflicht hier getheilt ist: Euch bin ich für mein Leben und für meine Erziehung verbunden, und beydes lehrt mich die Ehrfurcht die ich euch schuldig bin. Ihr seyd Herr über meinen Gehorsam, in so fern ich eure Tochter bin. Aber hier ist mein

Gemahl; und soviel Ergebenheit, als meine Mutter gegen euch zeigte, da sie ihren Vater verließ um euch anzuhangen, so viel bin ich hoffentlich befügt zu bekennen, daß ich dem Mohren, meinem Gemahl, schuldig sey.

Brabantio.

Gott gesegne dir's; ich habe nichts mehr zu sagen. Gefällt's eurer Durchlaucht, so wollen wir nun von den Staats-Angelegenheiten reden. Ich wollte lieber ein Kind angenommen als gezeugt haben. Komm hieher, Mohr; hier geb ich dir von ganzem Herzen, was ich, wenn du's nicht schon hättest, von ganzem Herzen vor dir verwahren wollte. Um euertwillen, Kleinod, bin ich in der Seele froh daß ich keine andre Kinder habe -- Denn der Streich, den du mir gespielt hast, würde mich tyrannisch genug machen, ihnen Klöze anzuhängen. Ich bin fertig, Gnädigster Herr.

Herzog.

Laßt mich nun in meinem eignen Character, in der Person eines allgemeinen Vaters reden, und ein Urtheil fällen, das diesen Liebenden zu einer Stuffe diene, sie wieder in eure Gunst zu heben. (*) Sobald nicht mehr zu helfen ist, so hat man das Aergste gesehen, und Klagen sind nicht nur fruchtlos, sondern der nächste Weg ein geschehenes Unglük mit einem neuen zu häuffen. Wenn die Klugheit die Streiche des Glüks nicht allemal verhindern kan, so kan doch Geduld einen Scherz aus seinen Beleidi-

(*) Von hier an spricht der Herzog im Original in Reimen, und wird von Brabantio in gleicher Münze bezahlt.

gungen machen. Der Beraubte, der dazu lächelt, stiehlt dem Räuber etwas, und der beraubt sich selbst, der sich in vergeblichem Kummer verzehrt.

Brabantio.

Wenn das ist, so laßt die Türken uns immer Cypern wegnehmen; wir verliehren's nicht, so lange wir dazu lachen können -- Ich erkenne, Gnädigster Herr, die Weisheit euers Raths -- Aber Worte sind doch nur Worte, und ein verwundetes Herz ist noch nie durch die Ohren geheilt worden -- Ich bitte euch, zu den Staats-Geschäften.

Herzog.

Die Türken machen furchtbare Zurüstungen, Cypern anzugreiffen: Othello, dir ist am besten bekannt, in was für einem Vertheidigungs-Stand der Plaz ist. Wir haben zwar einen Befehlshaber von bekannter Tüchtigkeit daselbst: Allein die allgemeine Meynung, die unumschränkte Königin der Welt, verspricht sich von euch eine noch grössere Sicherheit; laßt's euch also gefallen, über die Glasur euers neuen Glüks hinweg zu schlüpfen, und die Freuden der Liebe mit den Beschwerden dieser hartnäkigen und Gefahr-vollen Unternehmung zu vertauschen.

Othello.

Die tyrannische Gewohnheit, erlauchte Senatoren, hat das steinharte und stählerne Lager des Kriegs mir längst zum weichsten Pflaum-Bette gemacht. Die rauhe Arbeit des Kriegs ist für mich ein Lustspiel, dem meine Seele mit

angebohr-

angebohrner, flatternder Freudigkeit entgegen eilt. Ich unterziehe mich also dem gegenwärtigen Krieg mit den Ottomannen; und alles, warum ich die Durchlauchtigste Republik mit gebognen Knien bitte, ist, meine Gemahlin in ihren unmittelbaren Schuz zu nehmen, und darauf bedacht zu seyn, daß sie an einem anständigen Ort, und mit allem dem Glanz und Ansehen, so sich für ihre Geburt schikt, unterhalten werde.

Herzog.

Also, in ihres Vaters Hause.

Brabantio.

Das will ich nicht.

Othello.

Ich noch weniger.

Desdemona.

Auch ich wollte nicht dort wohnen, und meinen Vater zu ungeduldigen Gedanken reizen, wenn ich immer in seinen Augen wäre. Gnädigster Herr, leihet meiner Bitte ein geneigtes Ohr, und unterstüzet sie mit eurer Stimme.

Herzog.

Was verlangt ihr, Desdemona?

Desdemona.

Daß ich den Mohren liebte, um mit ihm zu leben,

mag die Entschlossenheit, womit ich so vielen Vorurtheilen Gewalt angethan habe, durch die ganze Welt austrompeten. Mein Herz und meine Person sind von meinem Gemahl unzertrennlich. Ich sah Othello's Gesicht in der Schönheit seines Gemüthes, und seinen Verdiensten und heldenmässigen Eigenschaften hab ich meine Seele und mein ganzes Glük gewiedmet. So daß, theureste Herren, wenn ich zurükgelassen werde, und er in den Krieg geht, ich des Rechts, seine Gefahren mit ihm zu theilen, des Rechts, um deßwillen ich ihn liebe, verlustig, und in seiner schmerzlichen Abwesenheit zu einem verdrießlichen Interim verurtheilt wäre. Laßt mich also mit ihm gehen.

Othello.

Eure Genehmigung, Gnädige Herren! Ich bitte euch, laßt sie ihren Willen haben. Ich bitt' es nicht aus Rüksicht auf den Vortheil meines eignen Vergnügens, nicht aus Gefälligkeit gegen die Hize junger Begierden, die der erste Genuß mehr gereizt als befriedigt hat; -- sondern dem Edelmuth ihres Herzens seinen freyen Lauff zu lassen. Der Himmel verhüte, daß ihr mich fähig haltet, eure ernsthaften und grossen Angelegenheiten zu vernachläßigen, wenn sie bey mir ist -- Nein! Wenn jemals die kindischen Puppen-Spiele des befiederten Cupido die Werkzeuge meines Verstands und meiner Thätigkeit in üppige Trägheit senken, und meine Ergözungen meinen Arbeiten schädlich sind; dann laßt Haus-Weiber eine Brey-Pfanne aus meinem Helm machen, und die unwürdigsten, schmählichsten Wiederwärtigkeiten sich zum Untergang meines Ruhms verschwören.

Herzog.

Herzog.

Ihr Gehen oder Bleiben soll eurer eignen Willkühr überlassen seyn -- Die Geschäfte fordern die hastigste Eilfertigkeit. Ihr müßt diese Nacht noch fort.

Desdemona.

Diese Nacht, gnädigster Herr?

Herzog.

Diese Nacht.

Othello.

Von Herzen gerne.

Herzog.

Morgen um neun Uhr wollen wir hier wieder zusammen kommen. Othello, laßt einen Officier zurük, durch den wir euch euer Patent, und eure Instruction nachschiken können.

Othello.

Wenn es Eu. Durchlaucht nicht entgegen ist, so ist hier mein Fähndrich, ein Mann von Ehre und Redlichkeit, dem ich die Begleitung meines Weibs anvertrauen will, und durch den mir zugleich alles andre nachgeschikt werden kan, was Eu. Durchlaucht für nöthig hält.

Herzog.

Ich bin's zufrieden. Gute Nacht allerseits -- (Zu

Brabantio.) Und, edler Signor, wenn Tugend die glänzendste Schönheit ist, so ist euer Tochtermann mehr weiß als schwarz.

Senator.

Adieu, tapfrer Mohr, begegne Desdemonen wol.

Brabantio.

Sieh fleissig zu ihr, Mohr, wenn du Augen hast; sie hat ihren Vater betrogen, und wird dir's vielleicht nicht besser machen.

(Der Herzog und die Senatoren gehen ab.)

Othello.

Ich stehe mit meinem Leben für ihre Treue -- Ehrlicher Jago, dir muß ich meine Desdemona hinterlassen; ich bitte dich, gieb ihr deine Frau zur Gesellschaft, und bringe sie mit der besten Gelegenheit nach. Komm, Desdemona, ich habe nur eine Stunde, die ich der Liebe und unsern Angelegenheiten schenken kan. Wir müssen der Zeit gehorchen.

(Sie gehen ab.)

Zehnte Scene.

Rodrigo und Jago bleiben.

Rodrigo.

Jago --

Jago.

Was willst du mir sagen, tapfres Herz?

Rodrigo.

Rodrigo.

Was denkst du, daß ich thun will?

Jago.

Was? Zu Bette gehen und schlaffen.

Rodrigo.

Ich will auf der Stelle gehn, und mich ins Wasser stürzen.

Jago.

Wenn du das thust, so werd' ich dich in meinem Leben nicht mehr lieb haben. Wie, du bist ein recht alberner Edelmann!

Rodrigo.

Es ist etwas albernes, leben, wenn Leben eine Qual ist; und dann, so sterben wir ja nach den Regeln, wenn der Tod unser Arzt ist. –

Jago.

O wie niederträchtig das gedacht ist! Es ist schon viermal sieben Jahre, daß ich mich auf der Welt umsehe, und seitdem ich einen Unterscheid zwischen einer Wohlthat und einer Beleidigung machen kan, hab' ich noch keinen Menschen gesehen, der den Verstand hätte sich selbst zu lieben. Eh ich sagen wollte, ich wolle mich einer Guineischen Henne zulieb ersäuffen, eh wollt' ich meine Menschheit mit einem Wald-Teufel vertauschen.

Rodrigo.

Wie soll ich mir aber anders helfen? Ich bekenn', es macht mir schlechte Ehre, daß ich so vernarrt in sie bin; aber meine Tugend ist nicht stark genug, dem Uebel abzuhelfen.

Jago.

Tugend? Pfifferling. Auf uns kommt es an, ob wir so oder so seyn wollen. Unsre Leiber sind unsre Gärten, und unser Wille ist der Gärtner darinn. Ob wir Nesseln oder Lattich drein säen wollen, ob wir ihn mit Ysop oder Thymian, mit einer einzigen Art von Gewächsen, oder mit vielerley Gattungen besezen, aus Faulheit verwildern und unfruchtbar werden lassen, oder durch fleissige Wartung in guten Stand sezen wollen: Das hängt alles lediglich von unsrer Willkühr ab. Hätten wir nicht in der Waage unsers Lebens eine Schaale voll Vernunft, um die Sinnlichkeit in der andern im Gleichgewicht zu halten, zu was für tollen Ausschweiffungen würde uns die Hize des Bluts und der thierische Trieb dahinreissen? Aber wir haben die Vernunft dazu, daß sie unsre rasenden Bewegungen, unsre fleischliche Triebe und zügellose Lüste bändigen soll -- Was nennt ihr Liebe? Meynt ihr, daß es eine so feyrliche Sache sey, als ihr euch einbildet? Ein blosser Trieb des Blutes ist's, dem der Wille den Zügel verhängt -- Komm, sey ein Mann! dich selbst ersäuffen? Ersäuffe mir Kazen und junge blinde Hunde! Ich habe dir meine Freundschaft zugesagt, und ich mache mich groß, mit Seilen, die unser beyder Leben ausdauern sollen, zu deinen Diensten gebunden zu seyn. Izt ist die Gelegenheit, da ich dir nüzlich seyn

kan.

kan. Einen wolgespikten Beutel, und fort in diesen Krieg! Verbräme dein glattes Gesichtchen mit einem falschen Bart; Geld in deinen Beutel, sag ich. Es ist unmöglich, daß Desdemona den Mohren in die Länge lieben könnte, -- nur Geld in deinen Beutel -- noch der Mohr sie. Alle Sachen, die mit solcher Heftigkeit anfangen, pflegen auch schnell wieder aufzuhören -- Spik du nur deinen Beutel -- Diese Mohren sind veränderlich in ihren Neigungen; -- füll deinen Beutel mit Geld -- Der Lekerbissen, der ihm izt so süß daucht wie Syrop, wird ihm bald genug bittrer als Coloquinten schmeken; und wenn sie, an ihrem Theil, sich einmal an ihm ersättiget hat, so werden ihr die Augen über ihre ungereimte Wahl auf einmal aufgehen. Sie muß sich ändern, sie muß! Also füll du nur deinen Beutel. Wenn du ja zum T** fahren willst, so thu es wenigstens auf einem angenehmern Weg als Ersäuffen. Mach alles zu Gelde was du kanst. Wenn Tugend und ein armes zerbrechliches Gelübde zwischen diesem Landstreicher aus der Barbarey und einer super-feinen verschmizten Venetianerin, nicht stärker sind als mein Wiz und die ganze Zunft der Hölle, so sollst du sie in deine Arme kriegen. Also Geld in deinen Sekel, sag ich! Laß du dich lieber dafür hängen, daß du deine Lust gebüßt hast, als dich zu ersäuffen, und nichts dafür genossen zu haben.

Rodrigo.

Stehst du mir gut für meine Hoffnungen, wenn ich's wage?

Jago.

Verlaß dich auf mich -- Geh, mach Geld zusammen -- Ich habe dirs oft gesagt, und sage dirs wieder und wieder, ich hasse den Mohren. Meine Ursach stekt mir tief im Herzen; dein Haß hat keinen schlechtern Grund. Laß uns gemeine Sache machen, um unsre Rache an ihm zu nehmen. Wenn du ihn zum Hahnrey machen kanst, so machst du dir selbst ein Vergnügen, und mir einen Spaß. Die Zukunft geht mit allerley Begebenheiten schwanger, von denen sie zu gehöriger Zeit entbunden werden wird. Geh du izt, und sorge für Geld; morgen mehr von dieser Materie. Adieu.

Rodrigo.

Wo sehen wir einander morgen?

Jago.

In meinem Quartier.

Rodrigo.

Ich will bey Zeiten kommen.

Jago.

Gut, geht nur, lebt wohl. Hört ihr, Rodrigo?

Rodrigo.

Was soll ich hören?

Jago.

Nichts mehr vom Ersäuffen, hört ihr's?

Rodrigo.

Rodrigo.

Es ist mir anders gekommen; Ich will gehen und alle meine Güter zu Geld machen.

[Er geht ab.]

Eilfte Scene.

Jago bleibt zurük.

Jago (allein.)

Geht nur, lebt wohl, nur einen wohlgespikten Beutel, -- Bin ich nicht ein gescheidter Kerl? So mach' ich aus meinem Narren meinen Schazmeister -- Denn das hiesse wol meine erworbne Geschiklichkeit übel anwenden, wenn ich die Zeit mit einem solchen kleinen Schneppen verderben wollte, ohne daß ich Spaß und Vortheil davon hätte. Ich hasse den Mohren, und das Publicum thut mir die Ehre an, und glaubt, er habe zwischen meinen Bett-Laken meine Stelle vertreten. Ich weiß nicht, ob es so ist -- aber mir ist eine blosse Vermuthung von dieser Art genug, um so zu handeln, als ob ich's mit Augen gesehen hätte. Er mag mich wol leiden -- Desto beßre Gelegenheit hab ich, ihm beyzukommen; Cassio ist ein Mann, der zu meinem Vorhaben taugt: Laßt einmal sehen -- seine Stelle zu kriegen und meinen Haß zu ersättigen -- Wie, wie komunt das? Laßt sehen -- Nach einiger Zeit dem Othello mit einer guten Art in's Ohr raunen, daß er zu vertraulich mit seiner Frau ist -- Seine Figur und sein ganzes Betragen,

gen, werden den Verdacht rechtfertigen; er ist der Mann dazu, die Weiber ungetreu zu machen. Der Mohr ist von der offnen treuherzigen Art Leuten, welche die Leute für ehrlich hält, wenn sie so aussehen; er wird sich so gutwillig an der Nase herumführen lassen wie ein Esel -- Ich hab es -- Mein Entwurf ist gezeugt -- und Nach und Hölle sollen die scheußliche Mißgeburt ans Taglicht bringen!

(ab.)

Zweyter Aufzug.

Erste Scene.

(Die Hauptstadt von Cypern.)

Montano, Statthalter von Cypern, und zween Officiers.

Montano.

Was könnt ihr vom Vorgebürg in der See unterscheiden?

1. Officier.

Gar nichts, als aufgethürmte Wellen; ich kan zwischen dem Himmel und der See nicht ein einziges Segel entdeken.

Montano.

Mich däucht, der Wind ist zu Land sehr heftig gewesen -- Ein ungestümerer Sturm hat noch nie unsre Zinnen erschüttert -- wenn er auf der See eben so geraset hat, was für Ribben von Eichen sind, wenn Berge auf sie herabschmelzen, stark genug, sich in ihren Fugen zu erhalten? Was für Zeitungen werden wir hievon hören?

2. Officiere

Die Zerstreuung der Türkischen Flotte -- Steht nur am schäumenden Ufer, die zornigen Wogen scheinen euch

bis

bis in die Wolken hinauf zu sprizen -- Man dächte, die vom Sturm geschleuderte Welle sprühe dem brennenden Bären Wasser entgegen, und lösche die Nachtlichter des Himmels aus -- Ich habe in meinem Leben keinen so rasenden Sturm gesehen.

Montano.

Wenn die Türkische Flotte sich nicht bey Zeit in irgend eine Bucht hat retten können, so ist sie verlohren -- es ist unmöglich, dieses Wetter auszuhalten.

Zweyte Scene.

Ein dritter Officier zu den Vorigen.

3. Officier.

Etwas Neues, meine Herren, der Krieg ist zu Ende; dieses verzweifelte Ungewitter hat die Türken so zugerichtet, daß ihre Entwürfe Halt machen müssen. Ein ansehnliches Venetianisches Schiff hat dem Schiffbruch und der Noth des grössesten Theils ihrer Flotte zugesehen.

Montano.

Wie? Ist das wahr?

3. Officier.

Das Schiff ist würklich hier eingelauffen; ein Veronesisches, welches den Michael Cassio, den Lieutenant dieses tapfern Mohren Othello, an Bord hatte; der Mohr selbst ist

ist in der Ueberfahrt begriffen, und wird in kurzem als oberster Kriegs-Befehlshaber hier in Cypern eintreffen.

Montano.

Ich bin erfreut darüber; er hat alle Eigenschaften zu einem so wichtigen Posten.

3. Officier.

Allein eben dieser Cassio, so tröstlich das lautet, was er uns vom Verlust der Türken berichtet, sieht doch düster aus, und wünscht daß der Mohr glüklich davon gekommen seyn möge; denn sie waren im heftigsten Sturm abgereißt.

Montano.

Der Himmel geb' es! Ich bin sein Freund, und er ist beydes ein guter Soldat und ein vollkomner Feldherr. Wir wollen der See-Seite zugehen, sowol um das schon eingelauffene Schiff zu besichtigen, als dem wakern Othello, soweit bis Luft und Wasser sich in unserm Auge vermischt, entgegen zu sehen.

Officier.

Kommt, wir wollen das thun -- Eine jede Minute däucht uns lange, bis wir seiner glüklichen Ankunft versichert sind.

Dritte Scene.

Cassio zu den Vorigen.

Cassio.

Dank sollen die Tapfern dieser kriegerischen Insel davor haben, daß sie so gute Freunde des Mohren sind -- Der Himmel beschüze ihn gegen der Wuth der Elemente; ich hab' ihn in einer gefährlichen See verlohren.

Montano.

Ist sein Schiff gut?

Cassio.

Sein Schiff ist gut gezimmert, und sein Pilot ein Mann von Erfahrung und bewährter Geschiklichkeit: Ich bin also nicht ohne Hoffnung.

(Hinter der Scene.)

Ein Segel! ein Segel! ein Segel!

Cassio.

Was bedeutet dieses Geschrey?

1. Officier.

Die Stadt ist leer; Schaarenweis steht das Volk am Ufer, und sie ruffen: Ein Segel!

Cassio.

Ich hoffe es ist des Ober-Befehlhabers.

Officier.

Sie geben ihm ihre Freude durch Zujauchzungen zu erkennen; es sind Freunde, wenigstens.

Cassio.

Ich bitte euch, mein Herr, geht und bringt uns Gewißheit, wer angekommen ist.

Officier.

Ich will.

(ab.)

Montano.

Aber mein lieber Lieutenant, ist euer General vermählt?

Cassio.

Ja, und höchstglüklich; er hat eine junge Gemahlin davongetragen, die alles übertrift, was das ausschweiffende Gerücht zu ihrem Lob sagen kan: eine Gemahlin, deren Schönheit den Pinsel des feinsten Mahlers beschämt, und die in einem irdischen Kleide ein wahrer Auszug aller Vollkommenheiten der Schöpfung ist --

Vierte Scene.

Der Officier kommt zurük.

Wie steht's? Wer ist eingelauffen?

Officier.

Ein gewisser Jago, der Fähndrich des Generals.

Cassio.

Das kostbare Kleinod, womit er beladen war, hat seine Fahrt so glüklich gemacht; die Ungewitter selbst, schwellende Seen und heulende Winde, die Wasser-bedekten Felsen und die aufgehäuften Sandbänke, (Verräther, die im Verborgnen lauren, den schuldlosen Kiel anzuhalten) vergassen, gleich als ob sie ein Gefühl der Schönheit hätten, ihre natürliche Grausamkeit, um die göttliche Desdemona unbeleidigt durchzulassen.

Montano.

Wer ist diese?

Cassio.

Sie, von der ich sprach, die Beherrscherin unsers grossen Befehlhabers, die er der Führung des kühnen Jago anvertraut hat, und deren beschleunigte Ankunft unsern Gedanken um eine Woche wenigstens zuvorkömmt. Beschüze nun, o Himmel, beschüze noch Othello! und schwelle seine Seegel mit deinem eignen allmächtigen Athem auf, damit er mit seinem schönen Schiff diese Bay beselige, und wenn seine Liebe in Desdemonens Armen die Entzükung des Wiedersehens ausgeathmet hat, unsre erlöschende Geister in neues Feuer seze, und ganz Cypern mit Muth und Vertrauen erfülle. --

Fünfte Scene.

Desdemona, Jago, Rodrigo und Aemilia zu den Vorigen.

-- O sehet! der Schaz des Schiffes ist ans Land gekommen: Ihr Männer von Cypern, laßt eure Knie sie bewillkommen! Heil dir, Gebieterin, und jeder Segen des Himmels gehe vor dir her, folge dir, und schwebe zu deiner Seiten rings um dich her.

Desdemona.

Ich danke euch, tapfrer Cassio -- Was für Nachrichten könnt ihr mir von meinem Herrn geben?

Cassio.

Er ist noch nicht angeländet, doch weiß ich nichts anders, als daß er wohl ist und in kurzem hier seyn wird.

Desdemona.

O -- ich besorge nur -- Wie verlohret ihr ihn?

Cassio.

Der heftige Streit zwischen Luft und Meer trennte unsre Gesellschaft -- Aber horcht, ein Segel!

(Hinter der Scene.)

Ein Segel! ein Segel!

Officier.

Dieser Gruß wird gegen die Citadelle gemacht; es ist gleichfalls ein Freund.

Cassio.

Seht was es ist: Mein lieber Fähndrich, willkommen! (Zu Aemilia, mit einem Kuß.) Willkommen, Madam. Nehmt mir nicht übel, mein guter Jago, daß ich meiner Freude den Lauf lasse; es ist eine Gewohnheit von meiner Erziehung her, daß ich so frey im Ausdruk einer schuldigen Höflichkeit bin.

Jago.

Ich wollte, mein Herr, sie wäre gegen euch so freygebig mit ihren Lippen, als sie es oft gegen mich mit ihrer Zunge ist, ihr würdet ihrer genug kriegen!

Desdemona.

Wie, sie spricht ja gar nichts.

Jago.

Wahrhaftig, nur zuviel; ich find' es immer, wenn ich gerne schlafen möchte; vor Euer Gnaden, da glaub' ich selber, daß sie ihre Zunge ein wenig in ihr Herz stekt, und nur in Gedanken keift.

Aemilia.

Ihr habt wenig Ursache so zu reden.

Jago.

Kommt, kommt, ich kenne euch Weiber so gut als einer; ihr seyd Gemählde ausser Hause; Gloken in eurem Zimmer; wilde Kazen in eurer Küche; Heilige, wenn ihr beleidigt; Teufel, wenn ihr beleidigt werdet; Comödiantinnen in eurer Wirthschaft, und nirgends Haus-Weiber, als in -- euerm Bette.

Desdemona.

O fy, schämt euch, ihr garstiger Verläumder!

Jago.

Nein, es ist wie ich sage, oder ich will ein Türk seyn; ihr steht auf, um zu spielen, und legt euch zu Bette, um zu arbeiten.

Aemilia.

Ihr sollt mir gewiß keine Lobrede schreiben!

Jago.

Ich rathe euch nicht, daß ihr mich dazu bestellet.

Desdemona.

Was würdest du von mir schreiben, wenn du mich loben müßtest?

Jago.

O Gnädige Frau, sezt mich nicht in Versuchung; ich bin nichts, oder ich bin ein Criticus.

Desdemona.

Kommt, eine kleine Probe -- Dort ist jemand in die Bay eingelauffen. --

Jago.

Ja, Gnädige Frau.

Desdemona.

Ich bin nicht aufgeräumt; ich belüge das was ich bin, indem ich was anders scheine; -- Komm, was wolltest du zu meinem Ruhm sagen?

Jago.

Ich bin würklich daran; aber, in der That, meine Erfindung geht so ungern von meinem Hirnkasten ab, wie Vogel-Leim von einem Frieß-Rok -- doch meine Muse arbeitet, und nun ist sie entbunden --

Ein jeder Mund bekennt und spricht, sie ist so weis' als schön,
Doch eines zehrt das andre auf, das muß man auch gestehn.

Desdemona.

Vortreflich; aber wie, wenn sie schön und albern wäre?

Jago.

Albern? Gut, die blödste Schöne hatte stets so viel Verstand
Daß sie, wo nicht einen Mann, mindstens einen Erben fand.

Desdemona.

Das sind alte abgedroschne Einfälle, um Narren im Bierhause lachen zu machen. Was für ein armseliges Lob hast du dann für eine, die häßlich und albern ist?

Jago.

Keine ist so dumm und häßlich, die an List bey schlimmer Sache
Den Verschmiztesten und Schönsten nicht den Vorzug streitig mache.

Desdemona.

O grobe Ungeschiklichkeit! Du lobest die Schlechteste am besten. Aber was könntest du dann zum Lob eines Frauenzimmers sagen, das in der That Lob verdiente? Einer solchen, deren Verdienste so unstreitig wären, daß sie es auf den Ausspruch der Bosheit selbst ankommen lassen dürfte?

Jago.

Die, bey niemals welker Schönheit frey von Stolz und Eigensinn,
Meisterin von ihrer Zunge, und doch keine Schreyerin,
Immer Geld im Beutel hat, und sich nie dadurch entehrte,
Die gelassen meiden kan, was ihr Herz sich gern gewährte;
Die, wenn sie der Mann beleidigt, doch der Rache gern entsagt,

Welche sanften Weiber-Herzen, wie man glaubt, so
sehr behagt:
Die so treu der Weisheit ist, daß sie nie in ihrem Leben,
Um den Schwanz des besten Salms, eines Schel-
Fischs Kopf gegeben;
Die zwar denkt, doch was sie denkt, niemand als sich
selbst vertraut,
Noch, wenn ihr Verehrer folgen, aus Zerstreuung
um sich schaut;
Diese, wenn sie jemals war, konnte wol vortrefflich
taugen. --

Desdemona.

Und wozu dann?

Jago.

Ein Schmahl-Bier-Protocoll zu führen, und Narren auszusaugen.

Desdemona.

O, was für ein krüppelhafter, armseliger Schluß! Lerne ja nichts von ihm, Aemilia, ob er gleich dein Mann ist. Was sagt ihr, Cassio, würd' er nicht einen feinen Rath abgeben?

Cassio.

Es ist besser gemeynt als gesagt, Madam; Euer Gnaden werden den Soldaten grösser in ihm finden, als den Gelehrten.

Jago (bey Seite.)

Er nimmt sie bey der Hand; gut, wol gegeben -- flüstert einander ins Ohr -- Ich brauche kein stärkeres Gewebe als diß, um eine so grosse Fliege wie Cassio zu verstriken. Ey ja doch, lächle sie an, thu's -- in deiner eignen Höflichkeit sollst du gefangen werden -- Ihr habt recht, es ist so, in der That -- Wenn solche arme kleine Freyheiten euch um eure Lieutenants-Stelle bringen sollten, so wär' es besser, ihr hättet eure drey Finger nicht so oft geküßt -- O vortrefflich! wol geküßt! vortreffliche Galanterie! -- es ist so, in der That -- Noch einmal -- eure Finger an eure Lippen? Ich wollt' es wären Clystier-Sprizen, so lieb seyd ihr mir. (Trompeten.) Hä, der Mohr kommt; ich kenne seine Trompete.

Cassio.

Es ist würklich so.

Desdemona.

Wir wollen ihm entgegen gehen --

Cassio.

Seht, hier ist er schon.

Sechste Scene.

Othello und Gefolge zu den Vorigen.

Othello.

O meine schöne Heldin!

Desdemona.

Mein theurer Othello!

Othello.

Meine Verwundrung euch vor mir hier zu sehen, ist so groß als mein Vergnügen. O Wonne meines Herzens! Wenn auf jeden Sturm eine so süsse Stille folgte, so möchten die Winde blasen, bis sie den Tod aufgewekt hätten: So möchte die arbeitende Barke an Hügeln von Wasser bis an den Olymp hinauf klettern, dann wieder so tief sich tauchen, als die Hölle vom Himmel ist! Wenn ich izt sterben müßte, so wär's in dem Augenblik, da meine Glükseligkeit ihren höchsten Punkt erreicht hat; ich besorge sehr, diese Wonne meiner Seele ist zu groß, als daß noch eine solche in der unbekannten Zukunft für mich ligen kan.

Desdemona.

Das verhüte der Himmel, daß unsre Liebe und unser Vergnügen nicht in gleichem Maasse zunehmen sollte, wie unsre Tage wachsen!

Othello.

Othello.

Amen, zu diesem holden Wunsch! Ich kan nicht genug von dieser Freude sagen, mein Herz ist so voll -- (er küßt sie --) und diß, und diß, möge die grösseste Dissonanz seyn, die jemals unsre Herzen machen werden!

Jago (bey Seite.)

O, izt seyd ihr noch wolgestimmt; aber ich will den Wirbel legen, der diese Musik macht, so wahr ich ehrlich bin!

Othello.

Kommt, wir wollen in's Schloß. Nun, meine Freunde, der Krieg ist geendigt, eh er angefangen hat; die Türken sind ertrunken. Wie leben unsre alten Bekannten auf dieser Insel? -- Mein liebstes Herz, ihr werdet in Cypern sehr geliebt werden; ich habe viele Freundschaft hier empfangen -- O meine Liebe, ich merke daß ich mich vergesse; das Uebermaaß meiner Freude macht mich schwärmen. -- Ich bitte dich, guter Jago, geh an die Rhede und laß meine Kisten auspaken; und den Schiffs-Patron bring' in die Citadelle zu mir; er ist ein geschikter Mann, dessen Verdiensten eine vorzügliche Achtung gebührt. Kommt, Desdemona, noch einmal willkommen in Cypern!

(Othello und Desdemona gehen ab.)

Siebende Scene.

Jago und Rodrigo bleiben.

Jago (zu einigen Bedienten.)

Geht ihr dem Hafen zu, ich werde in einem Augenblik folgen -- (zu Rodrigo.) Komm näher, wenn du ein tapfrer Mann bist; (und man sagt doch, daß die Liebe auch den feigesten Seelen eine gewisse Stärke und Erhabenheit gebe, die ihnen sonst nicht natürlich ist) -- Horch mir zu; der Lieutenant commandirt diese Nacht auf der Hauptwache. Zuerst muß ich dir sagen, daß diese Desdemona geradezu in ihn verliebt ist.

Rodrigo.

In ihn? Wie, das ist nicht möglich.

Jago.

Leg deine Finger auf den Mund und laß dir sagen, was du zu wissen brauchst. Bedenk einmal mit was für einer Heftigkeit sie anfangs den Mohren liebte, bloß weil er aufschnitt, und ihr romanhafte Lügen vorsagte. Meynst du, sein Pralen werde machen, daß sie ihn immer liebe? Sey nicht so einfältig, und bilde dir solche Dinge ein. Ihr Auge muß doch auch eine Nahrung haben. Und was ein Vergnügen kan sie davon haben, wenn sie den Teufel ansieht? Wenn die Entzükungen des Liebes-Spiels das Blut ermattet haben, so braucht es Reizungen, Schönheiten, Sympathie im Alter, zärtliche Empfindungen, was weiß ich's, kurz lauter Eigenschaften, die der Mohr nicht hat, um es wieder anzuflammen. Nun aber kan's nicht fehlen, der Abgang dieser Erfordernisse und Uebereinstimmungen wird ihre jugendliche Zärtlichkeit gar bald empören; sie wird finden, daß sie sich betrogen hat; sie wird deß Mohren erst satt, dann überdrüssig werden, dann einen Ekel vor ihm bekommen, und ihn endlich gar verabscheuen, die Natur selbst wird sie das lehren und sie zu einer andern Wahl nöthigen. Nun, Herr, dieses vorausgesezt, (wie es dann eine ausgemachte Sonnenklare Sache ist,) wer darf sich dieses Glük mit beßrer Hoffnung versprechen als Cassio? Der geschmeidigste Schurke von der Welt; der nicht mehr Gewissen oder Tugend hat, als der Wohlstand und die Klugheit erfordern, um unterm Schuz der äusserlichen Form eines bescheidnen und wohlgesitteten Betragens seine geheimen Ausschweiffungen und Leichtfertigkeiten desto sichrer auszuüben; ein glatter, abgefeilter Schurke, ein Gelegenheits-Hascher, ein Gleißner, der sich das Ansehen von Tugenden geben kan, die er nie gehabt hat; ein verteufelter Schurke! Und dann kommt noch in Betrachtung, daß der Schurke hübsch, jung, und mit allen den Erfordernissen begabt ist, worauf Thorheit und unreiffe Jugend am meisten sehen. Ein schwer-nöthischer ausgemachter Schurke! Und das Weibsbild kennt ihn schon besser, als du dir einbildest.

Rodrigo.

Das kan ich unmöglich von ihr glauben; sie ist von einer so tugendhaften Gemüthsart --

Jago.

Jago.

Tugendhafter Pfifferling! Der Wein den sie trinkt ist aus Trauben gemacht. Wenn sie tugendhaft gewesen wäre, so würde sie sich nicht in den Mohren verliebt haben: Tugendhaften Quark! Hast du dann nicht gesehen wie sie mit seiner Hand auf- und abschaukelte? Hast du nicht darauf Acht gegeben?

Rodrigo.

Ja, das that ich; aber das war nur Höflichkeit.

Jago.

Leichtfertigkeit war's, bey meiner Seele! Eine geheime Andeutung, ein stillschweigender Prologus zu einem Lustspiel, wo man keine Zuschauer verlangt. Sie kamen einander ja mit ihren Lippen so nah, daß ihr Athem sich vermischen und zusammenfliessen mußte. Das ist ein vertrakter Gedanke, Rodrigo! Wenn solche Vertraulichkeiten den Weg bahnen, so darf man sich darauf verlassen, daß die Haupt-Action bald nachkommen wird -- Fy, Henker! -- Aber, laßt euch nur von mir rathen, Herr. Ich hab' euch von Venedig mitgebracht. Zieht mit auf die Wache diese Nacht, ich will euch dazu commandieren. Cassio kennt euch nicht; und ich will nicht weit von euch seyn. Seht daß ihr dann eine Gelegenheit findet, ihn aufzubringen; redet zu laut, oder haltet euch über seine Art zu commandieren auf, oder thut sonst was das ihn ärgern kan, wie es Zeit und Umstände an die Hand geben werden.

Rodrigo.

Rodrigo.

Gut.

Jago.

Er ist jäh, und in einem Augenblik aufgebracht; es kan leicht begegnen, daß er euch einen Schlag giebt. Reizt ihn dazu; dann das würde mir einen vortrefflichen Anlaß geben, die Cyprier in eine solche Empörung gegen ihn zu sezen, daß nichts als seine Entfernung sie besänftigen soll. Dadurch kommt ihr desto bälder zu euerm Zwek; denn wenn Cassio einmal aus dem Weg ist, so will ich für das übrige schon Mittel finden, und ihr sollt glüklich werden.

Rodrigo.

Ich verstehe mich zu allem, wenn ihr's dahin bringen könnt.

Jago.

Dafür steh ich dir. Laß dich vor der Citadelle wieder antreffen; ich muß nur einen kleinen Gang machen, um sein Gepäke ans Land zu holen. Lebt wohl indessen.

Rodrigo.

Adieu.

(Er geht ab.)

Achte

Achte Scene.

Jago (allein.)

Daß Cassio sie liebt, das glaub ich, und daß sie ihn wieder liebt, das läßt sich wenigstens glauben. Was den Mohren betrift, so muß ich gestehen, ob ich ihn gleich nicht leiden kan, daß er von einer gesezten, liebreichen und edeln Gemüths-Art ist; und ich zweifle gar nicht daran, daß er gegen Desdemona ein recht zärtlicher Ehmann seyn wird. Nun lieb ich sie auch, nicht eben aus Antrieb einer sonderlichen Lust zu ihr, (ob ich gleich vielleicht für eben so grosse Sünden in des Teufels Schuldbuch stehe,) sondern mehr um an dem üppigen Mohren Rache zu üben, den ich im Verdacht habe, daß er meinem Weibe zu nah' gekommen seyn möchte; ein Gedanke, der mir wie mineralisches Gift an meinem Inwendigen nagt, und mir keine Ruhe lassen wird, bis ich quitt mit ihm bin, Weib um Weib: Oder wenn mir auch das fehlschluge, so muß mir der Mohr wenigstens in eine so starke Eifersucht gesezt werden, daß die Vernunft selbst ihm nichts dagegen helfen soll. Und wenn dieser arme Venetianische Brak, den ich bloß um seines guten Jagens willen liebe, unserm Michael Cassio nur recht zu Leibe geht, so wollen wir ihn bald bey der Hüfte kriegen, und ihn dem Mohren auf eine Art empfehlen, die ihre Würkung thun soll; und der Mohr soll mir noch danken, und mich noch dafür lieben und belohnen, daß ich ihn fein sauber zu einem Esel mache, und ihn aus dem stolzen Frieden seiner Seele bis zur Tollheit herausbetrüge. Das alles ligt hier -- aber noch verworren; Spizbüberey läßt ihr ganzes Gesicht nicht eher sehen, bis sie vollbracht ist.

(Geht ab.)

Neunte Scene.

(Die Strasse.)

Ein Herold tritt auf.

Herold.

Es ist Othello's, unsers edeln und tapfern Ober-Befehlhabers, Wille und Belieben, daß auf die zuverlässig eingelauffene Nachricht von dem gänzlichen Untergang der Türkischen Flotte, jedermann seine Freude öffentlich, durch Tänze, Freuden-Feuer, und alle die Spiele und Lustbarkeiten, wozu einen jeden seine Neigung treiben mag, an den Tag geben möge -- Zumal, da noch über diese glükliche Zeitung, sein Vermählungs-Fest ein Gegenstand der allgemeinen Freude ist. Alle seine Vorraths-Kammern sind aufgeschlossen, und es ist jedem erlaubt von dieser fünften Stunde an, bis die Gloke eilfe geschlagen haben wird, zu schmausen und sich zu erlustigen, wie es ihm beliebt. Dieses sollte, nach seinem Befehl, durch öffentlichen Ausruf bekannt gemacht werden. Heil der Insel Cypern, und unserm edeln General!

Othello, Desdemona, Cassio, und Gefolge treten auf.

Othello.

Mein lieber Cassio, seht diese Nacht zur Wache; wir wollen nicht vergessen, in unsern Lustbarkeiten nie über das Ziel der Anständigkeit und Mässigung hinauszuschweiffen.

Cassio.

Jago hat schon Befehl auf die Nacht; ich will aber nichts destoweniger selbst ein Aug' auf alles haben.

Othello.

Jago ist ein ehrlicher Mensch -- Gute Nacht, Cassio. Morgen, so früh als euch gelegen ist, laßt mich eine Unterredung mit euch haben -- (Zu Desdemona.) Komm, meine theure Liebe -- Wenn der Kauf geschehen ist, so folgt die Nuzniessung; -- Gute Nacht.

[Othello und Desdemona gehen ab.]

Jago zu Cassio.

Cassio.

Willkommen Jago, wir müssen zur Wache.

Jago.

Izt noch nicht, Lieutenant, es ist noch nicht zehn Uhr. Unser General hat uns seiner Desdemona zu lieb so früh entlassen, und wir können ihn nicht deßwegen tadeln -- es ist seine erste Nacht, und sie ist ein Lekerbissen für einen Jupiter.

Cassio.

Sie ist eine vortreffliche Dame.

Jago.

Und sie liebt das Spiel, ich stehe für sie.

Cassio.

In der That, sie ist ein reizendes Geschöpf.

Jago.

Was sie für ein paar Augen hat? Es ist, als ob sie einen auffordern --

Cassio.

Sehr anziehende Augen, und doch, wie mich däucht, vollkommen sittsam.

Jago.

Und wenn sie redt, ist nicht der blosse Ton ihrer Stimme ein Signal zur Liebe?

Cassio.

Sie ist, in der That, die Vollkommenheit selbst.

Jago.

Gut, viel Glüks zu ihrer Hochzeit-Nacht! Kommt, Lieutenant, ich habe eine Flasche Wein, und es sind ein paar brave junge Cyprier draussen, die gerne eins auf Othello's Gesundheit mit uns trinken möchten.

Cassio.

Diese Nacht kan's nicht seyn, Jago; ich habe ein armes unglükliches Gehirn zum Trinken. Ich möchte wol wünschen, daß man eine andre Manier, einander seinen guten Willen zu bezeugen, erfinden möchte als Gesundheittrinken.

Jago.

Oh, es sind gute Freunde; nur ein Gläschen; ich will für euch trinken.

Cassio.

Ich habe diesen Abend nicht mehr als einen Bechervoll getrunken, der noch dazu mit Wasser gemischt war, und ihr seht, was für Veränderungen er schon hier gemacht. Es ist ein Unglük für mich, daß ich so wenig ertragen kan, aber ich darf es nicht wagen, mehr zu thun.

Jago.

Wie, Mann? Die heutige Nacht ist dazu bestimmt, daß man sich lustig mache, und die jungen Herren würden sich durch unsre Weigerung beleidigt finden.

Cassio.

Wo sind sie?

Jago.

Hier, vor der Thür; ich bitte euch, ruft sie herein.

(Cassio geht ab.)

Jago.

Jago (allein.)

Wenn ich ihm, über das was er schon getrunken hat, nur noch einen Becher voll beybringen kan, so wird er so händelsüchtig seyn, und sich so unnüz machen wie meiner jungen Fräulein Hund -- Nun hat mein ehrlicher Rodrigo, dem die Liebe nun vollends die unrechte Seite herausgekehrt hat, diese Nacht auch manchen Stuzer auf Desdemonens Gesundheit ausgeleert, und izt wird er mit auf die Wache ziehen. Drey junge Cyprier, frische rüstige Bursche, die Herz und Ehre haben, hab ich gleichfalls mit vollen Bechern zugedekt, und sie sind auch von der Wache. Unter dieser Schaar von Betrunknen kan es mir also nicht schwer fallen, unsern Cassio zu einem Exceß zu bringen, wodurch er diese Insulaner vor die Köpfe stößt -- Aber da kommen sie ja schon. Wenn der Erfolg meinem Entwurf antwortet, so segelt mein Boot mit Wind und Fluth davon.

Zehnte Scene.

Cassio, Montano, und drey junge Cyprier.

Cassio.

Beym Himmel, sie haben mir schon einen Tips angehängt.

Montano.

Einen sehr kleinen, in der That: ihr habt nicht über eine Maaß getrunken, so wahr ich ein Soldat bin.

Jago.

Wein her, Wein her! (er fängt an zu singen) he! Wein her, ihr Jungens!

Cassio.

Beym Himmel, das war ein hüsches Lied.

Jago.

Das lernt ich in England, wo sie, in der That, mächtige Zecher sind. Euer Dähne, euer Deutscher, euer schmerbauchichter Holländer -- he! zu trinken! -- sind nichts gegen meinen Engländer.

Cassio.

So ist euer Engländer ein so grosser Trinker?

Jago.

Ob er's ist? Ich sag euch, er trinkt euch eure Dänen zu Boden, ohne daß ihr's ihm ansehr. Er braucht nicht zu schwizen, um über euern Deutschen Meister zu werden; und euern Holländer bringt er zum Speyen, eh die nächste Flasche gefüllt werden kan.

Cassio.

Auf die Gesundheit unsers Generals!

Montano.

Da bin ich auch dabey, Lieutenant, ich will euch Bescheid thun.

Jago.

Jago.

O das liebe England! König Stephan war ein braver Pair rc. (Er singt.) Mehr Wein her, he!

Cassio.

Ha, das Lied ist noch schöner als das vorige.

Jago.

Wollt ihr's noch einmal hören?

Cassio.

Nein, wahrhaftig, und hielte den für einen Mann der seines Plazes nicht würdig wäre, der solche Dinge thun wollte -- Gut -- Der Himmel ist über uns alle; und es ist nun schon einmal so, daß die einten selig werden, und die andern nicht selig werden.

Jago.

Das ist wahr, Herr Lieutenant.

Cassio.

Was mich betrift, (ohne unserm General, oder sonst einem Mann von Stande zu nah zu treten,) so hoff' ich, selig zu werden.

Jago.

Und ich auch, Lieutenant.

Cassio.

Schon gut, aber, mit eurer Erlaubniß, nicht vor mir. Der Lieutenant muß vor dem Fähndrich selig werden. Sagt mir nichts mehr hievon! -- Wir wollen von unsern Geschäften reden -- Vergieb uns unsre Schulden! -- Meine Herren, wir wollen zu unsern Geschäften sehen. Bildet euch nicht ein, ihr Herren, daß ich betrunken sey: Das ist mein Fähndrich; das ist meine rechte Hand, und das ist meine linke. Ich bin noch nicht betrunken, ich kan noch ziemlich aufrecht stehen, und ich rede noch gut genug.

Alle.

Vortreflich gut.

Cassio.

Nun, recht gut also; so müßt ihr also nicht denken, daß ich betrunken sey.

(Er geht ab.)

Eilfte Scene.

Montano.

Auf die Platte-Forme, meine Herren; kommt, wir wollen die Wache besezen.

Jago.

Ihr seht diesen Burschen, der voraus gegangen ist; er ist ein guter Soldat, werth zunächst an Cäsarn zu stehen,

und

und unter ihm Befehle zu geben. Aber ihr seht auch sein Laster; -- es ist schade für ihn -- er hat Stunden, wo dieses einzige Gebrechen alle seine Tugenden unbrauchbar macht -- ich fürchte nur, das Vertrauen, das Othello in den Mann sezt, mag in irgend einem solchen unglüklichen Augenblik das Verderben dieser Insel seyn.

Montano.

Ist er denn oft so?

Jago.

Es ist jedesmal der Prologus zu seinem Schlaf. Er würde euch zweymal vier und zwanzig Stunden an einem Weg wachen, wenn Bacchus seine Wiege nicht rüttelte.

Montano.

Es wäre gut, wenn dem General eine Vorstellung hierüber gemacht würde; vielleicht weiß er's nicht; oder sein gutes Gemüth ist von den Verdiensten, die an Cassio in die Augen leuchten, so eingenommen, daß er ihm seine Untugenden übersieht; ist's nicht so?

Rodrigo zu den Vorigen.

Jago.

Was macht ihr hier, Rodrigo? Ich bitte euch, seht wo der Lieutenant ist, geht.

[Rodrigo geht ab.]

Montano.

Und es ist in der That recht zu bedauren, daß der Mohr einen so wichtigen Plaz, die Vertretung seiner eignen Person, einem Mann anvertrauen soll, der mit einem so eingewurzelten Gebrechen behaftet ist; es wäre die That eines ehrlichen Manns, wenn man dem Mohren das sagen würde.

Jago.

Der möcht' ich nicht seyn, und wenn ich diese ganze Insel damit zu gewinnen wüßte; ich liebe den Cassio, und wollte alles in der Welt thun, ihn von diesem Uebel zu heilen. Horcht, was für ein Lerm ist das?

(Man schreyt hinter der Scene: Helft, helft!)

Cassio verfolgt den Rodrigo auf den Schau-Plaz.

Cassio.

Du Raker! du Lumpenhund!

Montano.

Was habt ihr, Lieutenant?

Cassio.

Ein Schurke soll mich meine Schuldigkeit lehren! Ich will den Schurken in eine Kürbis-Flasche hineinprügeln.

Rodrigo.

Mich prügeln --

Cassio.

Rüppelst du dich noch, Lumpenkerl?

Montano (der ihn zurükhält.)

Haltet ein guter Lieutenant; ich bitte euch, mein Herr, haltet ein.

Cassio.

Laßt mich gehen, Herr, oder ihr kriegt eins auf die Ohren.

Montano.

Kommt, kommt, ihr seyd ein betrunkener Mann.

Cassio.

Betrunken? -- (Er zieht den Degen gegen Montano, welcher sich zur Wehr sezt.)

Jago (zu Rodrigo leise.)

Weg, sag ich, hinaus, und schlagt Lermen. (Rodrigo geht.) Nein, guter Lieutenant -- Ums Himmels willen, meine Herren -- Helft! he! -- Lieutenant -- meine Herren -- Montano -- helft, ihr Herren! das ist mir eine feine Wache, in der That! -- Nu ja, wer hat den Einfall gar die Sturmgloke zu läuten? -- Zum Teufel, halt! die ganze Stadt wird in Bewegung kommen. Fy, fy, Lieutenant! halt, sag ich! Ihr verliehrt eure Ehre auf eine unwiederbringliche Art.

Zwölfte

Zwölfte Scene.

Othello, mit seinem Gefolge zu den Vorigen.

Othello.

Was giebt es hier?

Montano.

Ich blute stark, ich bin verwundet, doch nicht tödtlich.

Othello.

Halt, so lieb euch euer Leben ist.

Jago.

Halt, he, Lieutenant -- Herr -- Montano -- meine Herren -- Habt ihr denn allen Verstand verlohren? Wißt ihr nicht mehr, wer, und vor wem ihr seyd! Der General redt mit euch -- Halt, sag ich -- schämt euch doch wenigstens, und haltet ein --

Othello.

Wie, was soll das seyn, he? Wer ist der Urheber von diesem Unfug? Sind wir zu Türken geworden? Und thun uns selbst was der Himmel den Ottomannen verboten hat? Aus Schaam wenigstens vor diesen Ungläubigen, macht diesem barbarischen Gefecht ein Ende; der erste von euch, der sich noch rührt, ist auf der Stelle des Todes! Heißt diese Gloke schweigen, sie schrekt diese Insel aus ihrer

Ruhe

Ruhe auf. Was war denn der Anlas zu diesem Handel? Ehrlicher Jago, dein blasses Gesicht sagt mir, daß du bekümmert bist -- Sprich, wer machte den Anfang? Sage die Wahrheit, so lieb ich dir bin!

Jago.

Ich weiß es nicht; wir waren alle gute Freunde, nur eben, nur noch vor einem Augenblik auf der Hauptwache beysammen, so freundlich wie Braut und Bräutigam, wenn sie zu Bette gehen wollen -- und dann, in einem Augenblik (nicht anders als ob irgend ein aufgehender Planet den Leuten die Vernunft genommen hätte) sind sie mit ihren Degen heraus, und gehen einander auf Leib und Leben. Ich kan nicht sagen, was der Anlas zu diesem unsinnigen Zwist war; aber ich wollte, ich hätte in irgend einer rühmlichen Action diese Beine verlohren, die mich zu einem Theil davon geführt haben.

Othello.

Wie kommt es, Cassio, daß ihr euch so vergessen habt?

Cassio.

Ich bitte euch, entschuldigt mich, ich kan nicht reden.

Othello.

Würdiger Montano, ihr seyd sonst ein gesitteter Mann; die Welt legt euch den Character eines gesezten und sittsamen Jünglings bey, und die Weisesten sprechen euern Namen

men mit Hochachtung aus. Was für ein Anlas konnte euch dahin bringen, euern Ruhm so leichtsinnig zu verschleudern, und die gute Meynung der Welt um den Namen eines Nacht-Schwärmers hinzugeben? Antwortet mir auf das!

Montano.

Würdiger Othello, ich bin gefährlich verwundet: Euer Officier, Jago, kan mir eine Mühe ersparen, die mir izt einige Ungelegenheit verursachen würde; er weiß alles, was ich euch sagen könnte; und ich wißte auch nicht was ich diese Nacht über Unrechtes gesagt oder gethan hätte, es wäre denn, daß Selbstvertheidigung, wenn wir gewaltsam angefallen werden, eine Sünde seyn sollte.

Othello.

Nun, beym Himmel, mein Blut fangt an über meine Vernunft Meister zu werden -- Reizt mich nicht, sag ich euch, oder wenn ich nur diesen Arm hebe, so soll der Beste von euch unter meinem Zorn zu Boden sinken. Laßt mich wissen, wie dieser schändliche Tumult sich anhub; wer der Anfänger war; und derjenige, welcher schuldig befunden wird, hat einen Freund an mir verlohren, und wenn er mein Zwillings-Bruder wäre -- Wie? in einer mit Krieg bedräuten Stadt, deren Einwohner noch mit Schreken angefüllt sind, sich von der Furcht eines feindlichen Ueberfalls noch nicht erholt haben, um Privat-Händeln willen einen Lerm anfangen? Und das bey Nacht, und auf der Haupt-

wache,

wache, die der Schirm der allgemeinen Sicherheit seyn soll? Es ist etwas ungeheures! Rede, Jago, wer war der Anfänger?

Montano.

Wenn du aus Partheylichkeit, Freundschaft oder vermeynter Pflicht mehr oder weniger sagst als wahr ist, so bist du kein Soldat.

Jago.

Rühret mich an keinem so empfindlichen Theil an: Ich wollte mir lieber diese Zunge aus dem Mund reissen lassen, als daß ich meinem Freund Cassio zum Schaden reden wollte: Jedoch hoff' ich es könne ihm keinen Schaden thun, wenn ich die Wahrheit sage. So verhält sich die Sache, General: Montano und ich waren in einem Gespräch begriffen, als ein Bursche hereinzulauffen kam, der aus vollem Hals um Hülfe schrie, und Cassio mit blossem Degen hinter ihm her, vermuthlich um ihn abzustraffen. Hierüber gieng dieser Herr auf den Cassio zu, und bat ihn sich zufrieden zu geben, ich selbst aber lief dem schreyenden Kerl nach, aus Furcht, sein Geschrey möchte, (wie es auch würklich begegnet ist,) die Stadt in Unruh sezen; allein, da er schneller auf den Beinen war, so verlohr' ich ihn gleich aus dem Gesicht, kehrte also wieder zurük, um so mehr als ich das Klingeln und Fallen von blossen Degen und den Cassio gewaltig fluchen hörte, welches ich vor dieser Nacht niemals hätte von ihm sagen können. Wie ich nun zurük kam, so fand ich sie im hizigsten Gefecht begriffen,

kurz,

kurz, in den nemlichen Umständen, worinn ihr selbst sie auseinander gebracht habt. Mehr kan ich von diesem Handel nicht sagen. Aber Menschen sind Menschen; die besten vergessen sich zuweilen; und wenn ihm auch Cassio ein wenig zuviel gethan hat, wie denn Leute in der Wuth oft ihre liebsten Freunde schlagen, so glaub ich doch gewiß, daß Cassio von dem Burschen, der entlauffen ist, irgend eine grobe Beleidigung, die nicht zu dulden war, empfangen haben muß.

Othello.

Ich sehe, Jago, daß dein gutes Gemüth und deine Liebe zu Cassio seine Schuld zu verkleinern sucht. Cassio, ich liebe dich, aber du bist mein Officier nicht mehr --

Desdemona, mit Gefolge, zu den Vorigen.

-- Seht, ist nicht meine Liebste Desdemona aufgestanden -- ich will dich zu einem Exempel machen.

Desdemona.

Was ist hier zu thun?

Othello.

Es ist alles in seiner Ordnung. Komm zu Bette, meine Liebe -- Mein Herr, ich will selbst der Arzt für eure Wunden seyn -- Führt ihn nach Hause. Jago, laß dir die Beruhigung der Stadt angelegen seyn -- Komm, Desdemona; es ist einer von den Zufällen des Soldaten-Lebens,

oft

oft vom süssesten Schlummer durch kriegrisches Getümmel aufgewekt zu werden.

(Sie gehen ab.)

Dreyzehnte Scene.

Jago und Cassio bleiben.

Jago.

Wie seyd ihr verwundet, Lieutenant?

Cassio.

So, daß mir alle Wundärzte der Welt nicht helfen können.

Jago.

Das verhüte der Himmel!

Cassio.

O Guter Name! Guter Name! Ich habe meinen guten Namen verlohren; ich habe mein unsterbliches Theil verlohren, was mir übrig geblieben ist ein blosses Thier. Meinen guten Namen, Jago, meinen guten Namen! --

Jago.

So wahr ich ein Bidermann bin, ich dachte, ihr hättet irgend eine tieffe Wunde in den Leib bekommen; das hätte mehr zu bedeuten als ein guter Name -- Diese Schimäre, die so oft ohne Verdienste gewonnen, und ohne Verschuldung verlohren wird. Ihr habt nichts verlohren, als in so fern ihr euch einbildet, daß ihr was verlohren habt. Wie, Mann -- man kan Mittel finden, den General wieder zu gewinnen. Ihr seyd nur noch mündlich cassiert, eine Straffe, worinn mehr Politik als böser Willen ist; gerade so, als wenn einer seinen unschuldigen Hund schlüge, um einen übermüthigen Löwen zu erschreken. Gebt ihm gute Worte, so ist er wieder euer.

Cassio.

Ich wollte lieber selbst um meine Verwerfung bitten, als einen so rechtschaffnen General mit einem so schlechten, so versoffenen, so unbedachtsamen Officier betrügen. Besoffen? und plappern wie ein Papagay? und Händel anfangen? großpralen? fluchen? und dummes Zeug mit seinem eignen Schatten reden? O du unbändiger Geist des Weins, wenn du noch keinen Namen hast, woran man dich kennen kan, so laß dich Teufel heissen.

Jago.

Wer war der Kerl, den ihr mit dem Degen verfolgtet? was hatte er euch gethan?

Cassio.

Das weiß ich nicht.

Jago.

Ists möglich?

Cassio.

Ich erinnere mich eines verworrenen Klumpens von Sachen,

Sachen, aber nichts deutlich: Eines Handels, aber nicht warum. O daß ein Mann einen Feind zu seinem Mund einlassen soll, damit er ihm seine Vernunft wegstehlen könne! daß wir fähig sind, mit lauter Freude, Lust, Scherz und Wohlleben uns in Bestien zu verwandeln!

Jago.

Nun, gebt euch zufrieden, ihr seyd wieder ganz wohl: Wie habt ihr euch sobald wieder erholt?

Cassio.

Der Teufel der Trunkenheit hat dem Teufel des Zorns Plaz gemacht; eine Unvollkommenheit zeigt mir eine andre -- o wie herzlich veracht' ich mich selber!

Jago.

Kommt, ihr seyd ein allzustrenger Moralist. In Betrachtung der Zeit, des Orts und der gegenwärtigen Umstände dieses Lands möcht' ich selbst von Herzen wünschen, es wäre nicht begegnet; aber da es nun einmal so ist wie es ist, so ergebt euch darein, und denkt darauf, wie ihr's wieder gut machen wollt.

Cassio.

Gesezt, ich geh, und bitt' ihn wieder um meine Stelle, so wird er mir sagen, ich sey ein Trunkenbold -- Hätte ich so viele Mäuler als die Hydra, eine solche Antwort würde sie mir alle stopfen. Izt ein vernünftiger Mensch seyn, bald darauf ein Narr, und dann plözlich gar ein

Vieh -- Ein jedes Glas das man zuviel trinkt ist verflucht, und das Ingrediens davon ist ein Teufel.

Jago.

Kommt, kommt, guter Wein ist ein guter Spiritus familiaris, wenn man mit ihm umzugehen weiß: Keine Declamationen mehr dagegen! -- Mein lieber Lieutenant, ich hoffe doch, ihr glaubt, daß ich euer Freund bin.

Cassio.

Ihr habt mir Proben davon gegeben, mein Herr -- Ich, betrunken! --

Jago.

Das ist etwas, das euch und einem jeden andern ehrlichen Mann in der Welt einmal begegnen kan -- Ich will euch sagen, was ihr thun solltet. Unsers Generals Frau ist izt der General. Ich kan mich dieses Ausdruks bedienen, weil er sich ganz und gar der Beschauung, Betrachtung und Beherzigung ihrer Vollkommenheiten und Schönheiten gewiedmet und überlassen zu haben scheint. Macht ihr ein freymüthiges Geständniß euers Fehlers, und laßt nicht ab, bis sie euch verspricht euch wieder zu euerm Plaz zu helfen. Sie ist von einer so großmüthigen, so gütigen, so menschenfreundlichen Gemüths-Art, daß sie es für einen Mangel an Güte hielte, nicht noch mehr zu thun als man von ihr begehrt. Bittet sie, dieses zerbrochne Band zwischen euch und ihrem Manne wieder zusammen zu löthen --

und ich will alles was ich habe gegen eine Steknadel sezen, eure Freundschaft wird stärker werden als sie je gewesen ist.

Cassio.

Euer Rath ist gut.

Jago.

Er ist wenigstens gut gemeynt, und kommt aus einem aufrichtigen und freundschaftlichen Herzen.

Cassio.

Davon bin ich überzeuget; ich will es nicht länger als bis morgen früh anstehen lassen, die tugendhafte Desdemona um ihr Vorwort zu bitten; ich bin gänzlich verlohren, wenn ich auf eine so schimpfliche Art von hier gejagt werde.

Jago.

Ihr habt recht; gute Nacht, Lieutenant; ich muß zur Wache sehen.

Cassio.

Gute Nacht, redlicher Jago --

[Er geht ab.]

Vierzehnte Scene.

Jago (allein.)

Und wo ist nun der, welcher sagen kan, ich spiele die Rolle eines Spizbuben? Da der Rath, den ich ihm gebe, gut, ehrlich, von dem wahrscheinlichsten Erfolg, ja in der That der gerade Weg ist, den Mohren wieder zu gewinnen. Denn es ist etwas sehr leichtes die gutherzige Desdemona zu bewegen, daß sie irgend eine erlaubte Bitte begünstige; sie ist von einer so überfliessend-wohlthätigen Natur wie die alles umfassenden Elemente. Und dann ist für sie wiederum nichts leichters als den Mohren zu gewinnen, wär' es auch seinem Taufbund zu entsagen, so gänzlich ist seine Seele in ihrer Liebe verstrikt; sie kan mit ihm anfangen was sie will, machen, wieder vernichten, wie es ihrem Eigensinn nur belieben mag, den Gott mit seiner Schwäche zu spielen. Bin ich denn also ein Spizbube, dem Cassio einen Weg zu rathen, der ihn so gerade zu seinem Besten führt? Beym Abgott der Hölle! wenn Teufel ihre schwärzeste Sünden ausüben wollen, so täuschen sie uns zuvor in himmlischen Gestalten -- So mach' ichs würklich auch. Denn indeß daß dieser ehrliche Thor sich Desdemonen zu Füssen wirft, um sein Glük wieder herzustellen, und sie alle ihre Macht über den Mohren zu Cassio's Vortheil anwendet; will ich ihm den giftigen Argwohn in die Ohren blasen, daß sie ihn nur zu Büssung ihrer Lust so gerne bey sich zu behalten wünsche; und je eyfriger sie sich bemühen wird, ihm Gutes zu thun, je mehr wird sie ihren Credit in den Augen des Mohren verliehren.

liehren. So will ich ihre Tugend in Pech verwandeln, und aus ihrer Güte selbst ein Nez machen, worinn sie alle gefangen werden sollen. Wo kommt ihr her, Rodrigo?

Fünfzehnte Scene.

Rodrigo zu Jago.

Rodrigo.

Ich lauffe hier mit der Jagd, nicht wie ein Hund der jagt, sondern nur, wie einer der schreyen hilft. Mein Geld ist beynah aufgebraucht; heute Nachts bin ich ganz unvergleichlich abgeprügelt worden; und ich denke, das Ende vom Liede wird seyn, daß ich so viel Erfahrung für meine Mühe habe; und so werd' ich mit einem leeren Beutel und einem Bißchen mehr Wiz wieder nach Venedig zurük kehren --

Jago.

Was für elende Leute sind doch die, so keine Geduld haben können! Wenn heilt jemals eine Wunde anderst als nach und nach -- Du weißst doch, daß wir nicht zaubern können, sondern daß alles was wir thun, natürlich zugehen muß; und die Natur will ihre Zeit haben. Wo fehlt es dann, laßt sehen? Cassio hat dich geprügelt, und du hast für ein paar arme Schläge diesen Cassio cassiert -- Was reiff werden soll, muß erst blühen. Gedulde dich noch ein wenig: Es ist würklich schon Tag. Vergnügen und Arbeit machen, daß uns die Stunden kurz scheinen. Entfern'

 dich;

dich; geh, wohin du angewiesen bist; geh, sag ich -- du sollst bald mehr von mir hören -- Nun, so geh doch --

(Rodrigo geht.)

Nun sind zwey Dinge zu thun; mein Weib muß für den Cassio zur Desdemonen gehen, und das will ich bald veranstaltet haben; ich muß indeß den Mohren auf die Seite nehmen, und ihn nicht eher wieder erscheinen lassen, als gerade wenn er den Cassio bey seiner Frauen überraschen kan -- ja, so muß es gehen -- und das Eisen soll geschmiedet werden, weil es noch warm ist.

(Er geht ab.)

Dritter Aufzug.

Erste Scene.

(Vor Othello's Pallast.)

Cassio, mit Musicanten, tritt auf.

Cassio.

Meine Herren, hier spielt eins, (ich will eure Mühe vergelten,) etwas das nicht zu lange währt, und dann wünscht dem General einen guten Morgen.

(Die Musik fängt an; Hans Wurst kommt aus dem Hause heraus.)

Hans Wurst.

Wie, ihr Herren, sind eure Instrumente in Neapel gewesen, daß sie so durch die Nase reden? -- Hier ist Geld für euch; eure Musik gefällt dem General so wol, daß er wünscht, ihr möchtet ihm den Gefallen thun, und nicht gar zu laut damit seyn.

Musik.

Gut, Herr, wir wollen's leiser machen.

Hans Wurst.

Wenn ihr eine Musik habt, die man nicht hört, so macht immer fort: Aber was man heißt, Musik zu hören, davon ist der General kein sonderlicher Liebhaber.

Musik.

Eine Musik, die man nicht hört? -- Wir können keine solche, Herr.

Hans Wurst.

So stekt eure Pfeiffen wieder in euern Sak, und zieht ab. Geht, zerfließt in Luft, fort.

(Die Musicanten gehen ab.)

Cassio.

Hörst du, guter Freund?

Hans Wurst.

Mit beyden Ohren.

Cassio.

Hier ist ein kleines Goldstük für dich; wenn die Kammer-Frau der Generalin auf ist, so sag' ihr, es sey ein gewisser Cassio da, der sich die Erlaubniß ausbitte, ein paar Worte mit ihr zu reden. Willt du?

Hans Wurst.

Sie ist auf, Herr; wenn sie mir in den Wurf kommt, so will ich nicht ermangeln, es ihr zu notificieren.

[Er geht.]

Cassio.

Cassio.

Thu das, guter Freund -- Da kommt Jago eben recht.

Jago (zu ihm.)

Jago.

Ihr seyd also nicht zu Bette gegangen?

Cassio.

Nein, gewiß nicht; der Tag brach ja schon an, eh wir schieden. Ich bin so frey gewesen, und habe eure Frau hieher bitten lassen; ich will sie ersuchen, sie möchte mir Zutritt bey Desdemona verschaffen.

Jago.

Ich will sie augenbliklich hieher schiken, und indeß ein Mittel ausfindig machen, um den Mohren auf die Seite zu bringen, damit ihr ungehindert mit Desdemonen sprechen könnt.

(Er geht ab.)

Cassio.

Ich dank euch gehorsamst davor -- In meinem Leben hab' ich keinen gutherzigern und ehrlichern Florentiner gesehen!

Aemilia zu Cassio.

Aemilia.

Guten Morgen, Herr Lieutenant. Es ist mir leid, daß

daß ihr Verdruß gehabt habt; aber ich hoffe, es wird alles wieder gut werden. Der General und seine Gemahlin reden mit einander davon, und sie nimmt eure Parthey sehr lebhaft. Der Mohr hält ihr entgegen, derjenige, den ihr verwundet hättet, sey ein Mann von grossem Namen in Cypern, und von einer ansehnlichen Familie; er könne aus politischen Ursachen nicht anders, als euch von sich entfernen. Jedoch versichert er zu gleicher Zeit, er liebe euch, und habe keine andre Fürbitter nöthig, um euch wieder bey ihm in Gunst zu sezen, als seine eigne Zuneigung.

Cassio.

Ich bitte euch dem ungeachtet, wenn ihr anders glaubt daß es schiklich sey, und wenn es sich thun läßt, mir Gelegenheit zu verschaffen, daß ich ein paar Worte mit Desdemonen allein sprechen könnte.

Aemilia.

Ich bitte euch, kommt herein; ich will euch an einen Ort führen, wo ihr Gelegenheit haben sollt, ihr alles zu sagen was ihr auf dem Herzen habt.

Cassio.

Ich bin euch sehr dafür verbunden.

[Sie gehen ab.]

Zweyte

Zweyte Scene.

Othello, Jago, und etliche Cyprische Edelleute.

Othello.

Diese Briefe, Jago, gieb dem Schiffs-Patron, und bitte ihn, dem Senat meine Schuldigkeit zu bezeugen. Ich will indessen einen Gang in die Vestungs-Werker thun; mache, daß du dort wieder zu mir kommst.

Jago.

Ich werde nicht ermangeln, gnädiger Herr.

Othello.

Wollen wir gehen, meine Herren, und die Vestung besehen?

Edelleute.

Wir werden die Ehre haben, Eu. Gnaden zu begleiten.
(Sie gehen ab.)

Dritte Scene.

(Verwandelt sich in das Zimmer im Pallast.)

Desdemona, Cassio, und Aemilia.

Desdemona.

Sey versichert, mein guter Cassio, ich will alle meine Vermögenheit zu deinem Besten anwenden.

Aemilia.

Aemilia.

Thut es, liebste Madam; ich weiß, es bekümmert meinen Mann, als ob es seine eigne Sache wäre.

Desdemona.

Ich glaub' es, er ist ein guter Mensch; zweifelt nicht, Cassio, ich will meinen Herrn und euch wieder zu so guten Freunden machen, als ihr gewesen seyd.

Cassio.

Meine großmüthigste Gebieterin, was auch aus Cassio werden mag, so wird er nie was anders als euer getreuer Diener seyn.

Desdemona.

Ich weiß es; ich danke euch; ihr liebet meinen Gemahl; ihr kennt ihn schon lange; und seyd vollkommen versichert, er wird in dieser Entfernung von euch nicht weiter gehen, als er durch politische Ursachen sich genöthigt sehen wird.

Cassio.

Sehr wohl, Gnädige Frau; aber diese politische Freundschaft kan so lange währen, und indeß mit einer so leichten und wäßrichten Nahrung unterhalten werden, daß, indem ich abwesend bin, und ein andrer meine Stelle inne hat, mein General meiner Ergebenheit und meiner Dienste endlich gänzlich vergessen wird.

Desde-

Desdemona.

Macht euch keine solche Gedanken; hier in Aemiliens Gegenwart verbürg' ich mich selbst für deine Stelle. Versichre dich, wenn ich meine Freundschaft verspreche, so darf man sich darauf verlassen, daß ich ihre Pflichten bis auf den äussersten Punkt erfüllen werde. Mein Gemahl soll keine Ruhe haben, bis er sich ergeben wird; er soll Tag und Nacht nichts anders hören, ich will ihn bis in sein Bette damit verfolgen, und er soll nichts sagen noch thun können, wovon ich nicht den Anlas nehme, ihn an Cassio's Gesuch zu erinnern; sey also ruhig, Cassio; deine Sachwalterin soll eher das Leben lassen, ehe sie deine Sache aufgeben soll.

Vierte Scene.

Othello und Jago treten von der Seite, in einiger Entfernung auf.

Aemilia.

Gnädige Frau, dort kommt euer Gemahl.

Cassio.

So will ich meinen Abschied nehmen, Gnädige Frau.

Desdemona.

Warum dann? Bleibt da, und hört mich reden.

Cassio.

Cassio.

Izt nicht, Gnädige Frau; ich bin so übel aufgeräumt, daß ich meiner Sache keinen guten Schwung geben würde.

(Cassio geht ab.)

Desdemona.

Gut, nach euerm Belieben.

Jago (leise.)

Ha! Das gefällt mir nicht zum Besten --

Othello (zu Jago.)

Was sagst du?

Jago.

Nichts, Gnädiger Herr; oder wenn -- ich weiß selbst nicht was.

Othello.

Gieng nicht diesen Augenblik Cassio von meiner Frauen weg?

Jago.

Cassio, Gnädiger Herr? -- Nein, versichert, ich kan mir nicht vorstellen, daß er sich, sobald er euch kommen sieht, so eilfertig davon schleichen würde, als ob er kein gutes Gewissen hätte.

Othello.

Ich glaube nicht anders als er war's.

Desdemona.

Wie steht's, mein Gemahl? Ich sprach eben izt mit einem Supplicanten, einem Mann, den eure Ungnade sehr unglüklich macht.

Othello.

Und wer ist dieser Mann?

Desdemona.

Wer sollt es seyn als euer Lieutenant, Cassio? Liebster Gemahl, wenn ich nur das mindeste Vermögen über euer Herz habe, so söhnt euch auf der Stelle wieder mit ihm aus. Wenn er nicht ein Mann ist, der euch aufrichtig liebt, und der aus blosser Uebereilung und nicht mit Vorsaz gefehlt hat, so versich ich nichts davon was ein ehrliches Gesicht ist.

Othello.

War er's, der nur eben weggieng?

Desdemona.

Und so niedergeschlagen, daß er meinem mitleidigen Herzen einen Theil seines Kummers zurükgelassen hat. Ich bitte euch, mein Schaz, laßt ihn zurükruffen.

Othello.

Noch nicht, liebste Desdemona, ein andermal.

Desdemona.

Aber doch bald?

Othello.

Bald genug, mein Herz, für dich.

Desdemona.

Heute, Abends, zum Nacht-Essen?

Othello.

Das nicht.

Desdemona.

Also doch morgen auf den Mittag?

Othello.

Ich esse morgen mit einigen Officiers in der Citadelle zu Mittag.

Desdemona.

Nun, also doch Morgen Nachts, oder Dienstag Morgens oder Nachts, oder Mitwoch Morgens, ich bitte dich, bestimme die Zeit; aber laß es nicht länger als drey Tage seyn; bey meiner Treue, er ist bußfertig; und doch ist sein Verbrechen, nach der gemeinen Art davon zu urtheilen und bey Seite gesezt, daß in Kriegszeiten von einem Officier das beste Exempel gefordert wird, eine kleine Uebereilung, die kaum einen Privat-Verwies verdient -- Wenn soll er kommen? Sag mir's, Othello! Mich nimmt in der Seele Wunder, was ihr mich bitten könntet, das ich euch abschlagen würde, oder wobey ich so verdrieslich dastühnde! Wie? Michael Cassio! -- Der eurer Liebe zu mir so gute

Dienste

Dienste leistete; der so oft, wenn ich nicht sehr vortheilhaft von euch sprach, eure Parthey nahm -- und ich soll soviel Mühe haben, ihn wieder bey euch in Gunst zu sezen? Glaubt mir auf mein Wort, ich wollte wohl mehr --

Othello.

Ich bitte dich, laß es genug seyn; er kan kommen, wenn er will; ich will dir nichts abschlagen.

Desdemona.

Wie, das ist keine Gefälligkeit, die ich für mich bitte; es ist als ob ich euch bitte eure Kleider zn tragen oder von einer gesunden Speise zu essen, oder euch warm zu halten; kurz, als ob ich bey euch darum anhielte, daß ihr euch selbst etwas zu gut thun möchtet. Nein, wenn ich eine Bitte habe, wodurch ich eure Liebe in der That auf die Probe zu stellen gedenke, so soll es etwas schweres und grosses seyn, etwas das Herz erfordert, um bewilliget zu werden.

Othello.

Ich werde dir nichts abschlagen, und alles was ich mir dagegen von dir ausbitte, ist, das du mich izt ein wenig allein lassen wollest.

Desdemona.

Sollt' ich euch's abschlagen? Nein; lebt wohl, mein Gemahl.

Othello.

Lebe wohl, meine Desdemona, ich will gleich folgen.

Desdemona.

Aemilia, komm; seyd wie es euch eure Laune eingiebt, ihr mögt seyn wie ihr wollt, so bin ich gehorsam.

(Sie gehen ab.)

Fünfte Scene.

Othello und Jago bleiben.

Othello.

Anmuthsvolle Spizbübin! -- Verderben erhasche meine Seele, wenn ich dich nicht liebe -- und wenn ich dich nicht mehr liebe, so ist die Welt wieder zum Chaos worden.

Jago.

Mein Gebietender Herr --

Othello.

Was willt du sagen, Jago?

Jago.

Wie ihr euch um eure Gemahlin bewarbet, wußte Michael Cassio etwas von eurer Liebe?

Othello.

Allerdings, vom Anfang bis zum Ende: Warum fragst du?

Jago.

Bloß zu meiner eignen Befriedigung; es hat gar nichts böses zu bedeuten.

Othello.

Warum zu deiner eignen Befriedigung?

Jago.

Ich glaubte nicht, daß er etwas davon gewußt habe.

Othello.

Oh, ja, das hat er, und er war oft die Mittels-Person zwischen uns beyden.

Jago.

In der That!

Othello.

In der That? Ja, in der That! Siehst du was hierinn? Ist er nicht ein rechtschaffner Mann?

Jago.

Rechtschaffen, Gnädiger Herr?

Othello.

Rechtschaffen? Ja, rechtschaffen!

Jago.

Gnädiger Herr, so viel ich weiß.

Othello.

Was denkst du?

Jago.

Denken, Gnädiger Herr!

Othello.

Denken, Gnädiger Herr! -- Wie, beym Himmel! Was meynst du damit, daß du mir immer nachhallest, gleich als ob irgend ein Ungeheuer, zu gräßlich um gezeigt zu werden, in deinen Gedanken verborgen läge? Du meynst etwas damit; vor einer kleinen Weile hört' ich dich sagen, das gefalle dir nicht -- wie Cassio von meinem Weibe weggieng. Was gefiel dir nicht? -- Und wie ich dir sagte, er sey während dem ganzen Lauf meiner Bewerbung um Desdemona mein Vertrauter gewesen; riefst du, in der That? und zogst deine Augbraunen auf eine Art zusammen, als ob du in selbem Augenblik irgend einem scheußlichen Gedanken in deinem Gehirn den Ausgang versperren wolltest: Wenn du mein Freund bist, so sage mir was du denkst.

Jago.

Gnädiger Herr, ihr wißt, daß ich euer Freund bin.

Othello.

Ich denke, du bist's: Und weil ich weiß, daß du ein gutherziger, ehrlicher Mann bist, und deine Worte wiegst, eh du ihnen Athem giebst, so schreken mich diese Pausen

an

an dir; denn wenn es an einem falschen unredlichen Spizbuben ein Kunstgriff oder auch oft bloß ein angewöhntes Wesen ist, das nichts zu bedeuten hat; so ist es hingegen an einem rechtschaffnen Mann ein Zeichen, daß er sich Mühe giebt etwas in seinem Herzen zurük zu halten, dessen Entdekung schlimme Folgen haben könnte.

Jago.

Was Michael Cassio betrift, so darf ich schwören, daß ich ihn für einen ehrlichen Mann halte.

Othello.

Dafür halt' ich ihn auch.

Jago.

Die Leute sollten seyn, was sie scheinen; oder die es nicht sind, von denen wäre zu wünschen, daß sie auch so aussähen, wie Schelmen.

Othello.

Es ist wahr, die Leute sollten seyn, was sie scheinen.

Jago.

Nun, ich denke also, Cassio ist ein ehrlicher Mann.

Othello.

Nein, du willt mehr damit sagen; ich bitte dich, rede mit mir, wie mit deiner eignen Seele, und gieb deinem ärgsten Gedanken auch den ärgsten Ausdruk.

Jago.

Mein liebster General, verschonet mich. Ob ich euch gleich einen vollkommnen Gehorsam schuldig bin, so bin ich doch dazu nicht verbunden, worinn alle Sclaven frey sind -- euch meine Gedanken zu sagen -- Wie? gesezt, sie seyen einmal falsch, schändlich; wo ist der Pallast, in den sich nicht zuweilen garstige Dinge eindrängen? Wer hat ein so reines Herz, das nicht manchmal unziemliche Vorstellungen sich unter seine guten Gedanken einmischen sollte?

Othello.

Du bist ein Verräther an deinem Freund, Jago, wenn du glaubst, er werde betrogen, und ihm doch nicht entdekest was du denkst.

Jago.

Ich denke, daß ich mich vielleicht in meiner Muthmassung betrüge; (wie ich dann bekennen muß, daß es ein unglüklicher Fehler meines Temperaments ist, zum Mißtrauen geneigt zu seyn, und mir eine Sache manchmal schlimmer einzubilden als sie ist,) ich bitte euch also, Gnädiger Herr, euch selbst aus den ungefehren und unsichern Bemerkungen eines Menschen, den sein Argwohn so leicht betrügen kan, keine Ursachen zur Unruhe zu ziehen: Es wäre nicht gut für euch, und nicht ehrlich und vernünftig an mir, wenn ich euch meine Gedanken wollte wissen lassen.

Othello.

Was meynst du damit?

Jago.

Jago.

Der gute Name, mein liebster gnädiger Herr, ist bey Manns und Weibsleuten ein Kleinod das ihnen so theuer seyn soll als ihre Seele. Wer mir mein Geld stiehlt, stiehlt Quark; es ist etwas und ist nichts; es war mein, nun ists sein, und ist schon ein Sclave von Tausenden gewesen; aber wer mir meinen guten Namen nimmt, beraubt mich eines Schazes, der ihn nicht reicher und mich in der That arm macht.

Othello.

Ich will wissen, was du denkst --

Jago.

Ihr könntet das nicht, wenn ihr gleich mein Herz in eurer Hand hättet; und sollt es nicht, so lang es in meiner Verwahrung ist.

Othello.

Ha!

Jago.

Oh, Gnädiger Herr, nehmt euch vor der Eifersucht in Acht; sie ist ein grün-äugiges Ungeheuer, das sich toller Weise von demjenigen nährt was es am meisten verabscheut. Mancher betrogne Ehemann ist seines Schiksals gewiß, ohne desto unglüklicher zu seyn, weil ihm seine Ungetreue gleichgültig ist -- Aber, o was für unselige Minuten zählt derjenige über, der vor Liebe schmachtet und doch zweifelt; der argwöhnet, und nur desto heftiger liebt!

Othello.

Ein elender Zustand, beym Himmel!

Jago.

Arm und zufrieden, ist reich und reich genug; aber ein unermeßlicher Reichthum ist so arm als der Winter für denjenigen, der immer besorgt, es werde ihm ausgehen. Gütiger Himmel! bewahre alle menschlichen Herzen vor Eifersucht!

Othello.

Wie? Was meynst du damit? Denkst du, ich wollte jemals mein Leben in Eifersucht zubringen? Die Monds-Veränderungen unverwandt mit argwöhnischen Augen begleiten? Nein, einmal zweifeln heißt bey mir entschlossen seyn. Tausche mich gegen eine Ziege aus, wenn ich jemals fähig bin meine Seele so mißgeschaffnen Gespenstern einer kranken Phantasie Preiß zu geben, als du dir einbildest. Das kan mich nicht eifersüchtig machen, wenn jemand sagt, mein Weib ist schön, ißt mit gutem Appetit, liebt Gesellschaft, ist munter, gesprächig, singt, spielt und tanzt gut; an einer tugendhaften Person werden diese Dinge selbst zu Tugenden. Eben so wenig werd' ich jemals von meinen eignen Unvollkommenheiten Anlas zum kleinsten Zweifel oder Verdacht einer Untreue von ihrer Seite nehmen; denn sie hatte Augen und wählte mich. Nein, Jago; ich will se-

hen

hen eh ich zweifle; wenn ich zweifle, so will ich Beweise; und sobald ich diese habe, weg auf einmal mit Liebe und Eifersucht!

Jago.

Das hör' ich sehr gerne; dann nun darf ich mir also kein Bedenken mehr machen, euch die Freundschaft und Ergebenheit sehen zu lassen, die ich zu euch trage. Nehmt also was ich sagen werde so auf, wie es gemeynt ist. Ich rede noch nicht von Beweisen; gebt auf eure Gemahlin Acht, habt ein aufmerksames Aug auf sie und Cassio, das ist alles was ich sagen kan: Nicht eifersüchtig, aber auch nicht sicher; ich möchte nicht gerne, daß ein so edles Gemüthe wie das eurige, aus einem Uebermaaß von angebohrner Gutherzigkeit betrogen würde; seht euch also vor. Ich kenne die Venetianische Landes-Art; in Venedig bekümmern sie sich wenig, ob der Himmel ein Zeuge ihrer Streiche ist, wenn nur ihre Männer nichts davon gewahr werden; ihre gröste Gewissenhaftigkeit geht insgemein nicht weiter, als daß sie niemand zusehen lassen, wenn sie sündigen.

Othello.

Sagst du das?

Jago.

Sie betrog ihren Vater, wie sie sich euch ergab; und zu eben der Zeit, da sie euch am heftigsten liebte, stellte sie sich, als ob sie sich vor euch fürchte.

Othello.

Othello.

Das machte sie würklich so.

Jago.

Macht also den Schluß; konnte sie, so jung, so unschuldig als sie war, sich so gut verstellen, daß ihr eigner Vater von allem was in ihrem Herzen vorgieng, nichts gewahr werden konnte -- Er dachte, es müsse nothwendig Zauberey dabey gebraucht worden seyn -- Doch ich bin sehr zu tadeln: Ich bitte euch recht demüthig um Vergebung, daß ich mich von meiner Liebe zu euch so weit verleiten lasse.

Othello.

Ich bin euch auf immer dafür verbunden.

Jago.

Ich sehe doch, es hat eure Lebensgeister ein wenig in Unordnung gebracht.

Othello.

Im mindsten nicht, im mindsten nicht!

Jago.

Glaubt mir, ich besorge, es ist so etwas; ich hoffe wenigstens, ihr werdet überzeugt seyn, daß, was ich sagte aus Freundschaft zu euch geflossen ist. Aber, ich seh' es, ihr seyd beunruhigt -- Ich bitte euch recht inständig, meinen Reden keine schlimmere Auslegung zu geben, als meine Meynung ist.

Othello.

Das will ich auch nicht.

Jago.

Thätet ihr's, Gnädiger Herr, so könntet ihr Folgen daraus ziehen, an die ich in der That nie gedacht habe. Cassio ist mein Freund und ein Mann der Verdienste hat -- Gnädiger Herr, ich sehe, ihr seyd unruhig --

Othello.

Nein, nicht sonderlich unruhig -- ich denke nichts anders, als Desdemona ist tugendhaft.

Jago.

Lange lebe sie so! Und lange möget ihr leben, so zu denken!

Othello.

Und doch, wenn die Natur einmal aus ihrem Geleis getreten ist --

Jago.

Das ist eben der Punct -- Daß sie (wenn ich so frey seyn darf, es herauszusagen) so viele Partheyen, die ihr natürlicher Weise hätten angemeßner scheinen sollen, abgewiesen hat, um sich einem Liebhaber zu ergeben, dessen Landesart, Farbe und Alter dem ihrigen so entgegen gesezt war. In der That, das scheint etwas ausschweiffendes in ihrem Gemüth, eine gewisse Ueppigkeit und Unordnung ihrer Ein-

bildung

bildung und ihrer Neigungen anzuzeigen. Doch ich bitte euch um Vergebung, ich rede eigentlich nicht von ihr ins besondere; ob ich gleich nicht ohne alle Sorge bin, sie könnte, bey kühlerm Blut, darauf fallen, eure Gestalt mit derjenigen von ihren Landsleuten zu vergleichen, und sich vielleicht ihre Wahl gereuen zu lassen.

Othello.

Leb wohl, leb wohl; wenn du etwas weiters merkest, so laß mich's wissen: Trag es deiner Frau auf, sie genau zu beobachten. Verlaß mich, Jago.

Jago.

Ich beurlaube mich, gnädiger Herr.

(Er geht.)

Othello.

O warum heurathete ich! Dieser ehrliche Mann sieht und weiß ohne Zweifel mehr, weit mehr, als er sagt.

Jago (wieder zurükkommend.)

Gnädiger Herr, ich wollt' ich dürfte Eu. Gnaden bitten, dieser Sache nicht weiter nachzuhängen; überlaßt es der Zeit; ob es gleich ganz gut wäre, daß Cassio wieder seine Stelle hätte, (denn in der That, bekleidete er sie mit grosser Geschiklichkeit,) so würdet ihr doch, wenn es euch gefiele ihn noch eine Zeitlang in der Ungewißheit zu lassen, dabey Anlaß finden, ihn und sein Betragen besser kennen zu lernen. Gebt auch acht, ob eure Gemahlin seine Wiedereinsezung

mit

mit Merkmalen von Ungestüm und Heftigkeit betrieben wird; daraus würde sich vieles abnehmen lassen. Mittlerweile glaubet lieber, ich treibe meine Besorgnisse zu weit, und begegnet ihr so, daß sie keine Veränderung spüren könne; ich bitte Eu. Gnaden sehr darum.

Othello.

Verlaß dich hierüber auf meine Klugheit.

Jago.

Ich empfehle mich nochmals.

(Er geht ab.)

Sechste Scene.

Othello allein.

Othello.

Dieser Bursche ist der ehrlichste Mensch von der Welt, und kennt die Menschen und den Lauf der Welt meisterlich: Find' ich sie unkeusch, so soll alle meine Liebe sie nicht vor meinem Grimm retten -- Vielleicht weil ich schwarz bin, und keine von den einschmeichelnden Eigenschaften im Umgang habe, die das ganze Verdienst dieser Jungfern-Knechte ausmachen; oder weil ich schon im herabsteigenden Alter bin -- Doch, das will nicht viel sagen -- Sie ist hin, ich bin betrogen, und mein Trost muß seyn, einen Ekel vor ihr zu fassen. O der Fluch des Ehestandes! Daß wir diese reizenden Geschöpfe unser nennen können, und nicht

ihre

ihre Neigungen! Ich wollte lieber eine Kröte seyn, und von den Ausdünstungen einer Mistgrube leben, als in dem was ich liebe, einen Winkel für eines andern Gebrauch zu wissen. Und doch ist das die gewöhnliche Plage der Grossen, die hierinn unglüklicher als die Geringen sind; es ist ein unvermeidliches Schiksal wie der Tod -- Hier kommt sie ja!

Desdemona und Aemilia treten auf.

Wenn sie ungetreu ist, so spottet der Himmel seiner selbst. Ich kan es nicht glauben!

Desdemona.

Wie geht's, mein liebster Othello? Euer Mittag-Essen, und die edeln Insulaner, die ihr dazu eingeladen habt, warten auf eure Gegenwart.

Othello.

Ich bin zu tadeln.

Desdemona.

Warum redet ihr so schwach? Fehlt euch was?

Othello.

Ich hab' einen Schmerz hier an meiner Stirne.

Desdemona.

Das kommt nur, weil ihr zu viel gewacht habt, es wird bald wieder vergehen. Erlaubt mir nur, daß ich euch

die

die Stirne hart verbinde, so wird es in einer Stunde wieder besser seyn. (Sie zieht ihr Schnupftuch heraus, um es ihm umzubinden.)

Othello.

Euer Schnupftuch ist zu klein; laßt es gut seyn: Kommt, ich will mit euch gehen.

(Das Schnupftuch entfällt ihr, indem sie es einsteken will.)

Desdemona.

Es ist mir recht leid, daß ihr nicht wohl seyd.

[Sie gehen ab.]

Siebende Scene.

Aemilia bleibt zurük.

Aemilia (indem sie das Schnupftuch aufliest.)

Ich bin froh, daß ich dieses Schnupftuch gefunden habe; das war das erste Geschenk, das sie von dem Mohren empfieng. Mein wunderlicher Mann hat mir schon hundertmal gute Worte gegeben, daß ich es stehlen sollte. Allein sie liebt es so sehr, (denn er beschwor sie, es immer zu seinem Andenken zu behalten,) daß sie es immer mit sich herum trägt, um es zu küssen und damit zu schwazen. Ich will den Riß von der Stikerey abzeichnen, und es dann dem Jago geben; was er damit machen will, weiß der Himmel, nicht ich: Ich habe nichts dabey, als seine Grille zu befriedigen.

Jago tritt auf.

Jago.

Wie steht's? Was macht ihr hier allein?

Aemilia.

Schmählt mich nicht; ich hab etwas für euch.

Jago.

Ihr habt etwas für mich? Es ist etwas gemeines --

Aemilia.

Wie?

Jago.

Ein närrisches Weib zu haben.

Aemilia.

O, ist das alles! Was gebt ihr mir für dieses Schnupftuch?

Jago.

Was für ein Schnupftuch?

Aemilia.

Was für ein Schnupftuch? -- Wie, das so der Mohr Desdemonen gab; das nemliche, wo ihr mich so lange schon stehlen hiesset.

Jago.

Hast du ihr's gestohlen?

Aemilia.

Aemilia.

Nein; aber sie ließ es aus Versehen entfallen, und da ich zu allem Glük dabey war, so hub ich's auf; sieh, da ist es.

Jago.

Du bist ein braves Mensch; gieb mir's.

Aemilia.

Was wollt ihr damit machen, daß ihr so ernstlich haben wolltet, daß ich's stehlen sollte?

Jago.

Wie, was geht das dich an?

Aemilia.

Wenn es nicht zu irgend einem Vorhaben von Wichtigkeit ist, so gebt mir's wieder. Die arme Frau! Sie wird närrisch werden, wenn sie es missen wird.

Jago.

Thut nicht, als ob ihr was davon wißt. Ich hab es nöthig. Geh, laß mich allein -- (Aemilia geht ab.) Izt will ich dieses Schnupftuch in Cassio's Quartier verliehren, und es ihn finden lassen. Die ärmsten Kleinigkeiten sind für eifersüchtige Leute so starke Bekräftigungen, als Beweise aus der Bibel. Dieses Ding kan zu was gut sein. Das Gift das ich dem Mohren beygebracht habe, fangt schon an bey ihm zu würken: Argwöhnische Einbildungen haben in der That die Natur des Gifts, welches man anfangs am Geschmak kaum erkennen kan: aber sobald es ins Blut über-geht, wie eine Schwefel-Mine brennt -- Das sagt ich!

Achte Scene.

Seht, da kommt er! Weder Mohn-Saamen, noch Mandragora, noch alle einschläfernde Säfte in der Welt zusammen genommen werden dir jemals diesen süssen Schlaf wiedergeben, den du gestern noch hattest --

Othello (vor sich!)

Ha! Sie soll mir untreu seyn!

Jago.

Wie, wie stehts, General! Nichts solches mehr!

Othello.

Hinweg! fort! Du spannst mich auf die Folter: Ich schwör' es, es ist besser mit seinen Augen sehen, daß man betrogen wird, als nur besorgen müssen, daß man's sey.

Jago.

Wie, Gnädiger Herr?

Othello.

Was wußt' ich von ihren verstohlnen Ausschweiffungen? Ich sah sie nicht, ich dachte nicht daran, sie thaten mir kein Leid; ich schlief die Nacht darauf wohl; war ruhig

und

und froh; ich fand Cassio's Küsse nicht auf ihren Lippen. Laßt den der bestohlen ward und das Gestohlne nicht vermißt; laßt ihn nichts davon wissen, und es ist soviel als ob er gar nicht bestohlen worden wäre.

Jago.

Ich bedaure, daß ich solche Dinge hören muß.

Othello.

Und hätte das ganze Lager bis auf die Troßbuben herab, ihren holden Leib gekostet, und ich wüßte nur nichts davon, so wär' ich glüklich. Aber, o! nun auf ewig fahr wohl, Ruhe des Gemüths! Fahr wohl Zufriedenheit! Fahret wohl, ihr mit Federbüschen geschmükten Schaaren; und du, stolzer Krieg, der die schwellende Seele mit edler Ruhmbegierde füllt: O fahret wohl! Fahret wohl wiehernde Stuten, schmetternde Trompete, Muth-erwekende Trummel, und du muntre Queer-Pfeiffe, königliches Panner, und der ganze Prunk und Pomp des glorreichen Kriegs! Und, o! ihr tödtlichen Werkzeuge, deren eherner Rachen Jupiters furchtbaren Donner nachahmt, fahret wohl! Othello's Arbeit ist gethan!

Jago.

Ist's möglich, Gnädiger Herr? --

Othello.

Nichtswürdiger, sey gewiß, daß du mir beweisen kanst, daß meine Liebe eine Hure ist; sey dessen gewiß, gieb mir eine sichtbare Probe -- (Er faßt ihn wüthend an.) Oder, beym Werth der unsterblichen Seele des Menschen! es wäre dir besser, wenn du ein Hund gebohren worden wärest, als meinem aufgeschrekten Grimm zu begegnen.

Jago.

Ist es dazu gekommen?

Othello.

Laß mich's sehen; oder beweis es wenigstens so, daß kein Schatten eines Zweifels übrig bleibe: Oder weh deinem Leben!

Jago.

Mein edler Gebieter --

Othello.

Wenn du sie unschuldig angeklagt, und mich auf diese Folterbank geschraubt hast, so bete nicht mehr, erstik dein Gewissen, häuffe Greuel auf Greuel, begeh Sünden, daß der Himmel weinen und die Erde sich entsezen muß; du kanst nichts ärgers thun, um das Maaß deiner Verdammniß voll zu machen als du schon gethan hast.

Jago.

O! Barmherzigkeit! Der Himmel steh mir bey! Seyd ihr ein Mann? Habt ihr eine Seele? oder ein menschliches Gefühl? Gott sey bey euch; nehmt mir mein Amt, und wenn ihr wollt, mein Leben dazu -- O ich unglükli-

cher

cher Thor, daß ich erleben soll daß meine Ehrlichkeit zum Verbrechen gemacht wird! O Welt! Welt! Das ist dein Lauff; ehrlich und aufrichtig, ist sein eigner Feind seyn. Ich dank' euch für diesen Unterricht; von nun will ich der Freundschaft gute Nacht geben, und niemand mehr lieben als mich selbst.

Othello.

Nein, warte -- Du solltest ehrlich seyn --

Jago.

Ich sollte klug seyn; Ehrlichkeit ist ein Narr, der jedermann gutes thut, und nur sich selbst schadet.

Othello.

Bey allem was in der Welt ist, ich denke mein Weib ist unschuldig, und denke sie ists nicht; ich denke du bist rechtschaffen, und denke du bist's nicht; ich will Beweis haben. Ihr Name, der so frisch war wie Dianens Antliz, ist nun so schwarz als mein eignes. Nein, wenn noch Strike, noch Dolche, noch Gift, Feuer oder Wasser in der Welt sind, so will ich diese Pein nicht länger ausstehen -- Ich wollt' ich wäre meines Schiksals gewiß!

Jago.

Ich sehe, Gnädiger Herr, ihr werdet von eurer Leidenschaft aufgerieben. Es reut mich, daß ich Anlas dazu gegeben habe. Ihr wollt eures Schiksals gewiß seyn?

Othello.

Ja, das will ich.

Jago.

Und könnt; aber wie? wie gewiß seyn, Gnädiger Herr? wolltet ihr ein Augenzeuge seyn -- mit weitoffnen Augen zu sehen? Sehen wie sie --

Othello.

Tod und Verdammniß! oh!

Jago.

Ich denk' es würde schwer halten, sie so vertraulich zu machen: Bey solchen Spielen liebt man keine fremde Augen zu Zuschauern. Was dann? Wie dann? Was soll ich sagen? Was nennt ihr Gewißheit? Es ist unmöglich, daß ihr's mit Augen sehen könnt; und wenn sie so unverschämt wären wie Geissen, so hizig wie die Wald-Teufels, und so unbesonnen wie ein Dummkopf, den man mit Wein angefüllt hat. Und doch sag ich, wenn Wahrscheinlichkeiten, wenn Umstände die geradeswegs bis vor die Thüre der Wahrheit führen, euch Gewißheit geben können, so könnt' ihr sie haben.

Othello.

Gieb mir einen überführenden Beweis, daß sie ungetreu ist.

Jago.

Ihr legt mir eine unangenehme Pflicht auf; aber da ich mich

mich nun einmal, aus unüberlegter Aufrichtigkeit und Freundschaft, so weit in diese Sache eingelassen habe, so will ich weiter gehen. Ich lag lezthin mit Cassio in einem Bette; ein rasender Zahn machte daß ich nicht schlafen konnte -- Es giebt eine Art von Leuten, deren Seele so schlapp ist, daß ihnen ihre geheimsten Gedanken im Schlaf entgehen. Von dieser Art ist Cassio. Er redte im Schlaf. Liebste Desdemona, hört' ich ihn sagen, laß uns vorsichtig seyn? Laß uns unser Liebes-Verständniß dem schärfsten Aug' unerforschlich machen! Und dann, gnädiger Herr, tappte er um sich, und drükte mir die Hand, rief -- O bezauberndes Geschöpf! und küßte mich dann nicht anders, als ob er Küsse, die auf meinen Lippen wüchsen, mit den Wurzeln ausziehen wollte, legte dann sein Bein über meinen Schenkel, und seufte und küßte mich, und rief, verfluchtes Schiksal, das dich dem Mohren gab!

Othello.

O Scheusal! Scheusal!

Jago.

Nein, das war nur ein Traum.

Othello.

Aber ein Traum, der ganz deutlich anzeigt, was geschehen ist.

Jago.

Das ist ein verdammter Zweifel, ob es gleich nur ein

Traum ist. Es kan doch immer dazu dienen, andre, an sich selbst zu schwache Anzeigen zu verstärken.

Othello.

Ich will sie von Glied zu Glied in Stüke reissen.

Jago.

Nicht so heftig! Fasset euch; noch sehen wir nichts, sie kan noch unschuldig seyn -- Sagt mir nur das, habt ihr niemals ein Schnupftuch, mit Erdbeeren überstikt, in eurer Gemahlin Hand gesehen?

Othello.

Ich gab ihr so eines, es war mein erstes Geschenk.

Jago.

Davon weiß ich nichts; aber mit einem solchen Schnupftuch (und ich bin gewiß, es war eurer Gemahlin ihres,) sah ich Cassio heute seinen Bart wischen.

Othello.

Wenn's das nemliche wäre --

Jago.

Es mag dieses oder ein anders seyn, so war es doch von ihr, und, zu den andern Proben genommen, spricht es nicht zu ihrem Vortheil.

Othello.

O daß die Elende tausend Leben hätte! Eines ist zu

wenig

wenig für meine Rache. Nun seh ich endlich -- Schau, Jago, so blase ich alle meine Liebe dem Himmel zu: Sie ist weg; -- erhebe dich, schwarze Rache, aus deiner unseligen Gruft! und du, Liebe, tritt dem tyrannischen Haß deinen Thron und deine Krone ab! Wie mein Herz mir schwillt, als ob es mit lauter Natter-Zungen angefüllt wäre!

Jago.

Gebt euch noch zufrieden.

Othello.

O Blut, Blut, Blut! --

Jago.

Geduld, sag ich; ihr könnt vielleicht anders Sinnes werden.

Othello.

Niemals, Jago -- niemals sollen meine blutige Gedanken, in ungestümer Fluth sich daherwälzend, zu sanfter Liebe zurük fliessen, bis eine weite hinlängliche Rache sie verschlungen haben wird -- Das schwör' ich, (er kniet,) höre Himmel das schrekliche, unwiederrufliche Gelübd! -- Bey deiner unzerstörbaren Veste schwör' ich Rache!

Jago (kniend.)

Stehet noch nicht auf -- Seyd Zeugen, ihr ewigbrennenden Lampen dort oben, und ihr Elemente, die uns rings umfassen; seyd Zeugen, daß Jago hier alles was

sein

sein Verstand, seine Hand und sein Herz vermag, zum Dienste des beleidigten Othello wiedmet! Er befehle! Und ich will gehorchen, ohne zaudern gehorchen, so blutig auch der Befehl seyn mag!

Othello.

Ich bewillkomme deine Freundschaft nicht mit eiteln Danksagungen, sondern mit gutwilliger Annahm; und im gleichen Augenblik will ich dir sagen, wozu ich sie nöthig habe. In den nächsten dreyen Tagen, laß mich von dir hören, daß Cassio nicht mehr ist.

Jago.

Mein Freund ist todt; ihr wollt es, es ist gethan. Aber sie -- sie laßt leben!

Othello.

Verderben über sie, die unzüchtige Gleißnerin! oh! Verderben, Verderben über sie! Komm, geh mit mir auf die Seite, ich muß auf irgend ein schnelles Mittel denken, den schönen Teufel aus der Welt zu schaffen. Nunmehr bist du mein Lieutenant --

Jago.

Ich bin auf ewig der eurige.

(Sie gehen ab.)

Neunte Scene.

(Ein andrer Theil des Pallasts.)

Desdemona, Aemilia, und Hans Wurst.

Desdemona.

Guter Freund, wißt ihr, wo der Lieutenant Cassio ligt?

Hans Wurst.

Das unterstühnd' ich mich wol nicht zu sagen, daß er irgendwo lüge.

Desdemona.

Warum?

Hans Wurst.

Er ist ein Soldat; und wenn unser einer sagte, ein Soldat lüge, das wäre Hals-Arbeit.

Desdemona.

Keine Possen! Wo ist sein Quartier?

Hans Wurst.

Da würd' ich selbst lügen, wenn ich euch das sagen wollte.

Desdemona.

Auf diese Art werd' ich von dir keine Antwort kriegen.

Hans

Hans Wurst.

Ich weiß sein Quartier nicht; und wenn ich folglich ein Quartier erdenken wollte, und sagen, er lige da, oder er lige da im Quartier, so würd' ich's in meinen Hals hinein lügen.

Desdemona.

Du kanst ihn doch erfragen?

Hans Wurst.

Ich will die ganze Welt catechisieren; ich will so lange nach ihm fragen, bis mir jemand antwortet, wo er ist.

Desdemona.

Such ihn auf, und heiß ihn hieher kommen; sag ihm, ich habe meinen Herrn auf gute Gedanken für ihn gebracht, und ich hoffe, es werde alles gut gehen.

Hans Wurst.

Das ist endlich eine Verrichtung, die innert den Grenzen von eines ehrlichen Kerls Wiz ligt; und also will ich sehen, ob ich damit zu Stande kommen kan.

[Er geht.]

Desdemona.

Wo mag ich doch das Schnupftuch verlohren haben?

Aemilia.

Ich weiß es nicht, gnädige Frau.

Desdemona.

Ich versichre dich, ich wollte lieber einen Beutel voll Crusado's verlohren haben. Wenn mein edler Mohr nicht zu vernünftig und zu großmüthig gesinnt wäre, um eifersüchtig zu seyn, so brauchte es nicht mehr, um ihn auf schlimme Gedanken zu bringen.

Aemilia.

Ist er nicht eifersüchtig?

Desdemona.

Wer, er? Ich denke, die Sonne, unter der er gebohren ward, zog alle groben Dünste von dieser Art aus ihm.

Aemilia.

Seht, da kommt er.

Desdemona.

Ich will izt nicht von ihm ablassen, bis er den Cassio zu sich ruffen läßt -- Wie stehts mit euch, mein lieber Gemahl?

Zehnte Scene.

Othello zu den Vorigen.

Othello.

Wohl, meine liebe Gemahlin -- Himmel! wie werd ich an mich halten können! -- wie gehts euch, Desdemona?

Desdemona.

Gebt mir eure Hand; diese Hand ist feucht, Madam. Heiß, heiß, und feucht -- eine solche Hand erfordert Eingezogenheit; fasten und beten, viel Casteyung, und geistliche Uebungen; denn es ist ein feuriger, schwizender Teufel hier, der oft rebellisch wird; es ist eine gute Hand, eine freygebige Hand.

Desdemona.

Ihr könnt in der That wohl so sagen; denn es war die Hand die mein Herz weggab.

Othello.

Eine freygebige Hand. In vorigen Zeiten gaben die Hände Herzen; aber unsre neue Heraldik ist Hände ohne Herz. (*)

Desdemona.

Ich verstehe mich nichts hierauf; kommt, wir wollen nun von euerm Versprechen reden.

Othello.

Was für ein Versprechen, mein Däubchen?

Desdemona.

Ich habe zu Cassio geschikt, daß er kommen und mit euch reden solle.

(*) Eine satyrische Anspielung auf die vielen Baronets, welche König Jacob der Erste machte, und die unter andern Vorrechten eine rothe Hand in einem silbernen Feld in den Wappen-Schild ihren Vorfahren bekamen.

Othello.

Ich bin mit einem beschwerlichen Schnuppen geplagt; leih mir dein Schnupftuch?

Desdemona.

Hier, mein Gemahl.

Othello.

Das, so ihr von mir bekommen habt.

Desdemona.

Ich hab es nicht bey mir.

Othello.

Nicht?

Desdemona.

In der That, nicht.

Othello.

Das ist ein Fehler. Das nemliche Schnupftuch hatte meine Mutter von einer Zigäunerin, die sich auf die Zauberey verstuhnd, und den Leuten so gar sagen konnte was sie dachten. Sie sagte ihr, so lange sie es behalten würde, würd' es sie liebenswürdig und ihr das Herz meines Vaters gänzlich eigen machen; wenn sie es aber verlöhre, oder verschenkte, würde sie auf einmal allen Reiz in seinen Augen verliehren, und ihm verhaßt und unerträglich werden. Meine Mutter gab mir's da sie starb und bat mich, wenn ich jemals heurathete, es meinem Weibe zu geben. Ich that es, und ich sag euch, habt Acht darauf: -- Bewahrt es, wie euern Augapfel: Es verliehren oder weggeben, wär' ein Unglük, dem kein anders zu vergleichen wäre.

Desdemona.

Ists möglich?

Othello.

Es ist würklich so; es ist etwas zauberisches in dem Gewebe davon. Eine Fee, welche den Lauf der Sonne zweyhundert mal anfangen und enden gesehen hatte, machte die Stikerey daran: Die Würmer waren geweyht, welche die Seide dazu spannen, und es wurde mit Mumien von einbalsamierten Jungfern-Herzen gefärbt.

Desdemona.

In der That! Ist das wahr?

Othello.

Sehr wahr; ihr könnt also nur Sorge dazu tragen.

Desdemona.

Wenn es so ist, so wollt' ich zu Gott, ich hätt' es nie gesehen!

Othello.

Ha! Warum?

Desdemona.

Warum sprecht ihr so hastig und auffahrend?

Othello.

Othello.

Ist's verlohren? Ist's hin? Sagt, ist es fort?

Desdemona.

Gott sey bey uns! --

Othello.

Was sagt ihr?

Desdemona.

Es ist nicht verlohren; aber gesezt, es wäre verlohren?

Othello.

Ha!

Desdemona.

Ich sag, es ist nicht verlohren.

Othello.

Holt es, ich will es sehen.

Desdemona.

Gut, das kan ich, mein Herr; aber ich will izt nicht: Das ist ein kleiner Streich, wodurch ihr mich von meiner Bitte abbringen wollt. Ich bitte euch, laßt euer Haus dem Cassio wieder offen seyn.

Othello.

Holt mir das Schnupftuch -- ich will nicht hoffen --

Desdemona.

Kommt, ihr werdet niemals einen bravern Mann an seinen Plaz bekommen.

Othello.

Das Schnupftuch --

Desdemona.

Ein Mann, der bisher sein ganzes Glük auf eure Freundschaft gebaut hat; der Gefahren mit euch getheilt hat --

Othello.

Das Schnupftuch.

Desdemona.

Wahrhaftig, ihr seyd zu tadeln --

Othello.

Hinweg! --

(Er geht ab.)

Eilfte Scene.

Aemilia.

Wie? Ich glaube der Mann ist eifersüchtig?

Desdemona.

So hab' ich ihn noch nie gesehen. O ganz gewiß ist

etwas ausserordentliches in diesem Schnupftuch. Ich bin höchst unglüklich es verlohren zu haben.

Aemilia.

Man lernt weder in einem noch in zweyen Jahren was ein Mann ist; sie sind alle lauter Magen, und wir Arme sind ihr Futter; sie schlingen uns gierig hinein; und wenn sie sich überfüllt haben, so rülpsen sie uns wieder aus. (*) Seht, da kommt Cassio und mein Mann.

Jago und Cassio treten auf.

Jago.

Es ist kein andres Mittel übrig; das muß sie thun. -- Wie glüklich! hier ist sie schon; geht und bittet sie so sehr ihr könnt.

Desdemona.

Wie steht's, guter Cassio? wie gehn eure Sachen?

Cassio.

Gnädige Frau, ich habe noch immer meine vorige Bitte. Auf eurer Großmuth beruht alle meine Hofnung zu meiner Wiederherstellung in die Freundschaft euers Gemahls, den ich mit so gänzlicher Ergebenheit des Herzens ehre und liebe. Ich möchte nicht noch länger aufgezogen werden. Ist mein Vergehen so groß, daß weder meine Reue noch

(*) Dieses Gleichniß ist freylich unanständig genug; allein darum bekümmert unser Autor sich nicht; genug für ihn, daß es wahr ist.

meine ehmaligen Dienste, noch diejenigen die ich künftig zu leisten wünsche, mich loskauffen und wieder in seine Gunst einsezen können, so ist wenigstens das eine Wohlthat, wenn ich weiß daß es so ist; damit ich in diesem Fall, in eine erzwungene Zufriedenheit eingehüllt, einen andern Weg suchen kan, um vom Allmosen des Glüks zu leben.

Desdemona.

Ach, mein lieber guter Cassio, meine Fürsprache ist dermalen sehr unvermögend; mein Gemahl ist nicht mein Gemahl; ich würde ihn nicht mehr kennen, wenn er sich an Gestalt so sehr wie am Humor, verändert hätte. So stehe jeder gute Engel mir bey, wie ich nach meinem äussersten Vermögen für euch gesprochen habe. Aber alles was ich durch meine Freymüthigkeit erhielt, war, daß ich mir seinen Unwillen zuzog. Ihr müßt euch noch ein wenig gedulden; was ich thun kan, das will ich: Und ich will mehr als ich Herz hätte für mich selbst zu thun. Laßt euch das genug seyn.

Jago.

Ist der General zornig?

Aemilia.

Er gieng nur erst von hier fort, und, versichert, er ist in einer seltsamen Gemüths-Unruhe.

Jago.

Kan er zornig seyn? Ich war dabey, wie die Canone

seine

seine Lilien in die Luft zerstiebte, und so schnell und gewaltsam wie der Teufel, seinen Bruder unmittelbar an seiner Seite wegraste; und kan er zornig seyn? So muß etwas wichtiges daran Ursache seyn; ich will gehn und ihn aufsuchen; in der That, das bedeutet was, wenn er zornig ist.

[Er geht ab.]

Zwölfte Scene.

Desdemona, Aemilia und Cassio bleiben.

Desdemona.

Ich bitte dich, thu das -- Ganz gewiß muß etwas das den Staat betrift, entweder von Venedig, oder irgend ein unausgebrütetes Complot hier in Cypern, wovon er die Entdekung gemacht hat, seinen sonst immer heitern Geist verfinstert haben; und in solchen Fällen ist es die Art der Menschen, daß sie ihren Unmuth an geringern Dingen auslassen, wenn gleich grosse ihr Gegenstand sind. Es ist nicht anders. Es darf uns nur ein Finger weh thun, so verbreitet sich auch über unsre übrigen gesunden Gliedmassen ein Gefühl von Schmerz. Nein, wir müssen denken, daß unsre Männer keine Götter sind; wir können nicht von ihnen fordern, daß sie immer so zärtlich mit uns umgehen, als sie vor der Hochzeit thun. Schilt mich nur recht sehr aus, Aemilia; ich unartiges Ding, ich war schon im Begriff seiner unfreundlichkeit in meinem Herzen den Proceß zu machen; aber nun find' ich, daß meine Eigenliebe den Zeugen bestochen hat, und daß er ungerechter Weise angeklagt worden ist.

Aemilia.

Gebe der Himmel, daß es Staats-Sachen seyen, wie ihr glaubt, und keine eifersüchtige Grillen, die euch angehen.

Desdemona.

Das wäre gar zu unglüklich! Ich gab ihm niemals Ursache dazu.

Aemilia.

Eifersüchtige Gemüther lassen sich damit nicht beruhigen; sie sind nicht allezeit eifersüchtig, weil sie eine Ursache dazu haben, sondern oft nur, weil sie eifersüchtig sind. Die Eifersucht ist ein Ungeheuer, daß keinen andern Vater und keine andre Mutter hat als sich selbst.

Desdemona.

Der Himmel bewahre Othello's Herz vor diesem Ungeheuer!

Aemilia.

Dazu sag ich Amen, Gnädige Frau.

Desdemona.

Ich will sehen, wo er ist. Cassio, entfernt euch nicht zu weit; wenn ich ihn in einer bessern Laune finde, so will

ich

ich euer Anligen wieder in Bewegung bringen, und das äusserste Versuchen, um glüklich damit zu seyn.

Cassio.

Ich danke Eu. Gnaden demüthig.

(Sie gehen auf verschiedenen Seiten ab.)

Dreyzehnte Scene.

(Eine Strasse vor dem Pallast.)

Cassio, tritt wieder auf, und begegnet der Bianca.

Bianca.

Guten Tag, Freund Cassio.

Cassio.

Was führt euch hieher? Wie steht's mit euch, meine schönste Bianca? In der That, mein Herzchen, ich war im Begriff bey euch anzusprechen.

Bianca.

Und ich war im Begriff euch einen Besuch in euerm Quartier abzustatten, Cassio. Wie? eine ganze Woche wegbleiben? Sieben Tag' und Nächte? Hundert und acht und sechszig Stunden? Und eines Liebhabers Abwesenheits-Stunden, die hundert und sechszig mal langweiliger sind als der Stunden-Zeiger. O! eine verdrießliche Rechnung!

Cassio.

Vergieb mir, Bianca; ich war diese Zeit über von bleyernen Gedanken zu Boden gedrükt; aber ich werde in einer glüklichern Zeit diese lange Rechnung von Abwesenheit zu tilgen wissen. Liebste Bianca, zeichne mir diesen Riß ab -- (Er giebt ihr Desdemonens Schnupftuch.)

Bianca.

O Cassio, woher habt ihr das? Das hat mir die Mine von einem Liebes-Pfand irgend einer neuern Freundin: Nun merk' ich die Ursache deiner Abwesenheit die mir so schmerzlich war: Ist es dazu gekommen? Wohl, wohl!

Cassio.

Geh, Mädchen, und wirf deine häßlichen Muthmassungen dem Teufel in die Zähne, von dem du sie hast. Du bildest dir also ein, das sey ein Andenken von einer Liebste? Nein, Bianca in ganzem Ernst.

Bianca.

Wie, von wem ist es dann?

Cassio.

Das weiß ich selbst nicht; ich fand es in meinem Zimmer; die Arbeit daran gefällt mir ungemein, und eh man es wieder begehrt, (welches vermuthlich geschehen wird) möcht' ich einen Abriß davon haben. Nimm es, mein Herz, und zeichn' es ab, und laß mich izt allein.

Bianca.

Euch allein lassen? Warum?

Cassio.

Ich warte hier auf den General, und denke es würde mir eben keine grosse Dienste bey ihm thun, wenn er mich beweibt sehen würde.

Bianca.

Wie ist das zu verstehen?

Cassio.

Nicht als liebt' ich euch nicht.

Bianca.

Sondern nur daß ihr mich nicht liebet. Ich bitte euch, macht mir das ein wenig deutlicher und sagt mir, ob ich euch diese Nacht nicht sehen soll?

Cassio.

Wenigstens will ich euch sehen, sobald ich kan.

Bianca.

Nun wohl dann, ich muß es also drauf ankommen lassen.
[Sie gehen ab.]

Vierter Aufzug.

Erste Scene.

(Eine Strasse vor dem Pallast.)

Othello und Jago treten auf.

Jago.

Denkt ihr das?

Othello.

Ob ich's denke, Jago?

Jago.

Wie, einander heimlich küssen?

Othello.

Unauthorisierte Küsse?

Jago.

Oder auch nakend bey ihrem Freund im Bette zu ligen, eine, zwo und mehr Stunden, ohne was böses dabey zu meynen? Das sollte nicht möglich seyn? [*]

Othello.

[*] Eine Anspielung auf die berüchtigte Keuschheits-Probe des heiligen Robert von Arbrissel, der mitten zwischen zwoen schönen jungen Nonnen ein Probe machte, die mit einer Häßlichen gefährlich wäre.

Othello.

Nakend im Bette, Jago, und nichts böses dabey meynen? Das heißt, den Teufel zum Narren machen wollen: Leute, die mit tugendhaften Absichten so etwas thun, die versucht der Teufel nicht; sie versuchen den Himmel.

Jago.

Und doch, wenn sie nichts thun, so ist es nur eine läßliche Sünde: Aber wenn ich meinem Weib ein Schnupfstuch gebe --

Othello.

Was dann?

Jago.

Was dann? So gehört's ihr zu, Gnädiger Herr; und da es ihr zugehört, so kan sie's, denk' ich, wieder einem andern geben.

Othello.

Ihre Ehre gehört auch ihr zu; darf sie solche darum weggeben?

Jago.

Ihre Ehre ist ein unsichtbares Ding und es bleibt immer problematisch ob man sie hat oder nicht hat; aber das Schnupfstuch --

Othello.

Beym Himmel! du erinnerst mich an etwas das ich so

gern

gern vergessen hätte; du sagtest -- oh, es kommt über mein Gedächtniß wie ein Unglük-weissagender Rabe über ein verpestetes Haus -- er habe mein Schnupftuch.

Jago.

Ja, und was ist's dann mehr?

Othello.

Es ist nur zuviel.

Jago.

Was wär' es denn, wenn ich sagte, ich habe mit meinen eignen Augen gesehen, daß er euch beleidigt habe, oder ich hab' es von ihm selbst gehört, (wie es denn solche Schurken giebt, die, wenn sie irgend ein Frauenzimmer, entweder durch ungestüme Verfolgungen oder durch die freywillige Ergebung der Dame unter sich gebracht haben, es unmöglich von sich selbst erhalten können nicht zu plaudern.)

Othello.

Hat er dann etwas gesagt?

Jago.

Das hat er, Gnädiger Herr; aber dessen seyd versichert, nichts was er nicht wieder läugnen und verschwören würde.

Othello.

Was sagt' er denn?

Jago.

Jago.

Was? Er habe bey ihr -- ich weiß nicht was gethan --

Othello.

Was denn, was denn?

Jago.

Gelegen.

Othello.

Bey ihr?

Jago.

Bey ihr, oder auf ihr -- was ihr wollt --

Othello.

Bey ihr! Auf ihr! Bey ihr gelegen! Das ist alles was man sagen kan: Das Schnupftuch -- Sein eigen Geständniß -- Das Schnupftuch! das Schnupftuch! -- Ich erschüttre vom blossen Gedanken -- Ohne eine grosse Ursache würde die Natur sich selbst in keinen solchen Schatten einhüllen. Es sind keine Worte, die mich so schütteln -- Nasen, Ohren und Lippen -- ist's möglich! -- Sein Geständniß! Ihr Schnupftuch! -- O Teufel!

(Er wird ohnmachtig.)

Jago.

Würke du nur wohl, meine Mixtur, würke! So muß man leichtgläubige Narren fangen -- manche rechtschaffne und keusche Frauen kommen, mit aller ihrer Unschuld,

schuld, gerad auf solche Art um ihren guten Namen. Wie, he! Gnädiger Herr! Hört ihr nicht? Othello! he!

Zweyte Scene.

Cassio tritt auf.

Wo kommt ihr her, Cassio?

Cassio.

Was giebt's hier?

Jago.

Der General ist von dem fallenden Weh überfallen worden; das ist nun der zweyte Anstoß; er hatte gestern den ersten.

Cassio.

Reibt ihn um die Schläfe.

Jago.

Nein, rührt ihn nicht an; man muß der Ohnmacht ihren ruhigen Gang lassen; oder, er fängt an zu schäumen, und bricht endlich völlig in die wildeste Tobsucht aus: Seht, er rührt sich; entfernt euch ein wenig, er wird gleich wieder zu sich selbst kommen; wenn er weg ist, so möcht' ich über eine Sache von grosser Wichtigkeit mit euch sprechen können. (Cassio geht ab.) -- Wie steht's mit euch, Gnädiger Herr? Habt ihr den Kopf nicht angeschlagen?

Othello.

Othello.

Spottest du meiner noch?

Jago.

Ich spotte, beym Himmel! nicht; aber ich wünschte, daß ihr euer Unglük wie ein Mann trüget.

Othello.

Ein gehörnter Mann ist ein Ungeheuer; ein Unthier.

Jago.

Wenn das ist, so giebt es in volkreichen Städten eine Menge Ungeheuer, und dazu noch recht zahme und manierliche Ungeheuer.

Othello.

Er gestand's also selbst?

Jago.

Liebster General, seyd ein Mann! denkt, es sind wenige bärtige Gesellen, die, wenn sie anders bejocht sind, nicht mit euch ziehen. Millionen Männer leben diesen Augenblik, die alle Nacht in einem Bette ligen, das sie mit andern theilen; und die doch schwüren, daß es ihnen eigen sey. Euer Fall ist doch noch besser. O, das ist des Teufels gröster Spaß, eine unzüchtige Meze in ein sichres Ehe-Bette zu legen, und sie für ein Tugendbild zu geben. Nein, besser ist's ich wisse's; wenn ich weiß, was ich bin, so weiß ich auch, was sie seyn soll.

Othello.

O, du sprichst wie ein Orakel; das ist gewiß.

Jago.

Geht nur eine kleine Weile bey Seite, verbergt euch, und habt ein wenig Geduld. Während daß ihr hier von euerm Schmerz so unmännlich überwältigt laget, kam Cassio hieher. Ich erdachte gleich etwas, um eurer Ohnmacht eine scheinbare Ursache zu geben, und schaffte ihn wieder weg, bat ihn aber bald wieder zu kommen, weil ich mit ihm zu reden hätte. Er versprach mir's. Verbergt euch also nur irgendwo, wo ihr ihn sehn könnt; und beobachtet das schelmische, triumphierende Lächeln, die hönische Züge, die sichtbare Leichtfertigkeit, die sein Geheimniß in seinem ganzen Gesicht verrathen. Denn er soll mir seine Erzählung wieder von vorn anfangen; wo, wie, wie oft, seit wie lange, und wenn er mit eurer Frau handgemein worden ist, und es noch ferner werden will; ich sage, gebt nur auf seine Mine Acht -- O zum Henker, Geduld, oder ich muß endlich glauben, ihr seyd über und über lauter Galle, und habt nicht das mindeste von einem Mann.

Othello.

Hörst du, Jago! Ich will dir zeigen, daß ich so lange geduldig scheinen kan, als es nöthig ist; aber eine blutige Rache soll mich davor schadlos halten.

Jago.

Es läßt sich hören; aber nur alles zu rechter Zeit.

Wollt

Wollt ihr bey Seite gehen? (Othello verbirgt sich.) (-- Jago, ohne daß ihn Othello hören kan, fährt fort:) Nun will ich den Cassio nach seiner Bianca fragen, einem Weibsbild, das seine Reizungen verkauft, um sich Brod und Kleider davor anzuschaffen. Die Närrin ist sterblich in Cassio verliebt, und zur Straffe davor, daß sie schon so viele betrogen hat, wird sie izt von ihm betrogen; denn er kan sich, wenn er nur von ihr reden hört, des überlauten Lachens nicht verwehren. -- Da kommt er.

Dritte Scene.

Cassio (zu Jago.)

Je mehr er lachen wird, je mehr wird Othello rasen; sein Lächeln, seine Gebehrden, seine leichtsinnigen Manieren, seine kleinsten Bewegungen, werden durch die Auslegung, die der eifersüchtige Mohr davon macht, zu Verräthern an ihm werden -- Nun, wie geht's euch, Lieutenant?

Cassio.

Desto schlimmer, weil ihr mir einen Charakter beylegt, dessen Beraubung mir das Leben zur Quaal macht.

Jago.

Macht euch nur recht lebhaft an Desdemona, so kan's euch nicht fehlen. (leiser.) Gelt, wenn Bianca die Gewalt dazu hätte, wie schnell würdet ihr wieder hergestellt seyn.

Cassio (lachend.)

Wie kommt ihr auf diese arme Närrin?

Othello (vor sich.)

Seht, wie er schon lacht.

Jago.

In meinem Leben hab' ich kein Weibsbild so verliebt in einen Mann gesehen.

Cassio.

Der arme Tropf, ich denke, in der That, sie ist in mich verliebt.

Othello (vor sich.)

Izt läugnet er's so ganz kaltsinnig, und lacht hinten nach.

Jago.

Hört ihr Cassio?

Othello (vor sich.)

Izt sezt er ihm zu, es ihm zu gestehen: Gut, gut, nur weiter?

Jago.

Sie giebt aus, ihr wollt sie heurathen. Ist das eure Absicht?

Cassio.

Ha, ha, ha!

Othello.

Triumphierest du, Schurke? Triumphierest du?

Cassio.

Ich, sie heurathen? -- Eine barmherzige Schwester? Ich bitte dich, erweise meiner Vernunft so viel Christliche Liebe, und glaube etwas bessers von ihr. Ha, ha, ha!

Othello (vor sich.)

So, so: Wer gewinnt, hat gut lachen.

Jago.

In der That, die Rede geht, ihr werdet sie heurathen.

Cassio.

Ich bitte dich, redst du im Ernst?

Jago.

Ich will ein Schelm seyn, wenn es anderst ist.

Othello (vor sich.)

Hast du mein Maß genommen? Nun, wohl dann!

Cassio.

Wenn das ist, so kommt es von dem Affen selbst. Sie hat sich's in den Kopf gesezt, daß ich sie heurathen werde, und das bloß, weil sie es wünscht, und nicht, weil ich ihr's versprochen hätte.

Othello.

Izt fängt er die Historie an --

Cassio.

Sie war erst kürzlich hier; sie spükt mir nach, wo ich hingehe. Ich war neulich am Ufer, und sprach mit etlichen Venetianerinnen, da kommt die Närrin, und fällt mir so zärtlich um den Hals --

Othello (bey Seite.)

Und ruft, o du allerliebster Cassio, oder so was; seine Gebehrden sagen das.

Cassio.

Hängt sich so an, und herzt und küßt mich, und weint auf mich, und schüttelt und drükt mich, so abscheulich zärtlich -- Ha, ha, ha! --

Othello.

Izt erzählt er, wie sie ihn in mein Schlafzimmer gezogen habe: O, ich sehe deine aufgestülpte Nase vor mir, aber ich seh' den Hund nicht, dem ich sie vorwerfen will.

Cassio.

Gut, ich kan mich nicht länger hier aufhalten.

Jago.

Wie es euch beliebt -- Aber da kommt sie ja selbst.

Vierte

Vierte Scene.

Bianca zu den Vorigen.

Cassio.

Was das für eine Meer-Kaze ist! Zum Henker, und sie riecht noch dazu nach Biesam: -- Was soll denn das bedeuten, daß ihr mir so nachlauft?

Bianca.

Das mag der Teufel und seine Großmutter thun! Sagt mir einmal, was wolltet ihr mit dem Schnupftuch, das ihr mir vorhin gegeben habt? Ich war wol eine grosse Närrin, daß ich's annahm: Ich sollte die Arbeit absehen? Ein feines Stük Arbeit, daß ihr in euerm Schlafzimmer gefunden habt, und wißt nicht, wer es da verlohren haben mag. Ich will nicht ehrlich seyn, wenn es nicht ein Geschenk von irgend einer ehrsamen Matrone ist; und ich soll die Arbeit dran absehen? Da, gebt es euerm Steken-Pferde: Woher ihr's auch haben mögt, ich will nichts daran absehen, ich.

Cassio.

Nun, nun, meine schöne Bianca, sachte, sachte!

Othello (bey Seite.)

Beym Himmel, das wird wohl mein Schnupftuch seyn.

Bianca.

Wenn ihr heute zu mir zum Nachtessen kommen wollt, so könnt ihr; wo nicht, so kommt nicht eher als bis man Anstalten auf euch gemacht hat.

[Sie geht ab.]

Jago.

Lauft ihr nach, lauft ihr nach.

Cassio.

Das muß ich, sonst fangt sie auf der Strasse einen Lermen an.

Jago.

Wollt ihr bey ihr zu Nacht essen?

Cassio.

Ja, ich hab es im Sinn.

Jago.

Gut, vielleicht seh ich euch dort; denn ich möchte sehr gern mit euch reden.

Cassio.

Ich bitt euch, kommt; wollt ihr --

Jago.

Verlaßt euch darauf --

(Cassio geht ab.)

Fünfte

Fünfte Scene.

Othello und Jago.

Othello.

Was für eine Todesart soll ich ihm anthun, Jago?

Jago.

Habt ihr gesehen, wie lustig er sich mit seinem Verbrechen machte?

Othello.

Oh, Jago!

Jago.

Und saht ihr das Schnupftuch?

Othello.

War's das meinige?

Jago.

Das eurige, auf meine Ehre! und habt ihr gesehen, wie viel er sich aus dem einfältigen Geschöpf, eurer Frau, macht? -- Sie gab es ihm, und er verschenkt es an seine Hure!

Othello.

Ich wollt, ich könnte neun Jahre lang an ihm morden -- eine so artige Frau! Eine so schöne Frau! Eine so anmuthsvolle Frau!

Jago.

Nein, das müßt ihr nun vergessen!

Othello.

O, laß sie verfaulen, verdorren und zur Hölle fahren, eh es wieder Tag wird! leben soll sie nicht! Nein, mein Herz ist zu Stein worden: ich schlage drauf, und die Hand schmerzt mich davon -- O, die ganze Welt hat keine reizendere Creatur! Sie hätte an eines Kaysers Seite ligen können, er würd' ihr Sclave gewesen seyn!

Jago.

Nicht doch; das sind Gedanken, die gar nicht zur Sache taugen.

Othello.

An den Galgen mit ihr, ich sage nur was sie ist -- eine so feine Arbeiterin mit der Nadel -- eine vortrefliche Musicantin -- Oh, sie würde die Wildheit aus einem Bären heraus singen -- so belebt, so wizig! So voller Geist!

Jago.

Desto schlimmer ist sie um das alles.

Othello.

O, tausend, tausendmal: Und dann von so einnehmender Gestalt! --

Jago.

Nur gar zu einnehmend.

Othello.

Ja, das ist wahr. Aber doch ist es erbärmlich, Jago -- oh, Jago, es ist erbärmlich! --

Jago.

Wenn ihr so zärtlich gegen ihre Bosheiten seyd, so gebt ihr ein Patent, daß sie euch beleidigen darf wie sie will; wenn ihr gleichgültig dabey seyd, so hat sich niemand darum zu bekümmern.

Othello.

Ich will sie in kleine Stükchen haken: Mich zum Hahnrey zu machen!

Jago.

Es ist garstig an ihr!

Othello.

Mit meinem Lieutenant!

Jago.

Das ist noch garstiger!

Othello.

Verschaffe mir eine Dose Gift bis auf die Nacht, Jago; ich will keinen Wortwechsel mit ihr haben -- ich darf meine Standhaftigkeit nicht an ihre Reizungen wagen -- Diese Nacht, Jago --

Jago.

Jago.

Aber nicht durch Gift; erdrosselt sie in ihrem Bette, in dem Bette, das sie entweiht hat.

Othello.

Gut, gut; dieses Mittel gefällt mir, weil es gerecht ist --

Jago.

Und was den Cassio betrift, den überlaßt mir; bis Mitternacht sollt ihr mehr hören.

[Eine Trompete hinter der Scene.]

Othello.

Vortrefflich! -- Wie? Was bedeutet diese Trompete?

Jago.

Vermuthlich etwas von Venedig -- Es ist Lodovico, vom Herzog abgeschikt: Au, seht, eure Gemahlin ist schon bey ihm.

Sechste Scene.

Lodovico, Desdemona, und Gefolge treten auf.

Lodovico.

Seyd mir gegrüßt, würdiger General.

Othello.

Othello.

Ich erwiedre den Wunsch von ganzem Herzen, mein Herr.

Lodovico.

Der Herzog und die Senatoren von Venedig grüssen euch. (Er überreicht ihm ein Schreiben.)

Othello.

Ich küsse die Urkunde ihrer Befehle.

Desdemona.

Und was giebt es neues, mein lieber Vetter Lodovico?

Jago.

Ich bin sehr erfreut euch zu sehen, mein Herr; willkommen in Cypern.

Lodovico.

Ich danke euch; was macht der Lieutenant Cassio?

Jago.

Er lebt, mein Herr.

Desdemona.

Vetter, es ist zwischen meinem Gemahl und ihm zu einem unfreundlichen Bruch gekommen; aber ihr werdet alles wieder gut machen.

Othello (vor sich.)

Seyd ihr dessen so gewiß? Desde-

Desdemona.

Mein Gemahl?

Othello (liest:)

„Ermangelt nicht, dieses zu befolgen, so lieb euch -- „

Lodovico zu Desdemona.

Er rief euch nicht; er ist in seinem Schreiben vertieft. Ist ein Mißverständniß zwischen dem General und Cassio?

Desdemona.

Ein sehr unglükliches; ich wollte gern alles thun, sie wieder zu vereinigen, so lieb ist mir Cassio.

Othello.

Feuer und Schwefel! (vor sich.)

Desdemona.

Mein Gemahl!

Othello.

Seyd ihr bey Verstand?

Desdemona zu Lodovico.

Wie, ist er zornig?

Lodovico.

Vielleicht hat ihn das Schreiben in einige Bewegung gebracht. Denn, wie ich vermuthe, so beruffen sie ihn

nach

nach Hause, und befehlen ihm, sein Gouvernement dem Cassio zu überlassen.

Desdemona.

Glaubt mir, es erfreut mich.

Othello.

In der That! (vor sich.)

Desdemona.

Mein Gemahl!

Othello.

Ich bin erfreut, dich toll zu sehen. (vor sich.)

Desdemona.

Wie, mein liebster Othello?

Othello (nach ihr schlagend.)

Teufel! --

Desdemona.

Das hab' ich nicht verdient.

Lodovico.

Mein Herr, in Venedig würde das niemand glauben, wenn ich gleich schwüre, daß ichs gesehen habe. Es ist sehr viel; bittet ihr's ab; sie weint.

Othello.

O Teufel! Teufel! Könnte die Erde von Weiberthrä-

nen

nen geschwängert werden, jeder Tropfe, den sie weint, würde ein Crocodil werden: Aus meinem Gesicht --

Desdemona (indem sie gehen will.)

Ich will gehen, wenn euch mein Anblik so zuwieder ist.

Lodovico.

Wahrhaftig, eine gehorsame Frau -- ich bitte Euer Gnaden, ruffet sie zurük.

Othello.

Madam --

Desdemona.

Mein Gemahl --

Othello.

Was wollt ihr mit ihr, mein Herr?

Lodovico.

Wer, ich, mein Herr?

Othello.

Ja; ihr wolltet ja, ich sollte machen, daß sie sich wieder umdrehe. Herr, sie kan sich drehen, und drehen, und doch weiter kommen; sie ist eine Meisterin darinn. Und sie kan auch weinen, Herr, weinen; und sie ist gehorsam; wie ihr sagtet, gehorsam; sehr gehorsam -- weint ihr nur fort -- Was das anbetrift, mein Herr -- O die Leidenschaften spielt sie vortreflich! -- Ich bin zurükberuffen -- (zu Desdemona.) Pakt ihr euch fort, ich will gleich wieder nach euch schiken -- Mein Herr, ich gehorche dem Oberherrlichen Befehl, und will nach Venedig zurük kehren --

ren -- Weg, pake dich! -- (Desdemona geht ab.) -- Cassio soll meinen Plaz haben. Und ihr, mein Herr, werdet mir die Ehre erweisen, heute mit mir zu Nacht zu essen. Ihr seyd willkommen in Cypern -- (vor sich.) Geissen, und Affen! (*)

(Er geht ab.)

Siebende Scene.

Lodovico und Jago bleiben zurük.

Lodovico.

Ist diß der edle Mohr, den unser ganzer Senat sein Alles und Alles nennt? Ist diß das Gemüth, dessen standhafte Tugend keine Leidenschaft, kein Glük, kein Zufall erschüttern kan?

Jago.

Er hat sich sehr verändert.

Lodovico.

Ist er recht bey Sinnen? Leidet er etwann am Gehirn?

Jago.

Er ist, was er ist; ich mag nicht sagen, was ich denke. Ich wollte zu Gott, er wäre, was er seyn könnte, wenn er nicht ist, was er sollte.

(*) [Sind diese Venetianer,] denkt er hinzu.

Lodovico.

Wie, seine Gemahlin schlagen!

Jago.

In der That, es war nicht fein; und doch wünscht' ich, ich wißte, daß dieser Streich das ärgste wäre.

Lodovico.

Ist er gemeiniglich so? oder würkte das Schreiben so stark auf sein Blut, daß er zum ersten mal sich selbst so ungleich war?

Jago.

Es ist eine schlimme Sache, leider! Es wäre nicht anständig, wenn ich sagen wollte, was ich gesehen und gehört habe. Ihr werdet ihn durch euch selbst kennen lernen, und sein eignes Betragen wird ihn so charakterisieren, daß ich meine Worte sparen kan. Geht ihm nur nach, und seht, wie er fortfahren wird.

[Sie gehen ab.]

Achte Scene.

(Verwandelt sich in einen Saal im Pallast.)

Othello und Aemilia treten auf.

Othello.

Ihr habt also nichts gesehen?

Aemilia.

Aemilia.

Noch jemals was solches gehört, oder nur gemuthmasset.

Othello.

Ihr habt doch den Cassio und sie beysammen gesehen?

Aemilia.

Aber da sah ich nichts böses, und ich hörte eine jede Sylbe, die sie mit einander redeten.

Othello.

Wie, flüsterten sie niemals zusammen?

Aemilia.

Niemals, Gnädiger Herr.

Othello.

Und schikten sie euch niemals fort?

Aemilia.

Niemals.

Othello.

Etwann ihren Fächer, ihre Handschuhe, ihre Maske, oder so was zu holen?

Aemilia.

Niemals, Gnädiger Herr.

Othello.

Das ist seltsam!

Aemilia.

Ich dürfte meine Seele an einem Pfahl wetten, Gnädiger Herr, daß sie ehrlich ist: Wenn ihr anders denkt, so verbannet diesen Gedanken, er betrügt euer Herz. Der Himmel vergelt' es dem Elenden, der es euch in den Kopf gesezt haben mag, mit dem Fluch der Schlange! Wahrhaftig, wenn sie nicht tugendhaft, keusch und getreu ist, so giebt's keinen glüklichen Mann auf Erden; so ist die reinste ihrer Weiber so häßlich als Lästerung.

Othello.

Geh, ruffe sie hieher. (Aemilia geht ab.) Sie sagt genug; allein sie ist eine einfältige Kupplerin, die nicht mehr sagen kan -- Das ist eine verschmizte Hure, die ihre garstigen Geheimnisse behutsam zu verriegeln weiß -- und doch kniet sie euch in ihrem Zimmer hin, und betet: Das hab' ich selbst gesehen.

Neunte Scene.

Desdemona und Aemilia treten auf.

Desdemona.

Was ist euer Wille, mein Gemahl?

Othello.

Othello.

Kommt näher, Hühnchen, wenn ich bitten darf.

Desdemona.

Was beliebt euch?

Othello.

Laßt mich eure Augen sehen; seht mir in's Gesicht.

Desdemona.

Was für eine entsezliche Einbildung kommt euch an?

Othello (zu Aemilia.)

Ein Stük von euerm Amt, Madam; laßt die handelnden Personen allein, und schließt die Thüre zu; hustet, oder ruft wenn jemand kommt. Euer Geheimniß, euer Geheimniß -- nein, macht euch fort.

(Aemilia geht ab.)

Desdemona.

Auf meinen Knien, was wollen diese Reden sagen? Ich sehe wol, daß etwas Entsezliches in euern Worten ist, aber ich verstehe sie dennoch nicht.

Othello.

Wie? Was bist du?

Desdemona.

Euer Weib, mein Herr; euer getreues, redliches Weib.

Othello.

Komm, schwör mir das; sprich dir dein Urtheil selbst; sonst möchten, da du einem himmlischen Wesen so ähnlich bist, die Teufel sich scheuen Hand an dich zu legen. Zieh dir also eine zweyfache Verdammniß zu; schwöre, du seyest ehrlich.

Desdemona.

Der Himmel weiß es.

Othello.

Der Himmel weiß, daß du falsch wie die Hölle bist.

Desdemona.

An wem, mein Gemahl? Mit wem? Wie bin ich falsch?

Othello. (Er weint.)

Ach Desdemona! Weg, weg, weg! --

Desdemona.

O des unglükseligen Tags! Warum weint ihr? Bin ich die Beweg-Ursach dieser Thränen, mein liebster Mann? — Wenn ihr vielleicht meinen Vater in Verdacht habt, daß er an eurer Zurükberuffung Schuld habe, so laßt es doch mich nicht entgelten; wenn ihr ihn verlohren habt, so hab' ich ihn ja auch verlohren.

Othello.

Hätt' es dem Himmel gefallen, mich durch Trübsale

zu prüfen, hätt' er alle Arten von Schmerzen und Demüthigungen auf mein naktes Haupt regnen, mich bis an die Lippen in Armuth versinken, mich ohne Hoffnung der Befreyung in Sclaverey gerathen lassen; so würd' ich noch in irgend einem Winkel meiner Seele einen Tropfen Geduld gefunden haben. Aber, ach! mich zu einem festen Ziel für den unbeweglichen Finger der spottenden Verachtung zu machen -- und doch auch das, auch das wollt' ich noch ertragen können. Aber da [*], wo die Ruhe, der Trost, die Wonne meines Lebens lag, aus deinem Herzen vertrieben zu seyn, oder es als eine Cisterne, worinn unflätige Kröten zügeln, zu besitzen: Hebe dich weg, Geduld, du junger, rosenwangichter Cherubin, -- Da seh' ich grimmig wie die Hölle aus.

Desdemona.

Ich hoffe, mein edelmüthiger Mann kennt mich genugsam, mich für unschuldig zu halten.

Othello.

O, ja, wie Sommerfliegen in Schlachthäusern, die von einem anwehenden Lüftchen lebendig werden. O du giftiges Unkraut, warum bist du so lieblich anzusehen? Du riechst so gut, daß einem der Kopf davon weh thut. Ich wollte, du wärest nie gebohren worden!

[*] Man hat hier, einem herrschenden, obgleich an sich vielleicht ungerechten Vorurtheil zu gefallen, von dem buchstäblichen Sinn des Originals ein wenig abweichen müssen.

Desdemona.

Himmel! was für eine Sünde kan ich unwissender Weise begangen haben?

Othello.

Wie, du fragst noch? Du fragst was du begangen habest? Begangen? -- O du Nichtswürdige, ich würde meine Wangen zu Feuer-Essen machen, wo die Zucht zu Asche verbrennen müßte, wenn ich deine Thaten nennen wollte. Wie? was du begangen hast? Der Himmel stopft sich die Nase darvor zu, und der Mond die Augen; der buhlerische Wind sogar, der alles küßt was ihm vorkommt, hat sich in die holen Minen der Erde verkrochen, und will es nicht anhören. Was du begangen hast? -- Unverschämte Meze!

Desdemona.

Beym Himmel! ihr thut mir Unrecht.

Othello.

Du bist keine Meze?

Desdemona.

Nein, so wahr ich eine Christin bin. Wenn ein Weib, die sich für ihren Mann allein, und von jeder fremden, unkeuschen, unerlaubten Berührung rein bewahrt hat, keine Meze ist, so bin ich keine.

Othello.

Wie, auch keine Hure?

Desdemona.

Nein, so wahrlich selig zu werden wünsche!

Othello.

Ists möglich?

Desdemona.

O Himmel, sey uns gnädig!

Othello.

So bitt' ich also um Vergebung. Ich sah euch für diese abgefeimte Hure von Venedig an, die den Othello heurathete --

Zehnte Scene.

Aemilia zu den Vorigen.

Ihr, Frau Gelegenheits-Macherin, -- Ihr, ihr, ja ihr! Wir haben unsre Sachen gemacht. Hier ist Geld für eure Mühe; ich bitte euch, dreht den Schlüssel, und behaltet unser Geheimniß für euch.

(Er geht ab.)

Aemilia.

Um's Himmels willen, was macht der Herr sich vor Gedanken! -- Wie befindet sich Eu. Gnaden? Wie steht's um meine liebste Gnädige Frau?

Desdemona (allein.)

Es ist billig, daß mir so mitgespielt wird, sehr billig; wie hab ich mich denn aufgeführt, daß er nur den Schatten eines Grundes zum allerkleinsten Mißtrauen gefunden haben soll? --

Eilfte Scene.

Jago und Aemilia zu Desdemona.

Jago.

Was ist zu Eu. Gnaden Befehl? Wie steht's?

Desdemona.

Das kan ich nicht sagen; diejenigen, die eure Kinder ziehen, thun es mit Freundlichkeit, und legen ihnen nicht zuviel auf; er hätte mich ja mit Sanftmuth ausschelten können: Denn, die Wahrheit zu sagen, ich bin wie ein Kind wenn ich ausgescholten werde.

Jago.

Wovon ist die Rede, Gnädige Frau?

Aemilia.

Ach, Jago, der Gnädige Herr hat sie so behurt, ihr so schmählich begegnet, so garstige Namen über sie ausgegossen, daß ein ehrliches Herz es nicht ertragen kan.

Desdemona.

Verdien' ich einen solchen Namen, Jago?

Jago.

Was für einen Namen, Gnädige Frau?

Desdemona.

Den, so sie sagte, daß mir mein Mann gegeben habe.

Aemilia.

Er nannte sie eine Hure; ein betrunkner Bettler würde sich schämen, seinem Menschen einen solchen Namen zu geben.

Jago.

Warum that er das?

Desdemona.

Das weiß ich nicht; was ich weiß, ist, daß ich nichts solches bin.

Jago.

Weinet nicht, weinet nicht; das ist ein leidiger Handel!

Aemilia.

Hat sie so viele grosse Partheyen ausgeschlagen -- Hat sie ihren Vater, ihr Vaterland, ihre Freunde aufgeopfert -- um eine Hure geheissen zu werden? Sollte das einen nicht weinen machen?

Desdemona.

Das ist nun mein Schiksal.

Jago.

Ihr müßt es nicht von ihm leiden. Wie überfiel ihn denn dieser Anstoß?

Desdemona.

Das weiß der Himmel?

Aemilia.

Ich will mich hängen lassen, wenn nicht irgend ein höllischer Bube, irgend ein geschäftiger, raubsüchtiger Schurke, irgend ein glattes, lekender, Schlangen-züngigter Sclave, um sich ein Verdienst bey ihm zu machen, sie bey ihm verlästert hat; ich will mich hängen lassen, wenn es anders ist.

Jago.

Fy, es lebt kein solcher Mann, es ist unmöglich.

Desdemona.

Wenn ein solcher Mann ist, so vergeb ihm der Himmel!

Aemilia.

Ein Strik vergeb ihm! Und der Teufel nag' ihm seine verdammten Knochen ab! Warum soll er sie eine Hure heissen? Wer soll denn ihr Buhler seyn? Wo? wann? wie? Wo ist auch nur eine Wahrscheinlichkeit davon? Der Mohr ist durch irgend einen galgenbübischen Schurken, irgend einen elenden nichtswürdigen Erzlotterbuben belogen worden. O Himmel, daß du doch solche Gesellen an's

Taglicht

Taglicht ziehen, und in jede ehrliche Hand eine Geisel steken möchtest, um den Raker nakend durch die ganze Welt zu peitschen, von einem Ende der Welt bis zum andern!

Jago.

Schreyt nur nicht so laut.

Aemilia.

O fy, die garstigen Kerls! Gerad ein solcher Schuft wars, der euch einst den Kopf auf die unrechte Seite stellte, und euch weis machte, daß ich mit dem Mohren in heimlichem Verständniß sey.

Jago.

Du bist nicht klug; geh, geh.

Desdemona.

Ach, Jago, sage mir, was soll ich thun um meinen Gemahl wieder zu gewinnen? Mein guter Freund, geh, rede du mit ihm; bey diesem Licht des Himmels, ich weiß nicht, wie ich sein Herz verlohren habe. Hier knie ich; (sie kniet.) Wenn jemals mein Wille in Worten, Gedanken oder in würklicher That sich gegen seine Pflicht aufgelehnt hat; oder wenn jemals meine Augen, meine Ohren oder irgend einer meiner Sinne sich an einem andern Gegenstand ergözt haben; oder wenn ich ihn nicht immer liebte, geliebt habe, und sollt' er mich auch als eine Bettlerin von sich verstossen, aufs zärtlichste lieben werde, so komme kein Trost in meine Seele! Unzärtlichkeit kan viel thun, sie kan mich ums Leben

bringen,

bringen, aber meine Liebe kan sie nicht vermindern. Ich kan nicht sagen, Hure; es graut mir, da ich izt das Wort ausgesprochen habe; aber das zu thun, was es bezeichnet, könnte mich die Welt mit ihrer ganzen Masse von Eitelkeit nicht bewegen.

Jago.

Ich bitte euch, gebt euch zufrieden; es ist nur eine Laune von ihm; die Staats-Angelegenheiten gehen ihm im Kopf herum, er ist mißvergnügt darüber, und da muß nun sein Unmuth über euch ausbrechen.

Desdemona.

Wenn es nur dieses wäre --

Jago.

Es ist nichts anders, ich stehe dafür. (Trompeten.) Horcht, diese Trompeten ruffen zum Nacht-Essen. Der Abgeordnete von Venedig bleibt bey der Tafel; geht hinein und weint nicht; es wird alles wieder gut werden.

(Desdemona und Aemilia gehen ab.)

Zwölfte Scene.

Rodrigo (zu Jago.)

Ha, wo kommt ihr her, Rodrigo?

Rodrigo.

Ich finde nicht, daß du ehrlich mit mir zu Werke gehst.

Jago.

Jago.

Wie findt ihr das?

Rodrigo.

Jeden Tag machst du mir irgend einen Dunst vor die Augen, Jago; und ich fange endlich an zu sehen, daß du, anstatt mich nur um einen Schritt meinen Hoffnungen näher gebracht zu haben, mich weiter zurükgesezt hast, als ich jemals war. Ich will es nicht länger dulden; und bin auch gar nicht der Meynung so ruhig einzustefen, was ich närrischer Weise bereits gelitten habe.

Jago.

Wollt ihr mich anhören, Rodrigo?

Rodrigo.

Meiner Treue, ich habe nur zuviel angehört; eure Worte und eure Thaten haben gar keine Gemeinschaft mit einander.

Jago.

Ihr beschuldiget mich mit grösstem Unrecht.

Rodrigo.

Ich sage die lautre Wahrheit: Ihr habt mich um mein ganzes Vermögen gebracht. Die Juwelen, die ihr von mir bekommen habt, um sie Desdemonen zu überliefern, hätten eine Vestalin verführen sollen. Ihr sagtet mir, sie

habe

habe sie empfangen, und brachtet mir die tröstlichsten Versicherungen von ihrer guten Würkung; aber ich finde keine.

Jago.

Gut, nur weiter; sehr gut.

Rodrigo.

Sehr gut, nur weiter; ich kan nicht weiter, Herr, und es ist nicht sehr gut; nein, ich denke, es ist boshaft, und ich fange an zu merken, daß man mich nur am Narren-Seil herumführt.

Jago.

Sehr gut.

Rodrigo.

Ich sag euch, es ist nicht sehr gut. Ich will mich Desdemonen selbst entdeken; wenn sie mir meine Juwelen wieder geben will, so will ich klug seyn und ihr mit meiner Bewerbung nicht mehr beschwerlich fallen: Wo nicht, so versichr' ich euch, ich will meine Schadloshaltung an euch suchen.

Jago.

Ihr habt nun geredt --

Rodrigo.

Ja, und nichts, als was ich, meiner Seel! zu thun im Sinn habe.

Jago.

Wie, nun seh ich doch daß du Feuer im Leibe hast; und von diesem Augenblik an hab' ich eine grössere Meynung von dir als jemals. Gieb mir deine Hand, Rodrigo; du hast alle Ursache gehabt, mir Vorwürfe zu machen, aber ich schwöre dir, daß ich in der ganzen Sache redlich an dir gewesen bin.

Rodrigo.

Es hat sich nicht gezeigt.

Jago.

Ich muß es gestehen, in der That, euer Argwohn ist nicht ohne Wahrscheinlichkeit. Aber, Rodrigo, wenn du das hast, was ich dir izt mit besserm Grund als jemals zutraue, (ich meyne, Standhaftigkeit, Herz und Tapferkeit,) so zeig es diese Nacht. Wenn du in der nächstfolgenden Nacht nicht bey Desdemonen ligen wirst, so halte mich für einen Verräther, und schaffe mich aus der Welt wie du willst.

Rodrigo.

Gut, was ist es? Ist es etwas, das sich vernünftiger Weise unternehmen läßt?

Jago.

Wisset, mein Herr, daß eine Special-Commißion von Venedig eingetroffen ist, um den Cassio an Othello's Stelle einzusezen.

Rodrigo.

Ist das wahr? Nun, so kehren Othello und Desdemona wieder nach Venedig zurük.

Jago.

O nein; er geht nach Mauritanien, und nimmt seine schöne Desdemona mit sich; das geschieht unfehlbar, es müßte denn etwas begegnen, wodurch sein hiesiger Aufenthalt verlängert würde: Und das könnte durch nichts gewisser erhalten werden, als wenn Cassio auf die Seite geschaft würde.

Rodrigo.

Was nennt ihr, den Cassio auf die Seite schaffen?

Jago.

Das versteht sich von selbst; ihn unfähig machen, in Othello's Stelle einzutreten, mit einem Wort, ihm den Hals zu brechen.

Rodrigo.

Und ihr wollt, daß ich das thun soll?

Jago.

Ja, wenn ihr das Herz habt euch selbst Gutes zu thun. Er ißt heute bey einer Courtisane zu Nacht; und ich will ihm dort Gesellschaft leisten. Er weiß noch nichts von seiner Beförderung; wenn ihr dann nur aufpassen wollt, bis er dort weggeht, (und ich will schon dafür sorgen, daß es zwischen zwölf und ein Uhr geschehen soll:)

So könnt ihr ihn mit der grösten Bequemlichkeit überraschen. Ich will in der Nähe seyn, euern Angriff zu unterstüzen, und wir wollen ihn zwischen zwey Feuer kriegen. Kommt, steht nicht so bestürzt da; kommt mit mir; wir wollen von der Sache reden. Ich will euch zeigen, daß sein Tod so unumgänglich nothwendig ist, daß ihr euch verbunden sehen werdet, ihn zu befördern. Es ist izt bald Nacht-Essens-Zeit, und die Nacht nimmt überhand -- Wir müssen gehen.

Rodrigo.

Ich muß mehr Licht in dieser Sache haben --

Jago.

Das sollt ihr bekommen.

(Sie gehen ab.)

Dreyzehnte Scene.

Othello, Lodovico, Desdemona, Aemilia und Gefolge.

Lodovico.

Ich bitte euch, mein Herr, bemüht euch nicht weiter.

Othello.

Oh, ich bitte um Vergebung; die Bewegung wird mir wohl bekommen.

Lodovico.

Madam, gute Nacht; ich danke Eu. Gnaden unterthänig.

Desdemona.

Ihr werdet allezeit willkommen seyn, mein Herr.

Othello.

Wollt ihr gehen, mein Herr? -- o, Desdemona! --

Desdemona.

Mein Gemahl --

Othello.

Geht sogleich zu Bette, ich werde bald wieder zurük kommen; schikt eure Bedienung hier fort; thut, was ich euch sage.

Desdemona.

Ich will, mein Gemahl.

(Lodovico und Othello gehen ab.)

Aemilia.

Wie geht es nun? Er sieht freundlicher aus als diesen Abend.

Desdemona.

Er sagt, er wolle gleich zurük kommen, und hat mir befohlen zu Bette zu gehen, und euch wegzuschiken.

Aemilia.

Mich wegzuschiken?

Desdemona.

Das war sein Befehl; also, meine gute Aemilia, gieb mir mein Nacht-Zeug, und gute Nacht. Wir müssen ihm keinen Verdruß machen.

Aemilia.

Ich wollte, ihr hättet ihn nie gesehen!

Desdemona.

Das wollt' ich nicht; meine Liebe ist so wol mit ihm zufrieden, daß sogar sein mürrisches Bezeugen, sein Schelten und Zürnen, eine Art von Anmuth in meinen Augen hat. Ich bitte dich, steke mir mein Kopfzeug ab --

Aemilia.

Ich habe die Laken, die ihr mir sagtet, auf euer Bette gelegt.

Desdemona.

Es ist all eins: Guter Himmel! Was für alberne Geschöpfe sind wir nicht! Wenn ich vor dir sterbe, so mache mir, ich bitte dich, aus einem dieser Tücher mein Todten-Hemde.

Aemilia.

Kommt, kommt; wie ihr redt!

Desdemona.

Meine Mutter hatte ein Kammer-Mädchen, die Barbara hieß; das arme Ding war in jemand verliebt, der sie nicht wieder lieben wollte, und da wurde sie zulezt närrisch; sie hatte ein Lied, das sich immer mit Weide endigte, es war ein altes Ding, aber es schikte sich auf ihre Umstände, und sie sang es bis in den lezten Augenblik ihres Lebens. Ich kan mir dieses Lied diese ganze Nacht durch nicht aus dem Sinn bringen; es braucht alles, daß ich mich erwehre, den Kopf auf eine Seite zu hängen, und es zu singen, wie die arme Barbara. Ich bitte dich, mach' daß du fertig wirst.

Aemilia.

Soll ich gehn und euern Schlaf-Rok holen?

Desdemona.

Nein, steke mich hier ab; dieser Lodovico ist ein recht artiger Mann.

Aemilia.

Ein sehr hübscher Mann.

Desdemona.

Er spricht gut.

Aemilia.

Ich kenn' eine Dame in Venedig, die um einen Druk von seiner Unterlippe eine Wallfahrt ins Gelobte Land gemacht hätte.

Desde-

Desdemona (singt.)

Das arme Ding, sie saß und sang, an einem Baum saß sie,
Singt alle, grüne Weide;
Die Hand gelegt auf ihre Brust, den Kopf auf ihrem Knie,
Singt Weide, Weide, Weide;
Der Bach, der murmelt neben ihr, in ihre Seufzer ein,
Singt Weide, Weide, Weide;
Und ihrer Thränen heisse Fluth erweichte Kieselstein;
Singt Weide, Weide, Weide;
Weide, Weide, Weide ꝛc.

Ich bitte dich, mache hurtig, er wird alle Augenblike wiederkommen.

Singt all', ein grünes Weiden-Zweig, das muß mein Kränzchen seyn.

* * *

O! tadelt nicht sein hartes Herz, mein Herz verzeiht ihm gern;

Nein, das folgt noch nicht -- Horch was klopft so?

Aemilia.

Es ist nur der Wind.

Desdemona (singt.)

Ich nannte meinen Liebsten falsch; was sagt' er denn dazu?
Singt Weide, Weide, Weide;
Ich thu mit andern Weibern schön, mit andern Männern du.

So, geh du izt, gute Nacht; meine Augen brennen mich; bedeutet das Weinen?

Aemilia.

Das wollen wir nicht hoffen.

Desdemona.

Ich hab' es sagen gehört; o diese Männer, diese Männer! Sag mir einmal, Aemilia, glaubst du in deinem Gewissen, daß es Weiber giebt, die ihre Männer auf eine so grobe Art hintergehen?

Aemilia.

Es giebt solche, das ist nur keine Frage.

Desdemona.

Wolltest du um die ganze Welt so was thun?

Aemilia.

Wie, thätet ihr's nicht?

Desdemona.

Nein, bey diesem himmlischen Licht!

Aemilia.

Ich bey diesem himmlischen Licht auch nicht; es liesse sich eben so gut im Dunkeln thun.

Desdemona.

Wolltest du eine solche That um die ganze Welt thun?

Aemilia.

Die ganze Welt ist gleichwol ein hübsches ansehnliches Ding, es wär' ein feiner Preis für ein so kleines Verbrechen.

Desdemona.

Bey meiner Treu, ich denke, du thätest es nicht.

Aemilia.

Und bey meiner Treu, ich denk' ich thät' es; mit dem Vorbehalt, daß es das erste und lezte mal seyn sollte. Wahrhaftig, ich thäte so was nicht um einen Finger-Ring, noch für ein paar Ellen Kammer-Tuch, noch für ein neuen Unterrok, oder eine Kappe, oder so was armseliges; aber für die ganze Welt! Welches Weib wollte ihren Mann nicht zu einem Hahnrey machen, damit er Herr von der ganzen Welt würde? Dafür wollt' ich noch wol das Fegfeuer wagen.

Desdemona.

Ich will des Todes seyn, wenn ich so was Unrechtes um die ganze Welt thun wollte.

Aemilia.

Wie, das Unrecht ist nur ein Unrecht in der Welt; und da ihr die Welt für eure Mühe bekämet, so wär' es ein Unrecht in eurer Welt, und ihr könntet es bald recht machen.

Desdemona.

Ich kan nicht glauben, daß es ein solches Weib giebt.

Aemilia.

O Ja, wohl ein duzend und so viele oben drein, daß sie die Welt, um die sie spielten, bevölkern könnten. Allein, ich denke, der Fehler ligt an den Männern, wenn ihre Weiber fallen; gesezt, sie vergessen ihre Pflichten gegen uns, und verschwenden an andre, was uns gehört; oder sie brechen in eine verdrießliche Eifersucht aus, und belegen uns mit sclavischem Zwang; oder sie schlagen uns, oder sie bringen uns unser Vermögen durch; wahrhaftig, wir haben auch Galle, und so sanft wir sind, so rächen wir uns doch gerne, wenn wir beleidigt werden. Unsre Herren Männer sollen wissen, daß ihre Weiber so gut Empfindlichkeit haben als sie; sie sehen, und riechen, und haben einen Geschmak für süß und sauer, so gut wie ihre Männer. Was thun sie, wenn sie uns mit andern vertauschen? Ist es Spaß? Ich will es glauben: Geschieht es aus Leidenschaft? Ich will es glauben: Ist es eine menschliche Schwachheit? es mag auch seyn. Und haben wir nicht auch Leidenschaften? Lieben wir den Zeitvertreib nicht auch? Sind

wir

wir nicht so gebrechlich als sie? Sie mögen uns also nur wohl begegnen; oder sie sollen wissen, daß wenn wir sündigen, sie unsre Lehrmeister gewesen sind.

Desdemona.

Gute Nacht, gute Nacht; der Himmel gebe mir Gnade, anstatt Böses mit Bösem zu vertreiben, das Böse gut zu machen!

(Sie gehen ab.)

Fünfter Aufzug.

Erste Scene.

(Eine Strasse vor dem Pallast.)

Jago und Rodrigo treten auf.

Jago.

Hier stellt euch hinter diese Fässer. Er wird augenbliklich kommen: Deinen blossen Degen in die Hand, und dann frisch dran! Nur munter, munter, sey unverzagt: ich will an deinem Ellenbogen seyn: Es macht unser Glük oder wir sind verlohren: Denk an das, und entschliesse dich wie ein Mann.

Rodrigo.

Seyd ihr nur nahe bey der Hand, ich könnt' ihn verfehlen.

Jago.

Ich will hier stehen, es könnte nicht näher seyn; fasse Muth und zieh deinen Degen.

Rodrigo (indem er sich auf die Seite stellt.)

Ich gehe ungern an diese That, aber er hat mir Gründe vorgelegt, gegen die nichts einzuwenden ist; es ist

endlich

endlich nichts, als ein einzelner Mann weniger -- Heraus, mein Schwerdt; er soll sterben.

Jago (vor sich.)

Ich habe diesen armen Geken gerieben, bis er empfindlich worden ist, er fängt an aufzubrennen. Nun mag er den Cassio ermorden, oder Cassio ihn, oder einer den andern, so find' ich allemal meine Rechnung dabey -- Gut, aber wenn Rodrigo lebt, so wird er mich anhalten, ihm die Menge Gold und Juwelen wieder zu erstatten, die ich ihm als Geschenke für Desdemona, abpracticiert habe? Das muß nicht seyn -- Bleibt Cassio übrig, so macht mir der Anblik seines Glüks meinen Zustand unerträglich; und überdem, könnte mich der Mohr verrathen; da käm' ich in saubere Ungelegenheiten; nein, sterben soll er! So muß es seyn; ich hör' ihn kommen.

Cassio tritt auf.

Rodrigo.

Den Gang kenn' ich; es ist Er: Schelm, du must sterben.

(Er fällt den Cassio an, und bringt ihm einen Stoß bey.)

Cassio.

Dieser Stoß hätte mir in der That übel bekommen können, wenn mein Kleid nicht besser gefüttert wäre als du wußtest: Nun will ich sehen, wie das deinige die Probe hält.

(Er ficht mit Rodrigo; Jago haut den Cassio von hinten in die Beine, und entläuft; Rodrigo und Cassio fallen.)

Rodrigo.

Rodrigo.

O, ich bin des Todes.

Cassio.

Ich bin auf immer zum Krippel gemacht; Hülfe, he! Mörder! Mörder!

Zweyte Scene.

Othello erscheint am Fenster.

Othello (vor sich.)

Das ist Cassio's Stimme -- Jago hält sein Wort.

Rodrigo.

Oh, Bösewicht, der ich bin!

Othello.

Das ist wol nicht anders.

Cassio.

Oh, Hülfe, Hülfe! he! Licht! einen Wund-Arzt! --

Othello.

Es ist Er! O braver, ehrlicher, redlicher Jago, den das erlittne Unrecht seines Freundes in einen so edlen Eifer sezt! Du lehrst mich -- Püpchen, euer Liebling ist todt; und eure Stunde eilt heran -- Ich komme, Meze -- Deine ne Reizungen, deine Blike, dein Lächeln, sind aus meinem Herzen ausgewischt; und in deinem Bette, dem Schau-Plaz deiner zügellosen Lust, soll deine Straffe dich erhaschen!

(Er geht ab.)

Dritte Scene.

Lodovico und Gratiano treten in der Ferne auf.

Cassio.

Wie dann, he! Ist kein Wächter, ist kein Mensch da? Mörder, Mörder!

Gratiano.

Es ist irgend ein Unheil begegnet; die Stimme ist gräßlich.

Cassio.

O Hülfe!

Lodovico.

Horcht!

Rodrigo.

O elender Bösewicht!

Lodovico.

Ich höre zween oder drey wehklagen. Es ist stokfinster; es könnte Verstellung seyn: Es ist nicht sicher, näher hinzugehen, da unsrer nur zween sind.

Jago,

Jago, in seinem Hemd, mit gezognem Degen und einem Licht, tritt auf.

Lodovico.

Horcht.

Gratiano.

Hier kam einer in blossem Hemde, mit einem Licht und gezognem Degen.

Jago.

Wer ist hier? Wer ruft Mörder?

Lodovico.

Das wissen wir nicht.

Jago.

Hört ihr nicht schreyen?

Cassio.

Hier, hier: Um's Himmels willen, helft mir.

Jago.

Was giebt's hier?

Gratiano (zu Lodovico.)

Wie mich däucht, so ist dieser hier Othello's Fähndrich.

Lodovico.

Er ist's, in der That, ein wakrer herzhafter Camerad.

Jago.

Jago.

Wer seyd ihr hier, die ein so klägliches Geschrey erheben?

Cassio.

Jago? -- O ich bin gestümmelt, von Banditen zum elenden Manne gemacht -- Kommt mir zu Hülfe!

Jago.

Gott sey bey uns! Lieutenant! Was für Bösewichter haben das gethan?

Cassio.

Ich denke, einer davon ligt hier, und kan sich nicht davon machen.

Jago.

Die meuchelmördrischen Schurken! (zu Lodovico und Gratiano.) Wer seyd ihr hier? Kommt näher, und helft.

Rodrigo.

O, helft mir hier.

Cassio.

Das ist einer von ihnen.

Jago.

Du mördrischer Sclave! du Raker!

(Er giebt dem Rodrigo vollends den Rest.)

Rodrigo.

O verruchter Jago! unmenschlicher Hund!

Jago.

Leute im Dunkeln zu ermorden! Wo sind diese blutige Diebe? Wie? diese Stadt ist ja so still als wenn alles ausgestorben wäre! He! Mord! Mord! -- Wer seyd wohl ihr? Seyd ihr ehrliche Leute oder --

Lodovico.

Qualificiert uns, wie ihr uns findet.

Jago.

Signor Lodovico? --

Lodovico.

Er selbst, mein Herr.

Jago.

Ich bitte tausendmal um Vergebung! Hier ligt Cassio, von Meuchelmördern verwundet.

Gratiano.

Cassio?

Jago.

Wie steht's um dich, Bruder?

Cassio.

Mein Bein ist entzwey gehauen.

Jago.

Das verhüte der Himmel! Licht, meine Herren, ich will ihn mit meinem Hemde verbinden.

Vierte Scene.

Bianca zu den Vorigen.

Bianca.

Was ist hier für ein Lerm? He, wer ist der, so ruft?

Cassio.

Wer ist der, so ruft?

Bianca.

O mein liebster Cassio! Mein süsser Cassio! O, Cassio, Cassio! Cassio!

Jago.

O merkwürdige Meze! Cassio, könnt ihr nicht errathen, wer diejenigen seyn mögen, die euch so zugerichtet haben?

Cassio.

Nein.

Gratiano.

Es bekümmert mich sehr, euch so zu finden. Ich war im Begriff, euch aufzusuchen.

Jago.

Lehnt mir ein Knieband. So -- O wenn wir nur einen Lehn-Sessel hätten, um ihn bequemer wegzutragen!

Bianca.

O Himmel, er wird ohnmächtig. O Cassio, Cassio, Cassio!

Jago.

Meine Herren allerseits; ich hab' eine Vermuthung, daß dieser Bündel hier Antheil an dem verübten Bubenstük haben möchte. Ein wenig Geduld, lieber Cassio; kommt, kommt: Leiht mir das Licht: Kennen wir dieses Gesicht oder nicht? O Himmel! Mein Freund, mein liebster Landsmann? Rodrigo? Nein: Ja, würklich: Ja, es ist Rodrigo.

Gratiano.

Wie, von Venedig?

Jago.

Eben er, mein Herr; kanntet ihr ihn?

Gratiano.

Ob ich ihn kannte? Ah!

Jago.

Signor Gratiano! Ich bitte Eu. Gnaden sehr um Vergebung: Die Verwirrung bey einem so blutigen Auftritt muß die Entschuldigung meiner Unhöflichkeit machen.

Gratiano.

Ich erfreue mich euch zu sehen.

Jago.

Wie geht's euch, Cassio? O, einen Arm-Sessel! Einen Arm-Sessel!

Gratiano.

Gratiano.

Rodrigo?

Jago.

Er, Er, es ist Er -- Wenn wir nur einen Sessel hätten, damit man ihn ohne Erschütterung von hier wegbringen könnte; ich will den Wund-Arzt des Generals holen. Ihr, Mamsel, könn't eure Mühe sparen. Der Mann Cassio, der hier in seinem Blute ligt, war mein bester Freund. Was für ein Mißverständniß war denn zwischen euch?

Cassio.

Keines in der Welt; ich kenn' ihn nicht einmal.

Jago.

Wie? Ihr seht ganz bleich aus? -- Oh, tragt ihn doch aus der freyen Luft? -- Bleibt doch hier, meine Gnädige Herren -- (Zu Bianca.) Seht ihr blaß aus, Mamsel? -- Merkt ihr meine Herren, wie verstört ihre Augen herumfahren? Gut, gut, das bedeutet was, wir werden bald mehr hören. Betrachtet sie recht, ich bitte euch, seht sie an; seht ihr, meine Herren? O, ein böses Gewissen wird reden, wenn alle Sprachen abgegangen wären.

Fünfte Scene.

Aemilia zu den Vorigen.

Aemilia.

Ums Himmels willen, was giebt's hier? Was giebt's hier, Mann?

Jago.

Cassio ist hier im Dunkeln von Rodrigo und seinen Gesellen, welche entsprungen sind, angefallen worden; er ist übel verwundet, und Rodrigo todt.

Aemilia.

O Jammer! der arme Cavalier! der arme, gute Cassio!

Jago.

Das sind die Früchte vom Huren-Leben -- Ich bitte dich, Aemilia, geh, frage den Cassio, wo er heute zu Nacht gegessen habe -- (zu Bianca.) Wie, zittert ihr vor dieser Frage?

Bianca.

Er aß in meinem Hause zu Nacht, aber ich zittre nicht deßwegen.

Jago.

O, that er das? -- ich arretiere euch hier -- kommt mit mir.

Aemilia.

O fy, die garstige Hure!

Bianca.

Ich bin keine Hure, ich bin eine so ehrliche Frau als ihr, die mich so beschimpfet!

Aemilia.

Als ich? Pfuy, das garstige Ding!

Jago.

Meine liebsten Herren, wir wollen dafür sorgen, daß Cassio verbunden wird. Kommt, Mamsell, wir wollen euch schon die Zunge lösen. Aemilia, lauft ihr in die Citadelle, und sagt dem General und der Gnädigen Frauen was begegnet ist: Wollt ihr voran gehen? -- (vor sich.) Der Ausgang dieser Nacht wird mein Glük oder meinen Untergang entscheiden.

[Sie gehen ab, Jago zulezt.]

Sechste Scene.

[Ein Schlaf-Zimmer. Desdemona in einem Bette, wovon der Vorhang halb weggezogen ist.]

Othello tritt mit einem Degen in einer, und einem Licht in der andern Hand auf.

Othello.

Die Beleidigung ist zu groß, zu groß, meine Seele -- Laßt sie mich nicht vor euch nennen, ihr keuschen Sterne! Sie ist zu groß! -- Und doch will ich ihr Blut nicht vergiessen, noch diese ihre Haut zerrizen, die weisser als Schnee, und so glatt wie Alabaster ist.

[Er legt seinen Degen nieder.]

Und doch muß sie sterben; sie würde sonst noch mehr Unglükliche machen. Das Licht ausgelöscht, und dann -- Das Licht auslöschen -- O du dienstbare Flamme, wenn ich dich auslösche, und es gereut mich, so kan ich dir dein Licht wieder geben: Aber wenn dein Licht einmal ausgeblasen ist, du vollkommenstes Modell der sich selbst übertreffenden Natur, so weiß ich nicht, wo dieser prometheische Funke ist, der es wieder anzünden kan -- (Er stellt das Licht hin.) Wenn ich deine Rose abgepflükt habe, so kan ich ihr den belebenden Geist nicht wiedergeben; sie muß verwelken -- Ich will dich noch am Stoke riechen -- (Er küßt sie) -- O du balsamischer Athem, fast könntest du die Ge-

rechtigkeit

rechtigkeit bewegen ihr Schwerdt zu zerbrechen -- Noch einen; noch einen -- Sey so, wenn du todt bist, und ich will dich erst ermorden, und dann lieben -- noch einen, der soll der lezte seyn -- Holdseliges Geschöpf, wie Schade, daß du sterben sollst! Ich muß weinen, aber es sind grausame Thränen -- Sie weinen auf die Hand, die dir den Tod bringt -- Sie erwacht.

Desdemona.

Wer ist hier? Othello?

Othello.

Ja, Desdemona.

Desdemona.

Wollt ihr zu Bette kommen, mein Gemahl?

Othello.

Habt ihr euer Nachtgebet gebetet, Desdemona?

Desdemona.

Ja, mein Herr.

Othello.

Wenn ihr euch noch irgend eines Verbrechens erinnert, worüber ihr euch mit dem Himmel noch nicht ausgesöhnt habt, so säumt euch nicht, um seine Gnade zu flehen.

Desdemona.

O Gott! was meynt ihr mit dieser Aufforderung?

Othello.

Gut, thu es, und machs kurz; ich will bey Seite gehen. Ich möchte dich nicht unbereitet überraschen, nein, (der Himmel bewahre mich davor!) ich möchte deine Seele nicht ermorden.

Desdemona.

Redet ihr von ermorden?

Othello.

Ja, das thu ich.

Desdemona.

So erbarme sich der Himmel über mich!

Othello.

Amen, von ganzem Herzen.

Desdemona.

Wenn ihr so sagt, so werdet ihr mich doch nicht umbringen wollen.

Othello.

Hum!

Desdemona.

Und doch fürcht' ich euch; ihr seyd gefährlich, wenn eure Augen so rollen. Warum ich mir förchten soll, weiß ich nicht, da ich mir keiner Schuld bewußt bin; und doch fühl' ichs, daß mir bang ist.

Othello.

Othello.

Denk an deine Sünden.

Desdemona.

Ich kenne keine, als die zu grosse Liebe, die ich zu euch trage.

Othello.

Ja, und davor must du sterben.

Desdemona.

Das ist unnatürlich, Liebe mit dem Tode zu bestrafen, O Gott! Warum beißt ihr so in eure Unter-Lippe? Irgend ein blutiges Vorhaben erschüttert euern ganzen Bau; das sind fürchterliche Vorbedeutungen; und doch hoff' ich, ich hoffe, sie zielen nicht auf mich.

Othello.

Schweig, und sey still.

Desdemona.

Ich will; was habt ihr dann?

Othello.

Das Schnupftuch, das mir so lieb war, und das ich dir gab, gabst du dem Cassio?

Desdemona.

Nein, bey meinem Leben und meiner Seele; schikt nach ihm, und fragt ihn.

Othello.

Othello.

Holde Seele, nimm dich in Acht, nimm dich vor Meineyd in Acht; du bist auf deinem Tod-Bette.

Desdemona.

Ja, aber doch noch nicht itzt zu sterben.

Othello.

Diesen Augenblik; entlade dich also durch ein aufrichtiges Bekenntniß deiner Sünde; denn wenn du auch jeden Artikel mit einem Eyde läugnen würdest, so würd' es unvermögend seyn, die tiefe Ueberzeugung zu erschüttern, die mir diesen Seufzer erpreßt. Du must sterben.

Desdemona.

O Himmel, erbarme dich meiner!

Othello.

Ich sag, Amen.

Desdemona.

Und erbarmt ihr euch auch! -- Nie, in meinem Leben hab ich euch nie beleidigt; niemals diesen Cassio geliebt, als mit dieser allgemeinen Liebe, die der Himmel selbst billigt und fordert. Ich gab ihm niemalen kein Andenken.

Othello.

Beym Himmel, ich sah mein Schnupftuch in seiner Hand. O meineydiges Weibsbild! du versteinerst mein Herz! du du machst, daß ich das was ich zu thun vorhabe, einen Mord nennen muß, da ich es für ein Opfer hielt. Ich sah das Schnupftuch.

Desdemona.

So hat er's also gefunden; ich gab' es ihm nie; schikt nach ihm, laßt ihn die Wahrheit gestehen.

Othello.

Er hat gestanden.

Desdemona.

Was, mein Gemahl?

Othello.

Daß er -- mit dir zu thun gehabt --

Desdemona.

Wie, auf eine unerlaubte Art?

Othello.

Ja.

Desdemona.

Das kan er nicht sagen.

Othello.

Nein, sein Mund ist verstopft. Der ehrliche Jago hat davor gesorgt.

Desdemona.

Wie, ist er todt?

Othello.

Othello.

Wär' in jedem seiner Haare ein eignes Leben gewesen, meine grosse Rache hätte Zorn genug für alle gehabt.

Desdemona.

O Gott, so ist er verrathen, und ich bin verlohren!

Othello.

Weg mit dir, Schandhure! Weinst du vor meinen Augen um ihn?

Desdemona.

Verbanne mich, lieber Mann, tödte mich nur nicht.

Othello.

Hinab, unzüchtiger Balg!

Desdemona.

Tödte mich morgen, laß mich nur diese Nacht noch leben.

Othello.

Nein, wenn du dich sträubst --

Desdemona.

Nur noch eine halbe Stunde.

Othello.

Schweige, du bekommst keinen Aufschub.

Desdemona.

Nur so lang ich ein Vater Unser beten kan.

Othello.

Es ist zu spät.

(Er erstekt sie.)

Siebende Scene.

Aemilia, vor der Thüre.

Aemilia.

Gnädiger Herr, Gnädiger Herr! He! Gnädiger Herr!

Othello.

Was für ein Getös ist das? -- Noch nicht todt? noch nicht völlig todt? So grausam ich bin, bin ich doch barmherzig; ich wollte dich nicht gern lang leiden lassen --

So, so.

Aemilia (vor der Thüre.)

Wie? he! Gnädiger Herr! Gnädiger Herr!

Othello.

Wer ist da?

Aemilia.

O mein lieber Gnädiger Herr, ich möchte nur ein Wort mit euch reden.

Othello.

Othello.

Ja, es ist Emilia -- In einem Augenblik -- sie ist todt -- Vermuthlich wird sie mir die Nachricht von Cassios Tode bringen -- Der Lerm war groß -- Ha, du rührst dich nicht mehr? Still wie ein Grab. Soll ich sie hereinlassen? Wär' es gut? Mich däucht, sie rührt sich wieder -- Nein -- Was ist das Beste? Wenn sie herein kömmt, so wird sie mit meinem Weibe reden wollen; meinem Weib? Meinem Weib? Was für einem Weib? Ich habe kein Weib -- O Unerträglich! o bange Stunde! Mich däucht, es sollte izt eine dichte Verfinsterung der Sonne und des Monds seyn, und der geschrekte Erdball sollte vor Entsezen beben --

Aemilia.

Ich bitte euch, nur ein paar Worte; ach, mein lieber Gnädiger Herr! --

Othello.

Ich hatte dich vergessen; oh, komm herein Aemilia. Sachte, augenbliklich, ich muß nur erst den Vorhang ziehen. -- Wer bist du? Was willst du?

(Er riegelt die Thür auf.)

Aemilia kommt herein.

Aemilia.

Ach, Gnädiger Herr, es ist eine greuliche Mordthat begangen werden!

Othello.

Othello.

Wie? izt?

Aemilia.

Eben izt, Gnädiger Herr.

Othello.

Da hat der Mond die Schuld; er ist der Erde näher gekommen als seine Gewohnheit ist, und nun werden alle Leute toll.

Aemilia.

Cassio hat einen jungen Venetianer, Rodrigo genannt, umgebracht.

Othello.

Rodrigo umgebracht? und Cassio umgebracht?

Aemilia.

Nein, Cassio ist nicht todt.

Othello.

Cassio ist nicht todt? So ist die Rache nur halb befriedigt.

Desdemona.

O unbillig, unbillig ermordet! --

Aemilia.

Gott helf uns! was für ein Geschrey ist das?

Othello.

Das? Was?

Aemilia.

O Himmel, es war meiner Gnädigen Frauen Stimme. Zu Hülfe, zu Hülfe! He! zu Hülfe! O Gnädige Frau, redet weiter; englische Desdemona, o meine theureste Gebieterin, redet!

Desdemona.

Ich sterbe unschuldig.

Aemilia.

O, wer hat diese entsezliche That gethan?

Desdemona.

Niemand, ich selbst, lebe wohl; bringe meinem gütigen Gemahl meinen lezten Gruß; o, lebe wohl.

[Sie stirbt.]

Othello.

Wir, wie sollte sie ermordet worden seyn?

Aemilia.

O Gott! wer weiß das?

Othello.

Ihr hörtet's, sie sagte selbst, ich sey's nicht gewesen.

Aemilia.

Sie sagte so, ich kan nichts anders sagen.

Othello.

Othello.

Sie ist als eine Lügnerin zur Hölle gefahren; ich war's, der sie ermordete.

Aemilia.

Oh, desto mehr Engel ist sie nun, und du ein desto schwärzerer Teufel.

Othello.

Sie ergab sich der Leichtfertigkeit, sie war eine Hure.

Aemilia.

Du lästerst sie, du bist ein Teufel.

Othello.

Sie war falsch wie Wasser.

Aemilia.

Und du bist rasch wie Feuer, wenn du das sagst. Oh, sie war ein Engel von Unschuld.

Othello.

Sie ließ sich von Cassio deken; frag deinen Mann, wenn du's nicht glauben willst. Welcher Abgrund in der flammenden Hölle wäre tief genug für mich, wenn ich ohne die stärksten Gründe so weit gegangen wäre? Dein Mann weiß alles.

Aemilia.

Mein Mann?

Othello.

Dein Mann.

Aemilia.

Daß sie ihrem Ehbett untreu war?

Othello.

Ja, mit Cassio. Wäre sie treu gewesen, glaube mir, wenn mir der Himmel noch eine solche Welt, wie diese, aus einem einzigen ganzen Chrysolith hätte machen wollen, ich hätte sie nicht darum gegeben.

Aemilia.

Mein Mann!

Othello.

Ja, er war's, der mir die erste Nachricht davon gab. Er ist ein ehrlicher Mann, und ein Feind schändlicher Thaten.

Aemilia.

Mein Mann!

Othello.

Wozu soll diese doppelte Ausruffung, Weib? Ich sage, dein Mann.

Aemilia.

O meine Gebieterin! Arglistige Bosheit hat die eifersüchtige Liebe betrogen, und du bist das Opfer. Mein Mann soll gesagt haben, sie sey ungetreu!

Othello.

Othello.

Er, Weibsbild; ich sage, dein Mann; verstehst du das Wort? Mein Freund, dein Mann, der ehrliche, rechtschaffne Jago.

Aemilia.

Wenn er das sagt, so verderbe seine verruchte Seele in langsam marternden Qualen? Er lügt's in sein Herz hinein! Nur zu sehr liebte sie den hassenswürdigen Teufel, mit dem sie sich beladen hatte.

Othello.

Ha! --

Aemilia.

Thu dein ärgstes; diese greuliche That, die du gethan hast, ist den Himmel werth, wie du ihrer werth warst.

Othello.

Schweigen wäre das rathsamste für dich.

Aemilia.

Du kanst nicht halb so geneigt seyn, mir Leid anzuthun, als ich es wünsche: o Erzbetrüger! o dummer Kerl! dumm wie Mist! du hast eine That gethan -- ich frage nichts nach deinem Degen, ich will bekannt machen wer du bist, und wenn ich zwanzig Leben zu verliehren hätte -- Hülfe! Hülfe! He! Hülfe! Der Mohr hat meine Frau umgebracht. Hülfe, Hülfe!

Achte Scene.

Montano, Gratiano, Jago und andre treten auf.

Montano.

Was giebt es hier? Wie, was bedeutet das, General?

Aemilia.

O, seyd ihr auch da, Jago? Ihr habt es weit gebracht, daß die Leute ihre Mordthaten auf euern Hals schieben.

Gratiano.

Was soll dieses bedeuten?

Aemilia.

Wiedersprich diesem Bösewicht, wenn du ein Mann bist; er giebt aus, du habest ihm gesagt, seine Frau sey untreu gewesen: Ich bin gewiß, du hast es nicht gesagt; du bist kein solcher Bube! Rede, mein Herz ist so voll, daß es zerspringen wird.

Jago.

Ich sagte ihm was ich dachte; und nicht mehr, als er selbst glaubwürdig und wahr befand.

Aemilia.

Aber sagtet ihr ihm jemals, sie sey untreu?

Jago.

Ja, das that ich.

Aemilia.

So sagtet ihr eine Lüge; eine hassenswürdige, verdammte Lüge; auf meine Seel', eine Lüge; eine verfluchte Lüge. Sie untreu mit Cassio? Sagtet ihr, mit Cassio?

Jago.

Mit Cassio, Frau; geht, geht, und laßt euch eure Zunge legen.

Aemilia.

Das will ich nicht; ich will, ich muß reden; es ist meine Pflicht, daß ich rede. Meine Frau ligt hier ermordet in ihrem Bette.

Alle.

Das wolle der Himmel nicht!

Aemilia.

Und eure Ohrenbläsereyen sind der Antrieb zu diesem Mord gewesen.

Othello.

Nein, seht nicht so erschroken aus, meine Herren; es ist wahr, es ist würklich so.

Gratiano.

Das ist eine verwünschte Wahrheit.

Montano.

O ungeheure That!

Aemilia.

Büberey! Schändliche verruchte Büberey! Ich seh -- ich rieche sie -- Verdammte Büberey! -- Ich dachte gleich -- O, ich möchte vor Schmerz Hand an mich selbst legen -- o Büberey! Büberey!

Jago.

Wie, seyd ihr toll? Ich befehls euch, pakt euch heim.

Aemilia.

Meine liebe Herren, erlaubt mir daß ich reden darf; ich bin ihm sonst Gehorsam schuldig, aber nicht izt: Vielleicht, Jago, werd' ich nie wieder heim gehen.

Othello.

O! o! o!

(Er sinkt auf das Bette.)

Aemilia.

Ja, leg dich nur hin, und heule: Du hast die liebenswürdigste Unschuldige umgebracht, die jemals geathmet hat.

Othello (auffahrend.)

O, sie war lasterhaft! -- Ich erkenn' euch erst izt, Oheim; hier ligt eure Nichte, deren Athem, ich bekenn' es, diese Hände nur eben gestopft haben; ich weiß es, diese That sieht gräßlich aus.

Gratiano.

Gratiano.

Arme Desdemona! Ich bin froh, daß dein Vater todt ist: Deine Heurath kürzte ihm das Leben ab. Lebte er noch, dieser Anblik würde ihn zur Verzweiflung treiben; ja, er würde seinen guten Engel von seiner Seite wegfluchen, und in Verzweiflung sterben.

Othello.

Es ist erbarmenswürdig; aber Jago weiß es, daß sie die schaamvolle That mit Cassio wol tausendmal begangen hat. Cassio hat es eingestanden; und zu Vergeltung seiner Liebes-Proben gab sie ihm das, womit ich ihr das erste Geschenk gemacht hatte; ich sah es in seiner Hand; es war ein Schnupftuch, ein altes Andenken, das mein Vater meiner Mutter gegeben hatte.

Aemilia.

O Himmel! O himmlische Mächte!

Jago.

Schweig, sag ich dir!

Aemilia.

Es muß heraus, es muß heraus -- Ich, schweigen? Laßt Engel, Menschen und Teufel, laßt sie alle, alle, alle Schaam über mich schreyen, wenn ich nicht rede.

Jago.

Sey klug und geh heim.

(Jago will sein Weib ermorden, und wird zurük gehalten.)

Gratiano.

Fy, euern Degen gegen ein Weibsbild!

Aemilia.

O du dummer Mohr! Dieses Schnupftuch, wovon du redst, fand ich von ungefehr, und gab es meinem Manne, der mich gar oft aufs inständigste, angelegenste, (mehr, in der That, als eine solche Kleinigkeit werth war,) hat, daß ich es stehlen möchte.

Jago.

Verfluchte Hure!

Aemilia.

Sie, soll es dem Cassio gegeben haben? Weh mir! ich fand es, und gab es meinem Manne!

Jago.

Rabenaaß! du lügst.

Aemilia.

Beym Himmel! ich lüge nicht; ich lüge nicht, meine Herren; o du meuchelmördrischer Dummkopf! Was sollte ein solcher Narr mit einer so vortreflichen Frau machen?

(Jago bricht los, verwundet seine Frau, und entspringt.)

Othello.

Othello.

Sind keine Donnerkeile mehr im Himmel? Wozu nüzt dann der Donner? Unerhörter Lotterbube!

Gratiano.

Sie fällt; er hat sein Weib umgebracht --

Aemilia.

Ja, ja; oh, legt mich an meiner Frauen Seite.

Gratiano.

Seine Frau ist ermordet, und er ist entlauffen.

Montano.

Das ist ein entsezlicher Bösewicht; nehmt diesen Degen in Verwahrung, damit ihn der Mohr nicht erhasche; kommt, besezt die auswendigen Thüren, laßt ihn nicht durch; tödtet ihn eher; ich selbst will diesem Bösewicht nach; es ist ein verdammter Geselle!

(Montano und Gratiano gehen ab.)

Neunte Scene.

Othello.

Ich bin auch nicht mehr tapfer; ein jeder kleiner Klopffechter nimmt mir meinen Degen weg. Aber warum sollte die Ehre die Tugend überleben? Laßt immer alles dahin fahren!

Aemilia.

Aemilia.

Was bedeutete dein Gesang, meine Gebieterin? Höre, kanst du mich hören? Ich will den Schwanen machen, und singend sterben; Weide, Weide, Weide -- Mohr, sie war keusch; sie liebte dich, grausamer Mohr; so sehe mein Geist die Seligkeit, wie ich die Wahrheit rede, und diese Wahrheit -- sey mein leztes Wort --

[Sie stirbt.]

Othello.

Ich habe noch einen andern Degen in diesem Zimmer, eine Spanische Klinge, mit Wasser aus dem Ebro gestählt; o, hier ist sie: Oheim, ich muß hinaus.

Gratiano (vor der Thüre.)

Wenn du es versuchst, wird es dir theuer zu stehen kommen; du hast kein Gewehr, und sollst dich unterwerfen, du magst wollen oder nicht.

Othello.

So schau zu mir herein und rede mit mir, oder ich will ohne Gewehr über dich.

Gratiano kommt herein.

Gratiano.

Was wollt ihr?

Othello.

Seht! ich hab ein Gewehr; ein schöneres hieng niemals

mals an eines Soldaten Hüfte. Ich habe den Tag gesehen, da ich mit diesem kleinen Arm, und diesem guten Degen mir durch mehr Hinternisse einen Weg machte, als zwanzig solche Wächter wie ihr seyd. Aber, o eitle Praleren! Wer kan über sein Schiksal Meister werden? Es ist nun ein anders. Erschreket nicht, ob ihr mich gleich bewaffnet sehet; hier ist das Ende meiner Fahrt, hier ist mein Ziel, die äusserste Marke, die mein leztes Segel noch erreichen kan - tretet ihr erschroken zurük? Es ist eine vergebliche Furcht: Züket nur ein Schilfrohr gegen Othello's Brust, so wird er sich zurükziehen. Wo sollte Othello hin gehen? Nun -- (Er sieht auf Desdemona.) -- Wie siehst du nun aus? Unglükliches Geschöpf! wie bleich! Wenn wir vor Gericht zusammen kommen, wird diese Mine, die du hast, meine Seele vom Himmel herabschleudern, und Teufel werden sie auffangen -- Kalt, kalt, mein Mädchen; kalt, wie deine Keuschheit -- O verfluchter Sclave! Peitscht mich, ihr bösen Geister, peitscht mich vom Genuß dieses himmlischen Anschauens weg; zerstäubt mich in die Winde, röstet mich in Schwefel, wascht mich in bodenlosen Schlünden von flüssigem Feuer -- O Desdemona! Desdemona! todt! todt! oh, oh!

Zehnte Scene.

Lodovico, Cassio, der hereingeführt wird, Montano, Jago gebunden, und einige Officiers, zu den Vorigen.

Lodovico.

Wo ist dieser rasche und höchst unglükliche Mann?

Othello.

Das ist der, der einst Othello war, hier bin ich.

Lodovico.

Wo habt ihr diese Viper? Bringt den Buben hervor!

Othello.

Ich seh ihm auf die Füsse; aber das ist eine Fabel. Wenn du ein Teufel bist, so kan ich dich nicht tödten.

(Othello stößt nach Jago, und verwundet ihn.)

Lodovico.

Windet ihm seinen Degen aus den Händen.

Jago.

Ich blute, Herr, aber ich lebe noch.

Othello.

Auch ist es mir nicht leid; ich will daß du lebest; du verdienst nicht, so glüklich zu seyn und zu sterben.

Lodovico.

Lodovico.

O du, Othello, einst ein so vortrefflicher Mann -- nun in die Fallstrike eines verruchten Sclaven gefallen -- was soll man zu dir sagen?

Othello.

Wie, was man will; daß ich ein ehrlicher Mörder sey, wenn ihr wollt: Denn was ich that, that ich nicht aus Haß, sondern meine Ehre zu rächen.

Lodovico.

Dieser Unselige hat einen Theil seines Bubenstüks eingestanden: Beschlosset ihr und er mit einander, den Cassio zu ermorden?

Othello.

Ja.

Cassio.

Mein theurer General, ich gab euch niemals Ursache dazu.

Othello.

Ich glaub es, und bitte euch um Vergebung: Wollt ihr, ich bitte euch, diesen Halb-Teufel fragen, warum er meinen Leib und meine Seele so verstrikt habe?

Jago.

Fragt mich nichts; was ihr wißt, das wißt ihr; von diesem Augenblik an soll kein Woet mehr aus meinem Munde gehen.

Lodovico.

Wie? Auch nicht zum Beten?

Gratiano.

Foltern sollen dir den Mund schon aufthun.

Othello.

Gut, du thust am besten.

Lodovico.

Mein Herr, mich däucht, ihr seht noch nicht klar in der Sache; diese zween Briefe, die man in des erschlagenen Rodrigo Tasche gefunden, werden euch aus dem Wunder helfen. Einer davon enthält die Ermordung des Cassio, welche Rodrigo auf sich nehmen sollte --

Othello.

O Bösewicht!

Cassio.

Mehr als heidnisch!

Lodovico.

Und hier ist der andre, die Antwort, die, dem Ansehen nach, Rodrigo ihm zugeschikt haben wollte, wenn Jago nicht indessen selbst gekommen und ihn befriediget hätte.

Othello.

O du verpesteter Bube! -- Wie kam't ihr zu meines Weibs Schnupftuch, Cassio?

Cassio.

Ich fand es in meiner Kammer, und er gestuhnd uns eben izt, daß er es in einer besondern Absicht daselbst hingeworfen habe, welche er auch nach Herzens-Lust erreicht habe.

Othello.

O Narr! Narr! Narr! der ich war!

Cassio.

Hier ist auch noch in Rodrigo's Briefe, wie er ihm vorwirft, daß er ihn vermocht habe, mich auf der Wache zu beschimpfen; welches die Gelegenheit dazu gab, daß ich cassiert wurde: Und eben erst, da er nach einer langen Ohnmacht, worinn er für todt gehalten wurde, wieder zu sich selbst kam, sagte er, Jago selbst habe ihm den Rest gegeben.

Lodovico (zu Othello.)

Ihr müßt nun diesen Ort verlassen, und mit uns gehen: Eure Gewalt ist euch abgenommen, und Cassio regiert nun in Cypern. Was diesen Sclaven betrift, wenn irgend eine sinnreiche Marter ausgedacht werden kan, die ihn die grausamste Pein leiden mache, ohne ihn zu bald aufzureiben, so wartet sie auf ihn. Ihr, Othello, sollt in enger Verwahrung bleiben, bis die Beschaffenheit eures Vergehens der Regierung von Venedig bekannt gemacht seyn wird. Kommt, führet ihn hinweg.

Othello.

Sachte; ein paar Worte, eh ihr geht. Ich habe dem Staat einige Dienste geleistet, und sie wissen's: Nichts mehr davon. Ich bitte euch, wenn ihr in euern Briefen diese unglükliche Geschicht' erzählet, so redet von mir wie ich bin; verkleinert meine Fehler nicht, aber macht mich auch nicht schlimmer als ich war. Redet also von einem, der nicht weislich liebte, aber zu sehr; von einem der nicht leicht eiferte; aber nachdem er einmal von dieser Leidenschaft ergriffen war, keine Grenzen kannte; von einem, dessen Hand gleich dem verworfnen Juden (Herodes) eine Perle wegwarf, deren unschäzbarer Werth sein ganzer Stamm nicht bezahlen konnte; von einem dessen ungewohnte Augen, ihr gleich Arabiens Balsam-Staude Thränen, Jammer-lindernde Thränen quellen sahet. Dieses schreibet, und sezt hinzu, daß ich einst in Aleppo, wo ein boßhafter schelmischer Türke einen Venetianer schlug und auf den Staat schimpfte, den beschnittnen Hund bey der Gurgel gefaßt, und ihn so gekizelt habe.

(Er ersticht sich.)

Lodovico.

O blutige Nacht!

Gratiano.

Hier verliehren Worte alle ihre Kraft!

Othello

Othello (zu Desdemona.)

Ich küßte dich, eh ich dich tödtete; nun ist nichts übrig, als da ich mich selbst getödtet habe, mit einem Kuß zu sterben.

(Er sinkt auf Desdemonens Leiche und stirbt.)

Cassio.

Das besorgte ich, aber ich glaubte nicht, daß er ein Gewehr habe; er hatte ein grosses Herz.

Lodovico (zu Jago.)

O Spartanischer Hund, verderblicher als Pest, Hunger, oder die tobende See! Schau auf die jammervolle Last dieses Bettes hin; das ist dein Werk; der gräßliche Anblik vergiftet das Gesicht -- Laßt ihn verhüllen, Gratiano. Behaltet das Haus, und bemächtigt euch deß Vermögens des Mohren, denn ihr seyd sein Erbe. (Zu Cassio.) Euch, Herr Statthalter, verbleibt die Abstraffung dieses höllischen Bubens, die Zeit, der Ort, die Marter, o! laßt sie so greulich als seine Bosheit seyn. Ich selbst eile zu Schiffe, um mit schwerem Herzen dem Staat diesen jammervollen Zufall vorzutragen.

Was ihr wollt.

Ein

Luſtſpiel.

Personen.

Orsino, Herzog von Illyrien.

Sebastiano, ein junger Edelmann, Bruder der Viola.

Antonio, ein Schiff-Capitain.

Valentin, } Hofleute des Orsino.
Curio, }

Sir Tobias Rülps, Olivia's Oheim.

Sir Andreas Fieberwange, sein Zechbruder.

Ein Schiffhauptmann, Viola's Freund.

Fabian, Diener der Olivia.

Malvolio, ihr Hausmeister.

Hans Wurst.

Olivia, eine Dame von grosser Schönheit, Stand und Reichthum, in die Orsino verliebt ist.

Viola, in den Herzog verliebt.

Maria, Olivia's Kammer-Jungfer.

Ein Priester, Matrosen, Officianten und andre stumme Personen.

Die Scene, eine Stadt an der Küste von Illyrien.

Was

Was ihr wollt.

Erster Aufzug.

Erste Scene.

[Der Pallast.]

Der Herzog, Curio, und etliche Herren vom Hofe treten auf.

Wenn Musik die Nahrung der Liebe ist, so spielt fort; stopft mich voll damit, ob vielleicht meine Liebe von Ueberfüllung krank werden, und so sterben mag -- Dieses Passage noch einmal; -- es hat einen so sterbenden Fall: O, es schlüpfte über mein Ohr hin, wie ein sanfter Südwind, der Gerüche gebend und stehlend über ein Violen-Bette hinsäuselt. -- Genug! nichts mehr! Es ist nicht mehr so anmuthig, als es vorhin war. O Geist der Liebe, wie sprudelnd und launisch bist du! weit und unersättlich wie die See, aber auch darinn ihr ähnlich, daß nichts da hinein kömmt, von so hohem Werth es auch immer sey, das nicht in einer Minute von seinem Werth herab und zu Boden sinke --

Curio.

Wollt ihr Jagen gehen, Gnädigster Herr?

Herzog.

Was?

Curio.

Den Hirsch.

Herzog.

-- Wie? das wäre das edelste was ich habe: O, wie ich Olivia zum erstenmal sah, däuchte mich, sie reinigte die Luft von einem giftigen Nebel; von diesem Augenblik an ward' ich in einen Hirsch verwandelt, und meine Begierden, gleich wilden, hungrigen Hunden, verfolgen mich seither --

Valentin tritt auf.

Nun, was für eine Zeitung bringt ihr mir von ihr?

Valentin.

Gnädigster Herr, ich wurde nicht vorgelassen; alles

was

was ich statt einer Antwort erhalten konnte, war, daß ihr Kammer-Mädchen mir sagte, die Luft selbst sollte in den nächsten sieben Jahren ihr Gesicht nicht bloß zu sehen kriegen; sondern gleich einer Kloster-Frau will sie in einem Schleyer herum gehen, und alle Tage ein mal ihr Zimmer rund herum mit Thränen begiessen: Alles diß aus Liebe zu einem verstorbenen Bruder, dessen Andenken sie immer frisch und lebendig in ihrem Herzen erhalten will.

Herzog.

O, Sie, die ein so fühlendes Herz hat, daß sie einen Bruder so sehr zu lieben fähig ist; wie wird sie lieben, wenn Amors goldner Pfeil die ganze Heerde aller andern Zuneigungen, ausser einer einzigen, in ihrer Brust getödtet hat? Wenn Leber, Gehirn und Herz, drey unumschränkte Thronen, alle von Einem (o entzükende Vorstellung) von Einem und demselben König besezt und ausgefüllt sind! Folget mir in den Garten -- Verliebte Gedanken ligen nirgends schöner, als unter einem grünen Thron-Himmel, auf Polstern von Blumen.

[Sie gehen ab.]

Zweyte Scene.

[Die Strasse.]

Viola, ein Schiffs-Capitain, und etliche Matrosen.

Viola.

In was für einem Lande sind wir, meine Freunde?

Capitain.

In Illyrien, Gnädiges Fräulein.

Viola.

Und was soll ich in Illyrien machen, da mein Bruder im Elysium ist? -- Doch vielleicht ist er nicht umgekommen; was meynt ihr, meine Freunde?

Capitain.

Es ist ein blosses Glük, daß ihr selbst gerettet worden seyd.

Viola.

O mein armer Bruder! -- aber, hatt' er dieses Glük nicht auch haben können?

Capitain.

Es ist wahr; und wenn die Hoffnung eines glüklichen Vielleicht Eu. Gnaden beruhigen kan, so versichre ich euch, wie unser Schiff strandete, und ihr und diese wenigen, die

mit

mit euch gerettet wurden, an unserm Boot hiengen, da sah ich euern Bruder, selbst in dieser äussersten Gefahr, Muth und Vorsicht nicht verkehrend, sich selbst an einen starken Mast binden, der auf der See umhertrieb; und auf diese Art schwamm er, wie Arion auf dem Rüken des Delphins, durch die Wellen fort, bis ich ihn endlich aus den Augen verlohr.

Viola.

Hier ist Gold für diese gute Nachricht. Meine eigne Rettung läßt mich auch die seinige hoffen, und dein Bericht bestärkt mich hierinn. Bist du in dieser Gegend bekannt?

Capitain.

Ja, Madam, sehr wohl; der Ort wo ich gebohren und erzogen wurde, ist nicht drey Stunden Wegs von hier entfernt.

Viola.

Wer regiert hier?

Capitain.

Ein edler Herzog, den Eigenschaften und dem Namen nach.

Viola.

Wie nennt er sich?

Capitain.

Orsino.

Viola.

Orsino? Ich erinnre mich, daß ich von meinem Vater ihn nennen hörte; er war damals noch unvermählt.

Capitain.

Er ist's auch noch, oder war's doch vor kurzem; denn es ist nicht über einen Monat, daß ich von hier abreisete, und damals murmelte man nur einander in die Ohren, (ihr wißt, wie gerne die Kleinern von dem, was die Grossen thun, schwazen,) daß er sich um die Liebe der schönen Olivia bewerbe.

Viola.

Wer ist diese Olivia?

Capitain.

Eine junge Dame von grossen Eigenschaften, die Tochter eines Grafen, der vor ungefehr einem Jahr starb, und sie unter dem Schuz seines Sohns, ihres Bruders, hinterließ; aber auch diesen hat sie erst kürzlich durch den Tod verlohren; und man sagt, sie sey so betrübt darüber, daß sie die Gesellschaft, ja so gar den blossen Anblik der Menschen verschworen habe.

Viola.

Wenn ich nur ein Mittel wißte, in die Dienste dieser Dame zu kommen, ohne eher in der Welt für das was ich bin bekannt zu werden, als ich es selbst meinen Absichten vorträglich finden werde.

Capitain.

Das wird schwer halten; denn sie läßt schlechterdings niemand vor sich, sogar den Herzog nicht.

Viola.

Du hast das Ansehen eines rechtschaffnen Manns, Capitain; und obgleich die Natur manchmal den häßlichsten Unrath mit einer schönen Mauer einfaßt, so will ich doch von dir glauben, daß dein Gemüth mit diesem feinen äusserlichen Schein übereinstimme: Ich bitte dich also, (und ich will deine Mühe reichlich belohnen,) verheele was ich bin, und verhilf mir zu einer Verkleidung, die meinen Absichten beförderlich seyn mag. Ich will mich in die Dienste dieses Herzogs begeben; stelle mich ihm als einen Castraten vor; es kan deiner Mühe werth seyn; ich kan singen, ich spiele verschiedene Instrumente, und bin also nicht ungeschikt ihm die Zeit zu verkürzen; was weiter begegnen kan, will ich der Zeit überlassen; nur beobachte du auf deiner Seite ein gänzliches Stillschweigen über mein Geheimniß.

Capitain.

Seyd ihr sein Castrat, ich will euer Stummer seyn. Verlaßt euch auf meine Redlichkeit.

Viola.

Ich danke dir; führe mich weiter.

(Sie gehen ab.)

Dritte Scene.

(Verwandelt sich in ein Zimmer in Olivia's Hause.)

Sir Tobias und Maria treten auf.

Vierte Scene.

Sir Andreas zu den Vorigen.

[Der Character des Sir Tobias und seines Freundes gehört in die unterste Tiefe des Niedrigen Comischen; ein paar müßige, lüderliche, rauschichte Schlingels, deren platte Scherze, Wortspiele und tolle Einfälle nirgends als auf einem Engländischen Theater, und auch da nur die Freunde des Ostadischen Geschmaks und den Pöbel belustigen können. Wir lassen also diese Zwischen-Scenen um so mehr weg, als wir der häuffigen Wortspiele wegen, öfters Lüken machen müßten. Alles was in diesen beyden Scenen einigen Zusammenhang mit unserm Stüke hat, ist dieses, daß Sir Tobias seinen Zechbruder, Sir Andreas, als einen Liebhaber der schönen Olivia ins Haus einführt und ganz ernsthaft der Meynung ist, daß sie ein recht artiges wohlzusammengegattetes Paar ausmachen würden; und daß Jungfer Maria den würdigen Oheim ihrer Dame höflich ersucht, um seiner Gesundheit willen sich weniger zu besauffen; und um der Ehre des Hauses willen, seine Bacchanalien nicht so tief in die Nacht hinein zu verlängern.

Fünfte

Fünfte Scene.

(Verwandelt sich in den Pallast.)

Valentin, und Viola in Mannskleidern, treten auf.

Valentin.

Wenn der Herzog fortfährt euch so zu begegnen wie bisher, Cäsario, so werdet ihr in kurzem einen grossen Weg machen; er kennt euch kaum drey Tage, und er begegnet euch schon, als ob es so viele Jahre wären.

Viola.

Ihr müßt entweder seiner Laune oder meiner Aufführung nicht viel gutes zutrauen, wenn ihr die Fortsezung seiner Gunst in Zweifel ziehet. Ist er denn so unbeständig in seinen Zuneigungen, mein Herr?

Valentin.

Nein, das ist er nicht.

Der Herzog, Curio und Gefolge treten auf.

Viola.

Ich danke euch; hier kommt der Herzog.

Herzog.

Sah keiner von euch den Cäsario, he?

Viola.

Viola.

Hier ist er, Gnädigster Herr, zu Befehl.

Herzog (zu den andern.)

Geht ihr ein wenig auf die Seite -- Cäsario, du weist bereits nicht weniger als alles; ich habe dir das Innerste meines Herzens entfaltet. Geh also zu ihr, mein guter Junge; laß dich nicht abweisen, postiere dich vor ihrer Thüre, und sag ihr, du werdest da wie eingewurzelt stehen bleiben, bis sie dir Gehör gebe.

Viola.

Gnädigster Herr, wenn sie sich ihrer Betrübniß so sehr überläßt, wie man sagt, so ist nichts gewissers, als daß sie mich nimmermehr vorlassen wird.

Herzog.

Du must ungestüm seyn, schreyen, und eher über alle Höflichkeit und Anständigkeit hinüberspringen, als unverrichteter Sachen zurük kommen.

Viola.

Und gesezt, ich werde vorgelassen, Gnädigster Herr, was soll ich sagen?

Herzog.

O dann entfalte ihr die ganze Heftigkeit meiner Liebe; preise ihr meine ungemeine Treue an; es wird dir wol anstehen, ihr mein Leiden vorzumahlen; sie wird es von einem jungen Menschen, wie du, besser aufnehmen, und mehr darauf Acht geben, als wenn ich einen Unterhändler von ernsthafterm Ansehen gebrauchte.

Viola.

Ich denke ganz anders, Gnädigster Herr.

Herzog.

Glaube mir's, mein lieber Junge; deine Jugend wäre schon genug, diejenigen lügen zu heissen, die dich einen Mann nennten. Dianens Lippen sind nicht sanfter und rubinfarbiger als die deinigen; deine Stimme ist wie eines Mädchens, zart und hell, und dein ganzes Wesen hat etwas weibliches an sich. Ich bin gewiß, du bist unter einer Constellation gebohren, die dich in solchen Unterhandlungen glüklich macht; du wirst meine Sache besser führen, als ich selbst thun könnte. Geh also, sey glüklich in deiner Verrichtung, und du sollst alles was mein ist, dein nennen können.

Viola.

Ich will mein Bestes thun, Gnädigster Herr -- (vor sich.) Eine beschwerliche Commission! Ich soll ihm eine andre kuppeln, und wäre lieber selbst sein Weib.

(Sie gehen ab.)

Sechste Scene.

[Olivia's Haus.]

Maria und der Narr vom Hause treten auf.

[Maria schilt den Narren aus, daß er so lange ausgeblieben, und sagt ihm, die Gnädige Frau werde ihn davor hängen lassen. Der Narr erwiedert dieses Compliment mit Einfällen, an denen der Leser nichts verliehrt; man weiß daß auch der allersinnreichste und unerschöpflichste Hans Wurst doch endlich genöthiget ist, sich selbst zu wiederholen, so gut als ein andrer wiziger Kopf; und so geht es Shakespears Clowus oder Narren von Profeßion auch; sie haben ihre locos communes, auf denen sie wie auf Steken-Pferden herumreiten, wenn ihnen nichts bessers einfallen will; und dieser wird endlich der Zuhörer und der Leser satt.

Siebende Scene.

Olivia und Malvolio zu den Vorigen.

Narr.

O Verstand, sey so gut und hilf mir den Narren machen -- Diese gescheidten Leute, welche sich einbilden sie haben dich, beweisen sehr oft daß sie Narren sind; und ich, bey dem es ausgemacht ist, daß ich dich nicht habe, mag

für

für einen weisen Mann gelten. Denn was sagt Quinapalus? Besser ein wiziger Narr, als ein närrischer Wizling! Guten Tag, Frau!

Olivia.

Schaft mir den Narren weg.

Narr.

Hört ihr's nicht, Kerls? Schaft mir die Frau weg.

Olivia.

O, geh; du bist ein trokner Narr; ich habe deiner genug; zu allem Ueberfluß wirst du zu deiner Albernheit noch ungesittet.

Narr.

Das sind zween Fehler, die sich durch guten Rath und einen Krug Halb-Bier verbessern lassen. Denn, gebt dem troknen Narren zu trinken, so ist der Narr nicht mehr troken: Sagt dem ungesitteten Menschen, wie er sich verbessern soll, so wird er nicht länger ungesittet seyn. Alle Dinge in der Welt, die man ausbessert, werden geflikt; Tugend, die sich vergeht, ist nur mit Sünde geflikt; und Sünde, die sich bessert, ist nur mit Tugend geflikt. Wenn dieser einfältige Syllogismus die Sache ausmacht, wol gut; wo nicht, was ist zu thun? Gleichwie kein andrer wahrer Hahnrey ist als Elend; so ist Schönheit eine vergängliche Blume: Die Gnädige Frau sagte, man solle den Narren wegschaffen, also sag ich noch einmal, schafft sie weg.

Olivia.

Sir, ich befahl daß man euch wegschaffen sollte.

Narr.

Mißverstand im höchsten Grade -- Gnädiges Fräulein, cucullus non facit monachum; das ist auf Deutsch: Mein Hirn sieht nicht so buntschekicht aus als mein Rok: Liebe Madonna, wollt ihr mir erlauben, euch zu beweisen, daß ihr eine Närrin seyd?

Olivia.

Wie willt du das machen?

Narr.

Gar geschikt, gute Madonna.

Olivia.

Nun, so beweise dann.

Narr.

Ich muß euch vorher catechisieren, Madonna, wenn ihr mir antworten wollt.

Olivia.

Gut, Sir, so schlecht der Zeitvertrieb ist, so wollen wir doch euern Beweis hören.

Narr.

Gute Madonna, warum traurest du?

Olivia.

Olivia.

Um meinen Bruder, guter Narr.

Narr.

Ich denke seine Seele ist also in der Hölle, Madonna?

Olivia.

Ich weiß, seine Seele ist im Himmel, Narr.

Narr.

Eine desto grössere Närrin seyd ihr, Madonna, dafür zu trauern, daß euer Bruder im Himmel ist; schaft mir die Närrin weg, meine Herren.

Olivia.

Was denkt ihr von diesem Narren, Malvolio? Verbessert er sich nicht?

Malvolio.

Ja, und wird sich verbessern bis ihm die Seele ausgehen wird. Zunehmende Jahre machen den vernünftigen Mann abnehmen, und verbessern hingegen den Narren, weil er je älter je närrischer wird.

Narr.

Gott send' euch ein frühzeitiges Alter, Herr, um eure Narrheit desto bälder zu ihrer Vollkommenheit zu bringen! Sir Tobias würde schwören wenn man's verlangte, daß ich kein Fuchs sey; aber er würde sich nicht für zwey Pfenninge verbürgen, daß ihr kein Narr seyd.

Olivia.

Was sagt ihr hiezu, Malvolio?

Malvolio.

Mich wundert, wie Eu. Gnaden an einem so abgeschmakten Schurken ein Belieben finden kan; ich sah ihn erst gestern von einem alltäglichen Narren, der nicht mehr Hirn hatte als ein Stein, zu Boden gelegt. Seht nur, er weiß sich schon nicht mehr zu helfen; wenn ihr nicht vorher schon lacht, und ihm die Einfälle die er haben soll auf die Zunge legt, so steht er da, als ob er geknebelt wäre. Ich versichre, diese gescheidte Leute, die über die albernen Frazen dieser Art von gedungenen Narren so krähen können, sind in meinen Augen die Narren der Narren.

Olivia.

O, ihr seyd am Eigendünkel krank, Malvolio, und habt einen ungesunden Geschmak. Edelmüthige, schuldlose und aufgeräumte Leute sehen diese Dinge für Vögel-Schrot an, die euch Canon-Kugeln scheinen; ein Narr von Profeßion kan niemand beschimpfen, wenn er gleich nichts anders thut als spotten; so wie ein Mann von bekannter Klugheit niemals spottet, wenn er gleich nichts anders thäte als tadeln.

Maria zu den Vorigen.

Maria.

Gnädige Frau, es ist ein junger Herr vor der Thüre, der ein grosses Verlangen trägt, mit Euer Gnaden zu sprechen.

Olivia.

Von dem Grafen Orsino, nicht wahr?

Maria.

Ich weiß es nicht, Gnädige Frau, er ist ein hübscher junger Mann, und er macht Figur.

Olivia.

Wer von meinen Leuten unterhält ihn?

Maria.

Sir Tobias, Gnädige Frau, euer Oehm.

Olivia.

Macht daß ihr ihn auf die Seite bringt, ich bitte euch; er spricht nichts als tolles Zeug; der garstige Mann! Geht ihr, Malvolio; wenn es eine Gesandschaft vom Grafen ist, so bin ich krank oder nicht bey Hause; Sagt was ihr wollt, um seiner los zu werden.

(Malvolio geht ab.)

Ihr seht also, Sir, eure Narrheit wird alt und gefällt den Leuten nicht mehr.

Narr.

Du hast unsre Parthey genommen, Madonna, als ob dein ältester Sohn zu einem Narren bestimmt wäre; Jupiter füll' ihm seinen Schedel mit Hirn aus! Hier kommt einer von deiner Familie, der eine sehr schwache pia mater hat --

Achte Scene.

Sir Tobias zu den Vorigen.

Olivia.

Auf meine Ehre, halb betrunken. Wer ist vor der Thür, Onkel?

Sir Tobias.

Ein Edelmann.

Olivia.

Ein Edelmann? Was für ein Edelmann?

Sir Tobias.

Ein Mutter-Söhnchen, dem Ansehen nach -- der Henker hole diese Pikelhäringe! Was machst du hier, Dumkopf?

Narr.

Narr.

Guter Sir Toby --

Olivia.

Onkel, Onkel, wie kommt ihr schon so früh zu dieser Lethargie?

Sir Tobias.

Es ist einer vor der Pforte, sag ich.

Olivia.

Nun, wer ist er denn?

Sir Tobias.

Er kan meinethalb der Teufel selber seyn, wenn er will, was bekümmert mich's; glaubt mir was ich sage. Gut, es ist all eins.

(Er geht ab.)

Olivia.

Wem ist ein berauschter Mann gleich, Narr?

Narr.

Einem Narren, einem Ertrunknen und einem Rasenden. Das erste Glas über das was genug ist macht ihn närrisch; das zweyte macht ihn rasend; und daß dritte ertränkt ihn gar.

Olivia.

So kanst du nur gehen und ein visum repertum über

meinen Oehm machen lassen; er ist würklich im dritten Grade der Trunkenheit; er ist ertrunken; geh, sieh zu ihm.

Narr.

Er ist dermalen erst toll, Madonna, und der Narr wird gehn und zu dem Tollhäusler sehen.

[Er geht ab.]

Malvolio zu den Vorigen.

Malvolio.

Gnädige Frau, der junge Bursche schwört, daß er mit euch reden wolle. Ich sagte ihm, ihr befändet euch nicht wohl; er antwortet, so komme er eben recht, denn er habe ein vortresliches Arcanum gegen dergleichen Unpäßlichkeiten. Ich sagte ihm, ihr schliefet; aber es scheint er habe das auch vorher gewußt, und will deßwegen mit euch sprechen. Was soll man ihm sagen, Gnädige Frau? Er will sich schlechterdings nicht abweisen lassen.

Olivia.

Sagt ihm, er solle mich nicht zu sprechen kriegen.

Malvolio.

Das hat man ihm gesagt; und seine Antwort ist, er wolle vor eurer Pforte stehen bleiben wie eine Säule, er wolle das Fußgestell zu einer Bank abgeben; aber er wolle mit euch sprechen.

Olivia.

Olivia.

Von was für einer Gattung Menschen-Kindern ist er?

Malvolio.

Wie, von der männlichen.

Olivia.

Aber was für eine Art von einem Mann?

Malvolio.

Von einer sehr unartigen; er will mit euch reden, ihr mögt wollen oder nicht.

Olivia.

Wie sieht er aus, und wie alt mag er seyn?

Malvolio.

Nicht alt genug, einen Mann und nicht jung genug, einen Knaben vorzustellen; mit einem Wort, ein Mitteldding zwischen beyden, ein hübsches, wohlgemachtes Bürschgen, und er spricht ziemlich nasenweise; man dächte, er habe noch was von seiner Mutter Milch im Leibe.

Olivia.

Laßt ihn kommen; ruft mir mein Mädchen.

Malvolio.

Jungfer, die Gnädige Frau ruft.

(Er geht ab.)

Neunte Scene.

Maria tritt auf.

Olivia.

Gieb mir meinen Schleyer: Komm, zieh ihn über mein Gesicht: Wir wollen doch noch einmal hören, was Orsino's Gesandtschaft anzubringen haben wird.

Viola zu den Vorigen.

Viola.

Wo ist die Gnädige Frau von diesem Hause?

Olivia.

Redet mit mir, ich will für sie antworten; was wollt ihr?

Viola.

Allerglänzendste, auserlesenste und unvergleichlichste Schönheit -- ich bitte euch, sagt mir, ob das die Frau vom Hause ist, denn ich sah sie noch niemals. Es wäre mir leid, wenn ich meine Rede umsonst gehalten hätte; denn ausserdem daß sie über die maassen wol gesezt ist, so hab ich mir grosse Mühe gegeben, sie auswendig zu lernen. Meine Schönen, eine deutliche Antwort; ich bin sehr kurz angebunden, wenn mir nur im geringsten mißbeliebig begegnet wird.

Olivia.

Olivia.

Woher kommt ihr, mein Herr?

Viola.

Ich kan nicht viel mehr sagen als ich studiert habe, und diese Frage ist nicht in meiner Rolle. Mein gutes junges Frauenzimmer, gebt mir hinlängliche Versicherung daß ihr die Frau von diesem Hause seyd, damit ich in meiner Rede fortfahren kan.

Olivia.

Seyd ihr ein Comödiant?

Viola.

Nein, vom innersten meines Herzens wegzureden; und doch schwör' ich bey den Klauen der Bosheit, ich bin nicht was ich vorstelle. Seyd ihr die Frau vom Hause?

Olivia.

Wenn ich mich selbst nicht usurpiere, so bin ich's.

Viola.

Unfehlbar, wenn ihr sie seyd, usurpiert ihr euch selbst; denn was euer ist um es wegzugeben, das kömmt euch nicht zu, für euch selbst zurük zu behalten; doch das ist aus meiner Commißion. Ich will den Eingang meiner Rede mit euerm Lobe machen, und euch dann das Herz meines Auftrags entdeken.

Olivia.

Olivia.

Kommt nur gleich zur Hauptsache; ich schenke euch das Lob.

Viola.

Desto schlimmer für mich; ich gab mir so viele Müh es zu studieren, und es ist so poetisch!

Olivia.

Desto mehr ist zu vermuthen, daß es übertrieben und voller Dichtung ist. Ich bitte euch, behaltet es zurük. Ich hörte, ihr machtet euch sehr unnüze vor meiner Thüre, und ich erlaubte euch den Zutritt mehr aus Fürwiz euch zu sehen, als euch anzuhören. Wenn ihr nicht toll seyd, so geht; wenn ihr Verstand habt, so macht's kurz; es ist gerade nicht die Monds-Zeit bey mir, da ich Lust habe in einem so hüpfenden Dialog' eine Person zu machen.

Maria.

Wollt ihr eure Segel aufziehen, junger Herr, hier ligt euer Weg.

Viola.

Nein, ehrlicher Schiffs-Junge, ich werde hier noch ein wenig Flott machen.

Olivia.

Was habt ihr dann anzubringen?

Viola.

Viola.

Ich bin ein Deputierter.

Olivia.

Wahrhaftig, ihr müßt etwas sehr gräßliches zu sagen haben, da eure Vorrede so fürchterlich ist. Redet was ihr zu reden habt.

Viola.

Es bezieht sich allein auf euer eignes Ohr. Ich bringe keine Kriegs-Erklärung; ich trage den Oelzweig in meiner Hand, und meine Worte sind eben so friedsam als gewichtig.

Olivia.

Und doch fienget ihr unfreundlich genug an. Wer seyd ihr? Was wollt ihr?

Viola.

Wenn ich unfreundlich geschienen habe, so ist es der Art wie ich empfangen wurde, zuzuschreiben. Was ich bin und was ich will, das sind Dinge, die so geheim sind wie eine Jungferschaft; für euer Ohr, Theologie; für jedes andre, Profanationen.

Olivia.

Laß uns allein. (Maria geht ab.) Wir wollen diese Theologie hören. Nun, mein Herr, was ist euer Text?

Viola.

Allerliebstes Fräulein --

Olivia.

Eine trostreiche Materie, und worüber sich viel sagen läßt. Wo steht euer Text?

Viola.

In Orsino's Busen.

Olivia.

In seinem Busen? In was für einem Capitel seines Busens?

Viola.

Um in der nemlichen Methode zu antworten, im ersten Capitel seines Herzens.

Olivia.

O, das hab' ich gelesen; es ist Kezerey. Ist das alles was ihr zu sagen habt?

Viola.

Liebe Madam, laßt mich euer Gesicht sehen.

Olivia.

Habt ihr Commission von euerm Herrn, mit meinem Gesicht Unterhandlungen zu pflegen? Ihr geht izt zwar über euern Text hinaus; aber wir wollen doch den Vorhang weg-

ziehen

ziehen, und euch das Gemählde zeigen. Seht ihr, mein Herr; so eines trag' ich dermahlen; ist's nicht wohl gemacht?

[Sie enthüllt ihr Gesicht.]

Viola.

Vortrefflich, wenn Gott alles gemacht hat.

Olivia.

Davor steh ich euch; es ist von der guten Farbe; es hält Wind und Wetter aus.

Viola.

O, gewiß kan nur die schlaue und anmuthreiche Hand der Natur weiß und roth auf eine so reizende Art auftragen, und in einander mischen -- Gnädiges Fräulein, ihr seyd die grausamste Sie in der ganzen Welt, wenn ihr solche Reizungen ins Grab tragen wollt, ohne der Welt eine Copey davon zu lassen.

Olivia.

O, mein Herr, so hartherzig will ich nicht seyn; ich will verschiedene Vermächnisse von meiner Schönheit machen. Es soll ein genaues Inventarium davon gezogen, und jedes besondre Stük meinem Testament angehängt werden. Als, item, zwo erträglich rothe Lippen. Item, zwey blaue Augen, mit Augliedern dazu. Item, ein Hals, ein Kinn, und so weiter. Seyd ihr hieher geschikt worden, mir eine Lobrede zu halten?

Viola.

Ich sehe nun, was ihr seyd; ihr seyd zu spröde; aber wenn ihr der Teufel selbst wäret, so muß ich gestehen, daß ihr schön seyd. Mein Gebieter und Herr, liebt euch: O! eine Liebe, wie die seinige, könnte mit der eurigen, mehr nicht als nur belohnt werden, und wenn ihr zur Schönsten unter allen Schönen des Erdbodens gekrönt worden wäret.

Olivia.

Wie liebt er mich dann?

Viola.

Mit einer Liebe, die bis zur Abgötterey geht, mit immer fliessenden Thränen, mit liebe-donnerndem Aechzen und Seufzern von Feuer.

Olivia.

Euer Herr weiß meine Gesinnung schon, er weiß daß ich ihn nicht lieben kan. Ich zweifle nicht daß er tugendhaft, und ich weiß daß er edel, von grossem Vermögen, von frischer und unverderbter Jugend ist; er hat den allgemeinen Beyfall vor sich, und ist reizend von Gestalt; aber ich kan ihn nicht lieben; ich hab es ihm schon gesagt, und er hätte sich meine Antwort auf diesen neuen Antrag selbst geben können.

Viola.

Wenn ich euch liebte wie mein Herr, mit einer so quälenden, so verzehrenden Liebe, so würd' ich mich durch eine

solche

solche Antwort nicht abweisen lassen; ich würde gar keinen Sinn in ihr finden.

Olivia.

Wie, was thätet ihr denn?

Viola.

Ich würde Tag und Nacht vor eurer Thüre ligen, und so lange hinein ruffen bis mir der Athem ausgienge: ich würde klägliche Elegien über meine unglükliche Liebe machen, und sie selbst in der Todesstille der Nacht laut vor euerm Fenster singen; euern Namen den zurükschlagenden Hügeln entgegen ruffen, und die schwazhafte Gevatterin der Luft (die Echo) an Olivia sich heiser schreyen machen! O ich wolte euch nirgends Ruhe lassen, bis ihr Mitleiden mit mir hättet.

Olivia.

Ihr könntet es vielleicht weit genug bringen. Was ist euer Stand?

Viola.

Ueber meine Glüks-Umstände, doch bin ich zufrieden; ich bin ein Edelmann.

Olivia.

Kehrt zu euerm Herrn zurük; ich kan ihn nicht lieben; er soll mich mit seinen Gesandtschaften verschonen; ausser ihr wolltet noch einmal zu mir kommen, um mir zu sagen, wie er meine Erklärung aufgenommen hat; lebt wohl; ich dank' euch für eure Mühe: nemmt diß zu meinem Andenken —

Viola.

Ich bin kein Bote der sich bezahlen läßt; Gnädiges Fräulein, behaltet euern Beutel: Mein Herr, nicht ich, bedarf eurer Gütigkeit. Möchte sein Herz von Kieselstein seyn, und ihr so heftig in ihn verliebt werden, als er's ist, damit ihr die ganze Qual einer verschmähten Liebe fühltet! Lebt wohl, schöne Unbarmherzige!

(Sie geht ab.)

Olivia (allein.)

Was ist euer Stand? Ueber meine Glüks-Umstände, doch bin ich zufrieden; ich bin ein Edelmann -- Ich wollte schwören daß du es bist! Deine Sprache, dein Gesicht, deine Gestalt, deine Gebehrden und dein Geist machen eine fünffache Ahnen-Probe für dich -- nicht zu hastig -- sachte! Sachte! -- Es müßte dann bestimmt seyn -- wie, was für Gedanken sind das? Kan man so plözlich angestekt werden? Es ist mir nicht anders, als fühlt' ich die Annehmlichkeiten dieses jungen Menschen, mit unsichtbarem leisem Tritt zu meinen Augen hineinkriechen. Gut, laßt es gehn -- He, Malvolio! --

Malvolio tritt auf.

Malvolio.

Hier, Gnädige Frau, zu euerm Befehl.

Olivia.

Lauffe diesem nemlichen wunderlichen Abgesandten, des Herzogs

Herzogs seinem Diener, nach; er ließ diesen Ring zurük, ich wollte oder wollte nicht; sag ihm, ich woll' ihn schlechterdings nicht. Ersuch ihn, seinem Herrn nicht zu schmeicheln, und ihn nicht mit falschen Hoffnungen aufzuziehen; ich sey nicht für ihn: wenn der junge Mensch morgen dieser Wege kommt, will ich ihm Ursachen dafür geben. Eile, Malvolio.

Malvolio.

(Geht ab.)

Olivia.

Ich thue etwas, und weiß selbst nicht was; ich besorge, ich besorge, meine Augen haben mein Herz überrascht! Schiksal, zeige deine Macht: Wir sind nicht Herren über uns selbst; was beschlossen ist, muß seyn, und so sey es dann!

[Sie geht ab.]

Zweyter Aufzug.

Erste Scene.

[Die Strasse.]

Antonio und Sebastiano treten auf.

Antonio.

Ihr wollt also nicht länger bleiben? Und ihr wollt auch nicht erlauben, daß ich mit euch gehe?

Sebastiano.

Nein, verzeiht mir's; meine Sterne scheinen dunkel über mir; der mißgünstige Einfluß meines Schiksals möchte auch das eurige anstekken; erlaubt mir also, daß ich mich von euch beurlaube, um mein Unglük allein zu tragen. Es würde eine schlechte Belohnung für eure Freundschaft seyn, wenn ich euch auch nur den kleinsten Theil davon auflegen wollte.

Antonio.

Laßt mich wenigstens nur wissen, wohin ihr gehen wollt.

Sebastiano.

Meine Reise ist in der That nichts anders, mein Herr, als ein wunderlicher Einfall, ohne besondere Absicht -- Doch diese edle Bescheidenheit, womit ihr euch zurükhaltet, mir

mir abzunöthigen, was ich, wie ihr merket, gerne bey mir behalten wollte, verbindet mich, von selbst näher gegen euch heraus zu gehen. Wisset also, Antonio, daß mein Name Sebastiano und nicht Rodrigo ist, wie ich vorgab; mein Vater war dieser Sebastiano von Messaline, von dem ihr ohne Zweifel gehört haben müßt. Er hat mich mit einer Schwester hinterlassen, die in der nemlichen Stunde mit mir gebohren worden; möcht' es dem Himmel gefallen haben, daß wir auch ein solches Ende genommen hätten. Aber ihr, mein Herr, verhindertet das; denn ungefehr eine Stunde, eh ihr mich aus dem Schiffbruch aufnahmet, war meine Schwester ertrunken.

Antonio.

Ich bedaur' euch von Herzen.

Sebastiano.

Eine junge Dame, mein Herr, welche, ob man gleich eine sonderbare Aehnlichkeit zwischen ihr und mir finden wollte, doch von vielen für schön gehalten wurde; und wenn ich gleich über diesen Punkt nicht zu leichtgläubig seyn möchte, so darf ich hingegen kühnlich von ihr behaupten, daß sie ein Gemüthe hatte, das der Neid selbst nicht anders als schön nennen könnte: Nun ist sie ertrunken, mein Herr, und ihr Andenken preßt mir Thränen aus, die ich nicht zurükhalten kan.

Antonio.

Vergebet mir, mein Herr, daß ihr nicht besser bedient worden seyd.

Sebastiano.

O mein allzugütiger Antonio, vergebet mir die Unruhe die ich euch gemacht habe.

Antonio.

Wenn ihr mich für meinen guten Willen nicht ermorden wollt, so laßt mich euer Diener seyn.

Sebastiano.

Wenn ihr eure Wohlthat nicht wieder vernichten, und ein Leben wieder nehmen wollt, das ihr erhalten habt, so muthet mir das nicht zu. Lebt wohl auf immer; mein Herz ist zu sehr gerührt, als daß ich mehr sagen könnte; meine Augen reden für mich -- Ich muß an des Herzogs Orsino Hof; Lebet wohl.

(Er geht ab.)

Antonio.

Die Huld aller Götter begleite dich! Ich habe mir Feinde an Orsino's Hofe gemacht, sonst solltest du mich dort bald in deinem Wege finden: Und doch, es entstehe daraus was immer will, ich liebe dich so sehr daß mich keine Gefahr abschreken kan; ich will gehen.

(Geht ab.)

Zweyte Scene.

[Malvolio trift Viola, in ihrer Verkleidung als Cäsario an, und richtet den Auftrag bey ihr aus, den ihm Olivia vorhin gegeben, und da Viola den Ring nicht annehmen will, wirft er ihn endlich vor ihre Füsse und geht ab.]

Viola (allein.)

Ich ließ keinen Ring bey ihr ligen; was meynt diese Dame damit? Das Unglük wird doch nicht wollen, daß ihr meine Gestalt in dieser Verkleidung gefährlich gewesen! Sie schien mich mit günstigen Augen anzusehen, in der That, so sehr, daß ihre Augen ihre Zunge verhext und gelähmt zu haben schienen; denn sie sprach sehr zerstreut und ohne Zusammenhang -- Sie liebt mich, so ist es; und der Auftrag den sie diesem plumpen Abgesandten gemacht, ist ein Kunstgriff, mir ihre Liebe auf eine feine Art zu erkennen zu geben -- Sie will keinen Ring von meinem Herrn; wie? er schikte ihr ja keinen; ich bin der Mann -- Wenn es so ist, (und es ist so) das arme Fräulein! so wär es noch besser für sie, in ein blosses Phantom verliebt zu seyn. Verkleidungen sind, wie ich sehe, eine Gelegenheit, deren Satan sich wol zu bedienen weiß. Wie wenig es braucht, um in ein wächsernes Weiber-Herz Eindruk zu machen! Himmel! daran hat unsre Gebrechlichkeit Schuld, nicht wir; wenn wir so gemacht sind, was können wir dafür, daß wir so sind? -- Aber wie wird sich das zusammen

 schiken?

schiken? Mein Herr liebt sie aufs äusserste; ich, arme Mißgestalt, bin eben so stark von ihm bethört; und sie, durch den Schein betrogen, seufzt um mich. Was wird aus diesem allem werden? In so fern ich ein Mann bin, könnte meine Liebe zu Orsino in keinem verzweifeltern Zustand seyn; in so fern ich ein Mädchen bin, wie viele vergebliche Seufzer wird die arme Olivia aushauchen! Hier ist lauter Hoffnung-lose Liebe, auf allen Seiten. O Zeit, du must diß entwikeln, nicht ich; es ist ein Knoten, der zu hart verschlungen ist, als daß ich ihn auflösen könnte.

(Sie geht ab.)

Dritte Scene.

(Verwandelt sich in Olivia's Haus.)

Sir Tobias und Sir Andreas, nebst dem Narren.

Vierte Scene.

Maria, und endlich auch Malvolio zu den Vorigen.

[Diese beyden Zwischen-Scenen sind der Uebersezung unwürdig, und eines Aufzugs unfähig.]

Fünfte Scene.

(Verwandelt sich in den Pallast.)

Der Herzog, Viola, Curio, und andre.

Herzog.

Macht mir ein wenig Musik; nun guten Morgen, meine Freunde: Wie, mein wakrer Cäsario, in der That, das Stükchen, das alte ehrliche Gassen-Liedchen, das wir lezte Nacht hörten, machte mir leichter ums Herz als diese flüchtigen Läuffe, diese studierten Säze einer rauschenden und schwindlicht sich im Kreise herumdrehenden Symphonie -- Kommt, nur eine Strophe --

Curio.

Gnädigster Herr, es ist niemand da, der es singen könnte.

Herzog.

Wer sang es denn gestern?

Curio.

Fest, der Pikelhäring, der Narr, mit dem der Gräfin Olivia Vater soviel Kurzweil hatte. Er ist ausgegangen.

Herzog.

Sucht ihn auf, und spielt indessen die Melodie. Komm hieher, Junge: wenn du jemals erfahren wirst was Liebe

ist,

ist, so denk' in ihren süssen Beklemmungen an mich; so wie ich bin, sind alle Liebhaber: unstät und launisch in allen andern Vorstellungen, als allein in dem Bilde des Geliebten, das immer vor ihren Augen schwebt -- wie gefällt dir dieser Ton?

Viola.

Er giebt ein wahres Echo von dem Siz, wo die Liebe thront.

Herzog.

Du sprichst meisterlich. Ich seze mein Leben dran, dein Herz ist nicht so unerfahren als du jung bist; du hast geliebt, nicht wahr, Junge?

Viola.

Ein wenig, Gnädigster Herr.

Herzog.

Von was für einer Gattung Weibsbilder ist sie?

Viola.

Sie sieht Eu. Gnaden gleich.

Herzog.

So ist sie deiner nicht werth. Wie alt, ernsthafter Weise?

Viola.

Von euerm Alter, Gnädigster Herr.

Herzog.

Herzog.

So ist sie zu alt; ein Weibsbild soll immer einen ältern nehmen als sie ist, so daurt sie ihn aus, und ist sicher, ihren Plaz in ihres Mannes Herzen immer zu behalten. Denn, glaube mir, Junge, wir mögen uns so schön machen als wir wollen, so sind doch unsre Zuneigungen immer weit schwindlichter, unsteter, schwankender, und leichter abgenuzt und verlohren, als der Weiber ihre.

Viola.

Das denk' ich selbst, Gnädigster Herr.

Herzog.

Wähle dir also eine Liebste die jünger als du bist, oder deine Liebe wird von keiner Dauer seyn: Denn Weiber sind wie Rosen; in der nemlichen Stunde, da ihre schöne Blume sich völlig entfaltet, fällt sie ab.

Viola.

Und so sind sie; wie schade, daß sie so sind! daß sie in dem Augenblik sterben, worinn sie den Punkt ihrer Vollkommenheit erreicht haben.

Curio und der Narr zu den Vorigen.

Herzog.

O, komm du, guter Freund -- Das Lied von gestern Nachts -- Gieb Acht darauf, Cäsario, es ist alt und einfältig; die Spinnerinnen und Strikerinnen, wenn sie an der Sonne bey ihrer Arbeit sizen, und die muntern Webers-Mädchen, wenn sie zetteln, pflegen es zu singen; es ist ein läppisches, kindisches Ding, aber es sympathisiert mit der Unschuld der Liebe, wie man vor Alters liebte.

Narr.

Seyd ihr fertig, Herr?

Herzog.

Ja; sing, ich bitte dich.

Ein Lied. (*)

Herzog.

Hier ist was für deine Mühe.

Narr.

Keine Mühe, Herr; singen ist ein Vergnügen für mich, Herr.

Herzog.

So will ich dir dein Vergnügen bezahlen.

Narr.

(*) Der Verfasser der Beurtheilung des ersten Theils dieser Uebersezung, in der Bibliothek der schönen Wissenschaften hat eine so glükliche Probe mit einem Liede des Narren im König Lear gemacht, daß wir ihm auch dieses Gassenhauerchen überlassen wollen. Es ist in der That alles was Orsino davon sagt, aber es müßte, um nicht alles zu verliehren in der Sprache Sebastian Brands oder einer noch ältern, in der nemlichen oder einer ganz ähnlichen Versart, mit der nemlichen Wahrheit der Erfindung, und tändelnden Einfalt des Ausdruks, übersezt werden -- eine Arbeit, welche vielleicht schwerer ist, als das feinste Sonnet von einem Zappi, in Reime zu übersezen.

Narr.

Das ist ein anders, Herr; Vergnügen will über kurz oder lange bezahlt seyn.

Herzog.

Du kanst nun wieder gehen, so schnell du willst.

Narr.

Nun der melancholische Gott der Liebe behüte dich, und der Schneider mache dir ein Wamms von schielichtem Taft; denn dein Gemüth ist ein wahrer Opal. Leute von solcher Standhaftigkeit müßte man mir über Meer schiken, damit ihr Geschäfte allenthalben und ihr Ziel nirgends wäre; denn das ist gerade was man braucht, um von einer langen Reise nichts nach Hause zu bringen. Lebt wohl.

(Er geht ab.)

Sechste Scene.

Herzog.

Macht uns Plaz ihr andern -- Versuch es noch zum leztenmal, Cäsario; geh noch einmal zu dieser schönen Unerbittlichen; sag ihr, meine Liebe lege einer Menge von ausgebreiteten Erdschollen die man Ländereyen heißt, keinen Werth bey; sag ihr, die Güter die das Glük ihr zugelegt habe, seyen in meinen Augen so eitel als das Glük selbst; ihr Gemüth allein, dieses Wunder, dieses unvergleichliche Kleinod, das die Natur so schön gefaßt hat, ziehe meine

Seele

Seele an, und wenn sie die ganze Welt zum Brautschaz hätte, so würde sie in meinen Augen nicht reizender seyn.

Viola.

Aber wenn sie euch nun nicht lieben kan, Gn. Herr?

Herzog.

Ich will keine solche Antwort haben.

Viola.

Aber wie dann, wenn ihr müßt? Sezet den Fall, es gäbe eine junge Dame, wie es vielleicht eine giebt, die aus Liebe zu euch diese nemliche Quaal in ihrem Herzen fühlte, die ihr für Olivia fühlt; und ihr könntet sie nicht lieben, und ihr sagtet ihr das; müßte sie sich diese Antwort nicht gefallen lassen?

Herzog.

Es giebt kein weibliches Herz das stark genug wäre, den Sturm einer so heftigen Leidenschaft auszuhalten, wie die meinige ist - - es giebt keines, das groß genug wäre, eine solche Liebe zu fassen. Ihre Liebe verdient mehr den Namen eines flüchtigen Gelusts, sie reizt nur ihren Gaumen, nicht ihre Leber, und endigt sich bald durch Ueberfüllung in Ekel und Abscheu; da die meinige hingegen so hungrig ist wie die See, und eben so viel verdauen kan. Mache keine Vergleichung zwischen der Liebe die ein Weibsbild für mich haben kan, und der meinigen für Olivia.

Viola.

Viola.

Gut, und doch weiß ich --

Herzog.

Was weißst du?

Viola.

Nur zuwohl was für einer Liebe die Weibsbilder zu den Mannsleuten fähig sind. Aufrichtig zu reden, sie haben so getreue Herzen als wir immer. Mein Vater hatte eine Tochter die jemand so sehr liebte, als ich vielleicht, wenn ich ein Weibsbild wäre, Euer Gnaden lieben würde.

Herzog.

Und was ist ihre Geschichte?

Viola.

Ein weisses Blatt Papier: Nie entdekte sie ihre Liebe, sondern ließ ihr Geheimniß, gleich einem Wurm in der Knospe, an ihrer Rosenwange nagen: Sie verschloß ihre Quaal in ihr Herz, und, in blasser hinwelkender Schwermuth, saß sie wie die Geduld auf einem Grabmal, und lächelte ihren Kummer an. War das nicht Liebe, wahre Liebe? Wir Männer mögen mehr reden, mehr schwören, aber daß wir besser lieben, daran läßt sich zweiffeln, ohne uns Unrecht zu thun; wir zeigen immer mehr als wir fühlen — und unsre Liebe ist oft desto schwächer, je stärker wir sie ausdruken.

Herzog.

Aber starb deine Schwester an ihrer Liebe, Junge?

Viola.

Ich bin alle Töchter die von meines Vaters übrig sind, und alle Brüder dazu -- und doch weiß ich nicht -- Gnädigster Herr, soll ich zu dieser Dame gehen?

Herzog.

Ja, das ist die Sache. Eile zu ihr; gieb ihr dieses Kleinod; sag ihr meine Liebe könne und werde sich nicht abtreiben lassen.

[Sie geben ab.]

Siebende Achte und Neunte Scene.

[Jungfer Maria hatte mit den beyden würdigen Junkern Sir Tobias und Sir Andreas, in der vierten Scene den Plan zu einem kleinen Streich angelegt, den sie, zu ihrer allerseitigen Belustigung, dem Malvolio, einem einbildischen, in sich selbst verliebten, dummen und dabey sehr feyrlichen Gesellen, spielen wollten. Dieses Complott wird nun in diesen dreyen Scenen ausgeführt. Maria schreibt in ihrer Gebieterinn Namen einen Brief worinn Oliviens Hand so gut als möglich nachgeahmt ist, und legt ihn an einen Ort, wo ihn Malvolio finden muß. Man kan sich vorstellen, was für närrisches Zeug ein solcher Bursche anzugeben fähig ist, da er Oliviens

eigne

eigne Hand dafür zu haben glaubt, daß sie sterblich in ihn verliebt sey. Alles was wir aus diesem Intermezzo der Uebersezung würdig halten, ist das Gespräch des Malvolio das er mit sich selbst hält, eh und da er den unterschobnen Brief findet, und aus welchem wir nur die abgeschmakten Ausruffungen, Schwüre und Parenthesen weglassen, welche die beyden Junkers a parte machen.

Die Scene ist in Olivias Garten.

Maria zu Sir Tobias, Sir Andreas und Fabian.

Maria.

Geht, verbergt euch alle drey in die Laube dort; Malvolio kommt diesen Gang herauf; er stuhnd schon diese halbe Stunde lang dort in der Sonne, und gesticulirte gegen seinem eignen Schatten -- gebt auf ihn acht, ich bitte euch, ihr werdet Spaß davon haben: Denn ich bin sicher, dieser Brief wird ihn in die lächerlichste Betrachtungen versenken -- Haltet euch still, wenn ihr euch nicht selbst einen Spaß verderben wollt -- lieg du da -- (Sie wirft den Brief hin, und entfernt sich.)

Malvolio tritt auf; mit sich selbst redend.

Es kommt alles aufs Glük an, alles aufs Glük! Maria sagte mir neulich, sie könne mich überaus wohl leiden, und ich habe selbst gehört, daß sie sich herausgelassen hat, wenn sie sich verlieben wollte, so müßt' es in einen von meiner Figur seyn. Ueberdem begegnet sie mir immer mit einer gewissen Achtung, das sie sonst für keinen von ihren Bedienten thut. Was soll ich von der Sache denken -- das wäre mir eins, Graf Malvolio -- Man hat doch dergleichen Exempel -- Die Princeßin von Thracien heurathete einen Bedienten von der Garderobe -- Wenn ich dann drey Monate mit ihr verheurathet wäre, und säße da auf meinem Guthe -- und rieffe meine Officianten um mich herum, in meinem aufgeschnittnen Samtnen Rok -- nachmittags, vom Ruhbette aufgestanden, wo ich Olivia schlafend gelassen hätte -- und dann nähm ich den Humor an, den mein Stand erforderte; gienge, die Hände kreuzweis auf den Rüken gelegt, ganz ernsthaft auf und ab, schaute sie dann mit einem kalten, überhinfahrenden Blik an, und sagte ihnen, ich wisse wer ich sey, und wünschte, sie möchten auch wissen wer sie seyen -- fragte nach meinem Onkel Tobias -- Sechs oder Sieben von meinen Leuten führen dann plözlich auf, und rennten einander nieder vor Eilfertigkeit ihn aufzusuchen; indessen mach ich eine weil' ein finstres Gesicht, ziehe vielleicht meine Uhr auf, oder tändle mit dem Schaupfenning an der goldnen Kette, die ich um die Schultern hängen habe -- Dann kommt Tobias herbey, macht seine Verbeugungen sobald er mich erblikt -- ich streke meine Hand so gegen ihn aus, und lösche mein vertrauliches Lächeln mit einem strengen herrischen Blik -- sag ihm, Onkel Tobias, da mein Schiksal mich eurer Nichte zugeworfen hat, so hoff ich das Recht zu haben zu reden -- ihr müßt euer starkes Trinken lassen -- und zudem verderbt ihr

eure

eure kostbare Zeit mit einem närrischen Junker -- einem gewissen Sir Andreas -- He? was giebts hier zu thun? -- (Er hebt den Brief auf.) Bey meinem Leben, das ist der Gnädigen Frau ihre Hand: Das sind ihre natürlichen C., ihre U., und ihre T., und so macht sie ihre grosse P. Es ist ihre Hand, da ist nicht dawider einzuwenden -- Dem Geliebten Ungenannten dieses und meine zärtlichsten Wünsche: Das ist ihre Schreib-Art: Mit Erlaubniß, Wachs. Sachte! Und das Sigel ihre Lucretia, mit der sie alle ihre Briefe zu sigeln pflegt: An wen mag das seyn? Das ich lieb', ist euch, ihr Götter, kund; aber wen, verschweige stets, mein Mund -- Das soll also ein Geheimniß seyn? -- Seltsam! was folgt weiter? -- Aber wen, verschweige stets mein Mund -- wie wenn du das wärest, Malvolio? -- Sachte, hier haben wir auch Prosa -- „Wenn dieses in deine Hände kommt, so liese „es mehr als ein mal. Mein Gestirn hat mich über „dich gesezt, aber fürchte dich nicht vor Grösse; einige „werden groß gebohren, andre arbeiten sich zur Grösse „empor, andern wird sie zugeworffen. Dein glükliches „Schiksal öffnet seine Arme gegen dich; habe den Muth „ihm entgegen zu eilen; und um dich bey Zeiten an das „zu gewöhnen, was du wahrscheinlicher Weise werden „wirst, so wirf dein allzu demüthiges Betragen von dir, „und zeige dich in einem vortheilhaftern Lichte. Begegne „meinem Vetter zuversichtlich, und den Bedienten trozig; „rede von Staats-Sachen; nimm in allen Stüken et- „was sonderliches an. Das ist der Rath derjenigen, „die für dich seufzet. Erinnre dich, wer dir rieth gelbe

„ Strümpfe zu tragen und sie unter dem Knie zu binden. „ Ich sag', erinnre dich daran; Geh, geh, du bist ein „ gemachter Mann, wenn du nur willst: Wo nicht, „ so bleibe dann dein Lebenlang ein Hausmeister, der „ Camerad von Bedienten und unwürdig Fortunens „ Finger zu berühren. Adieu. Sie, die geneigter ist, „ deine Sclavin zu seyn, als dir zu gebieten, o glükli- „ cher Sterblicher „ -- Sonnenlicht kan nichts klärer machen als das ist -- Das heiß' ich klar. Ja, ich will stolz seyn, ich will politische Bücher lesen, ich will Sir Tobiesen scheeren, ich will mit meinen vorigen Bekannten thun, als kennt' ich sie nicht, kurz, ich will thun, wie mein Herr selbst. Es ist offenbar, daß ich mir nicht zu viel schmeichle, daß es keine blosse Einbildung ist; alles überzeugt mich, daß die Gnädige Frau verliebt in mich ist. Sie ermahnte mich lezthin gelbe Strümpfe zu tragen, sie lobte meine Beine -- und hier haben wir's wiederum, und auf eine Art, als ob sie es für eine Gefälligkeit aufnehmen wolle, wenn ich mich nach ihrem Geschmak puze. Dank sey meinen Sternen, ich bin glüklich: Ich will so fremde thun, daß man mich nicht mehr kennen soll, gelbe Strümpfe tragen, und sie unter den Knien binden, und das gleich diesen Augenblik. Jupiter und mein Gestirn sey gepriesen! -- Hier ist noch ein Postscript -- Es ist unmöglich daß du nicht errathen solltest wer ich bin -- wenn dir meine Liebe angenehm ist, so zeig es durch dein Lächeln; das Lächeln läßt dir gar zu gut. Lächle also immer in meiner Gegenwart, mein Allerliebster, ich bitte dich darum -- Jupiter! ich danke dir! Ich will lächeln, ich will alles thun, was du von mir verlangst. (ab.)

Dritter Aufzug.

Erste Scene.

[Olivia's Garten.]

Ein witziger Wett-Kampf zwischen Viola und dem Narren.

Zweyte Scene.

Sir Tobias mit seinem Freund, zu den Vorigen: Bald darauf auch Olivia und Maria.

Dritte Scene.

Olivia und Viola allein.

Olivia.

Gebt mir eure Hand, mein Herr.

Viola.

Mit meinen unterthänigsten Diensten, Gnädige Frau.

Olivia.

Wie ist euer Name?

Viola.

Cäsario ist euers Dieners Name, schöne Princessin.

Olivia.

Meines Dieners, mein Herr? Die Welt hat ihre beste Anmuth verlohren, seitdem man erdichtete Gesinnungen Complimente nennt: Ihr seyd des Herzogs Orsino Diener, junger Mensch --

Viola.

Und also der eurige, Gnädige Frau. Der Diener euers Dieners, muß nothwendig auch euer Diener seyn.

Olivia.

An ihn denk' ich nun gar nicht; ich wollte seine Gedanken wären lieber gar leer als mit mir angefüllt.

Viola.

Gnädige Frau, ich komme in der Absicht, eure schönen Gedanken zu seinem Vortheil zu wenden.

Olivia.

O, mit eurer Erlaubniß, ich bitte euch -- Ich sagt' euch ja, ihr möchtet mir nichts mehr von ihm sagen. Ihr könntet eine andre Sayte rühren, wo ich euch lieber hören wollte als Musik aus dem Himmel.

Viola.

Gnädige Frau --

Olivia.

Mit Erlaubniß, wenn ich bitten darf: Ich schikte euch, nach der lezten zaubrischen Erscheinung, die ihr hier machtet, einen Ring nach. Es war ein Schritt, dessen Bedeutung ihr nicht mißverstehen konntet, und der mich vielleicht in euern Augen herabgesezt hat. Was konntet ihr davon denken? Habt ihr deßwegen so nachtheilig von meiner Ehre gedacht als ein unempfindliches Herz denken kan? Einem von euerm Verstand, ist genug gesagt; ein Cypern, nicht ein Busen dekt mein armes Herz. Und nun laßt hören, was ihr zu sagen habt.

Viola.

Ich bedaure euch.

Olivia.

Das ist eine Stuffe zur Liebe.

Viola.

Nicht allemal; wir bedauren oft sogar unsre Feinde.

Olivia.

Wie dann, so ist es Zeit wieder zu lächeln. O Welt, wie geneigt die Armen sind stolz zu seyn! Wenn man ja zum Raube werden muß, so ist es doch besser durch einen Löwen zu fallen als durch einen Wolf. (Die Gloke schlägt.) Die Gloke wirft mir vor daß ich die Zeit verderbe. Fürchtet euch nicht, guter junger Mensch, ich mache keine Ansprüche an euch; und doch wenn Verstand und Jugend bey euch zur Reiffe gekommen seyn werden, so wird eure Frau, allem Ansehen nach, einen feinen Mann haben: Hier ligt euer Weg, westwärts.

Viola.

So wünsch' ich Euer Gnaden Vergnügen und guten Humor; habt ihr mir nichts an meinen Herrn aufzugeben, Madam?

Olivia.

Warte noch; ich bitte dich, sage mir was du von mir denkst?

Viola.

Ich denke, ihr denkt ihr seyd nicht was ihr seyd.

Olivia.

Wenn ich so denke, so denk ich das nemliche von euch.

Viola.

Und so denkt ihr recht, ich bin nicht was ich bin.

Olivia.

Ich wollt' ihr wäret wie ich euch wünschte?

Viola.

Würd' ich besser seyn, Madam, als wie ich bin? Ich wollt es wäre so, denn izt bin ich euer Narr.

Olivia.

Olivia.

Wie anmuthig selbst Verachtung und Zorn auf seinen schönen Lippen sizt. (*) Mördrische Schuld verräth sich nicht schneller, als Liebe die sich verbergen will: Die Nacht der Liebe ist Mittag. Cäsario, bey den Rosen des Frühlings, bey meiner jungfräulichen Ehre und Treue, und bey allem in der Welt, ich liebe dich so sehr, daß, troz allem deinem spröden Wesen, weder Wiz noch Vernunft meine Leidenschaft verbergen kan. Erzwinge dir daher, daß ich dir mein Herz selbst antrage, keinen Grund es zu verschmähen; denke lieber so, (du wirst so richtiger denken) gesuchte Liebe ist gut; aber ungesucht geschenkt, ist sie noch besser.

Viola.

Ich schwöre bey meiner Unschuld und Jugend, ich habe Ein Herz, Einen Busen, und Eine Treue, und diese hat kein Weibsbild; noch wird jemals Eine Meisterin davon seyn als ich selbst. Und hiemit, adieu, Gnädiges Fräulein; niemals werd' ich mich wieder gebrauchen lassen, euch meines Herrn Thränen vorzuweinen.

Olivia.

Komm nichts desto minder wieder; vielleicht mag es dir endlich gelingen, dieses Herz, das izt seine Liebe verabscheut, zu einer zärtlichern Gesinnung zu bewegen.

(Sie gehen ab.)

Vierte

(*) Von hier an bis zu Ende dieser Scene, ist im Original alles in Reimen.

Vierte Scene.

[Verwandelt sich in ein Zimmer in Olivia's Haus.]

Sir Tobias, Sir Andreas und Fabian.

[Sir Tobias und Fabian bemühen sich den Sir Andreas zur Eifersucht gegen den Cäsario oder die verkleidete Viola zu reizen, und bereden ihn, Olivia habe dem Cäsario nur darum so gut begegnet, um zu sehen, ob er, Andreas, so geduldig dazu seyn werde; Sir Tobias sezt hinzu, sie habe ohnfehlbar erwartet, daß er irgend einen tapfern Ausfall gegen seinen Nebenbuhler wagen würde, und da dieses nicht geschehen, so sey er nun ganz gewiß sehr tief in ihrer guten Meynung gefallen. Du bist nun, sagt er, in den Norden, von meiner Nichte guter Meynung hineingesegelt, wo du hangen wirst wie ein Eiszapfe an eines Holländers Bart, wofern du dich nicht durch irgend eine kühne That wieder losmachst -- Kurz, sie bereden ihn endlich, daß er sich schlechterdings mit Cäsario schlagen müsse, und Sir Tobias erbietet sich, diesem die Ausforderung zu überbringen; welche zu schreiben dann Sir Andreas abgeht.

Fünfte Scene.

[Fabian und Sir Tobias machen sich zum voraus über die Kurzweile lustig, die sie von diesem Zweykampf erwarten. Sir Tobias gesteht von seinem Freund daß er eine Memme sey; wenn man ihn öfnete, sagt er, und ihr findet nur soviel Blut in seiner Leber, daß eine Floh die Füsse darinn naß machen könnte, so will ich den Rest der Anatomie aufessen. Indem kommt Maria zu ihnen, und bittet sie mit ihr zu gehen und zu sehen, wie seltsam sich Malvolio in seinen gelben, unter den Knien gebundnen Strümpfen gebehrde, und wie pünctlich er der Vorschrift des von ihr unterschobnen Briefs nachlebe. Er lächelt (sagt sie) sein breites Gesicht in mehr Linien als auf der neuen Land-Carte sind, die mit den beyden Indien vermehrt ist; ihr habt euere Tage nichts so gesehen; ich bin gewiß mein Fräulein wird ihm eine Ohrfeige geben; wenn sie's thut, so wird er lächeln und es für eine grosse Gunstbezeugung aufnemen.]

Sechste Scene.

(Verwandelt sich in die Strasse.)

Sebastian und Antonio treten auf.

[Sie freuen sich einander wieder zu finden; Sebastian bittet seinen Freund mit ihm zu gehen, um die Merkwürdigkeiten der Stadt zu sehen; Antonio antwortet, er

getraue

getraue sich, weil er ehedem gegen den Herzog gedient und ihm einen namhasten Schaden gethan habe, nicht, sich so öffentlich sehen zu lassen, er bestellt also den Sebastian auf den Abend ins Wirthshaus zum Elephanten, giebt ihm, auf den Fall, wenn er etwann Lust hätte etwas einzukauffen, seinen Beutel, und verläßt ihn, um ihm das Nacht-Quatier zu bestellen.]

Siebende Scene.

(Verwandelt sich in Olivias Haus.)

Olivia und Maria.

Olivia.

Ich habe nach Cäsario geschikt; er sagt, er will kommen; was soll ich ihm für Ehre anthun? Was soll ich ihm geben? Denn Jugend wird öfters erkauft als erbettelt oder entlehnt -- Ich rede zu laut -- Wo ist Malvolio? Er ist ernsthaft und höflich, er schikt sich gut zu einem Bedienten für eine Person von meinen Umständen; wo ist Malvolio?

Maria.

Er kommt sogleich, Gnädiges Fräulein, aber in einem seltsamen Aufzug. Er ist ganz unfehlbar besessen, Gnädiges Fräulein.

Olivia.

Olivia.

Wie, wo fehlt es ihm? Raßt er denn?

Maria.

Nein, Gnädiges Fräulein, er thut nichts als lächeln; Euer Gnaden wird wohlthun, jemand zur Sicherheit bey sich zu haben; denn, ganz gewiß, der Mann ist nicht recht richtig unterm Hut.

Olivia.

Geh, ruf ihm. --

Malvolio tritt auf.

-- Ich bin so närrisch als er immer, wenn traurige und lustige Narrheit auf eins hinauslauffen -- Nun, wie gehts, Malvolio?

Malvolio.

Liebstes Fräulein, ha, ha.
(Er lächelt auf eine abgeschmakte Art.)

Olivia.

Lächelst du? Ich schikte nach dir, um dich zu einem ernsthaften Geschäfte zu gebrauchen.

Malvolio.

Ernsthaft? Ich könnte wol ernsthaft aussehen, dieses starke Binden unter den Knien macht einige Obstruction im Geblüt; aber was thut das? Wenn es nur Einer gefällt,

fällt, so geht mir's vollkommen wie es in dem Sonnet heißt: Gefall ich Einer, so gefall ich Allen.

Olivia.

Wie, was bedeutet das, Mann? Was fehlt dir?

Malvolio.

Es ist in meinem Kopf nicht so schwarz als meine Beine gelb sind: Es ist mir richtig zu Handen gekommen, und Befehle sollen vollzogen werden. Ich denke wir kennen diese schöne Römische Hand.

Olivia.

Willt du nicht zu Bette gehen, Malvolio?

Malvolio (leise.)

Zu Bette? Ja, Liebchen, und mit dir.

Olivia.

Gott behüte dich! Warum lächelst du so, und küssest deine Hand so oft?

Maria.

Was fehlt euch, Malvolio?

Malvolio.

Habt ihr zu fragen? Wahrhaftig! Nachtigallen antworten gleich Krähen!

Maria.

Maria.

Wie untersteht ihr euch mit einer so lächerlichen Kühnheit vor meiner Gnäd. Fräulein zu erscheinen?

Malvolio.

Fürchte dich nicht vor Grösse; -- Das war wol gegeben.

Olivia.

Was meynst du damit, Malvolio.

Malvolio.

Einige werden groß gebohren --

Olivia.

Ha?

Malvolio.

Andre arbeiten sich zur Grösse empor. --

Olivia.

Was sagst du?

Malvolio.

Und andern wird sie zugeworfen.

Olivia.

Der Himmel helfe dir wieder zurechte!

Malvolio.

Erinnre dich, wer dir befahl gelbe Strümpfe zu tragen --

Olivia.

Deine gelbe Strümpfe?

Malvolio.

Und wünschte, daß du sie unterm Knie binden möchtest?

Olivia.

Unterm Knie binden?

Malvolio.

Geh, geh, du bist ein gemachter Mann, wenn du nur willst?

Olivia.

Was sagst du?

Malvolio.

Wo nicht, so bleibe dein Lebenlang ein Bedienter.

Olivia.

Wie, das ist ja eine wahre Hundstags-Tollheit.

(Ein Bedienter meldet den Cäsario an, Olivia geht ab, nachdem sie Befehl ertheilt hat, daß man zu Malvolio Sorge trage.)

Achte Scene.

[Malvolio, der seine Sachen vortrefflich gemacht zu haben glaubt, bestärkt sich selbst, in einem kleinen Monologen, in seinem angenehmen Wahnwiz, und hält sich seines Glüks so gewiß, daß ihm nichts übrig bleibe, als den Göttern davor zu danken.]

Neunte Scene.

Sir Tobias, Fabian und Maria zu Malvolio.

Sir Tobias.

Wo ist er, wo ist er, im Namen alles dessen was gut ist? Und wenn alle Teufel in der Hölle sich ins Kleine zusammengezogen hätten und in ihn gefahren wären, so will ich mit ihm reden.

Fabian.

Hier ist er, hier ist er. Wie steht's um euch, Herr? Wie steht's um euch?

Malvolio.

Geht eurer Wege; ich entlaß euch; laßt mich bey mir selbst; geht eurer Wege.

Maria.

Seht, wie der böse Feind aus ihm heraus redt? Sagt

ich's euch nicht? Sir Tobias, die Gnädige Fräulein bittet euch, Sorge zu ihm zu tragen.

Malvolio.

Ah, ha! Thut sie das?

Sir Tobias.

Geh, geh; still, still, wir müssen säuberlich mit ihm verfahren; laßt mich allein machen. Wie! Mann! Laß den Teufel nicht Meister seyn; bedenke, daß er ein Feind der Menschen ist.

Malvolio (ernsthaft und stolz.)

Wißt ihr auch was ihr sagt?

Maria.

Da seht ihr; wenn ihr was böses vom Teufel sagt, wie er's gleich zu Herzen nimmt -- Gott gebe, daß er nicht besessen seyn möge!

Fabian.

Man muß sein Wasser zu der weisen Frauen tragen.

Maria.

Meiner Treue, das soll auch gleich morgen gethan werden, wenn ich das Leben habe. Mein Gnädiges Fräulein würd' ihn um mehr als ich sagen mag nicht verliehren wollen.

Malvolio.

Nun wie, Jungfer?

Maria.

O Himmel!

Sir Tobias.

Ich bitte dich, schweige; das ist nicht das rechte Mittel: Siehst du nicht, daß du ihn nur böse machst? Laßt mich allein mit ihm.

Fabian.

Nur keinen andern Weg als Freundlichkeit; nur sanft, nur sanft; der böse Feind ist gar kurz angebunden, er läßt nicht grob mit sich umgehen.

Sir Tobias.

Nun, wie, wie steht's, mein Truthähnchen? Wie geht's dir, mein Herzchen?

Malvolio.

Sir? --

Sir Tobias.

Ja, ich bitte dich, komm du mit mir. Wie, Mann, es schikt sich nicht für einen so weisen Mann wie du bist mit dem Teufel den Narren zu treiben. An den Galgen mit dem garstigen Kohlenbrenner!

Maria.

Laßt ihn sein Gebet hersagen, lieber Sir Tobias; laßt ihn beten.

Malvolio.

Beten, du Affen-Gesicht?

Maria.

Da, hört ihr's, er will von nichts gutem reden hören.

Malvolio.

Scheret euch alle an den Galgen: Ihr seyd ein einfältiges dummes Pak; ich bin nicht euers Gelichters; ihr werdet mich seiner Zeit schon kennen lernen.

(Er geht ab.)

Sir Tobias.

Ist's möglich?

Fabian.

Wenn man das in einer Comödie spielen würde, wer würd' es nicht als eine unwahrscheinliche Erdichtung verurtheilen?

[In dem Rest dieser Scene freuen sich Sir Tobias und seine Consorten, daß ihnen ihre Absicht so wol gelungen sey, und entschliessen sich nicht abzulassen, bis sie den armen Malvolio, zur Züchtigung seines Uebermuths in ein finstres Gemach und an Bande gebracht haben würden.]

Zehnte Scene.

[Sir Andreas kommt mit der Ausforderung, die er indessen aufgesezt hat, zu den Vorigen, und liest ihnen das abgeschmakteste Zeug vor, das man sich träumen lassen kan. Alle geben ihm ihren Beyfall, und muntern ihn auf, sich wohl zu halten. Sir Tobias nimmt auf sich, die Ausforderung dem Cäsario einzuhändigen und schikt den Sir Andreas in den Garten, wo er seinem Gegner, der sich würlich bey Frälein Olivia befindet, aufpassen soll. Allein sobald er weggegangen ist, entdekt Tobias dem Fabian daß er weit entfernt sey, einem so feinen jungen Edelmann als Cäsario zu seyn scheine, ein so vollgültiges Document der verächtlichen Schwäche seines Gegners zu geben; denn so würde der Spaß gleich ein Ende haben: er finde also besser, seine Comission mündlich abzulegen, und den jungen Cäsario einen ganz entsezlichen Begriff von Sir Andreassen Tapferkeit, und unbezwingbarer Wuth beyzubringen; auf diese Art, sezt er hinzu, werden beyde in eine solche Furcht gesezt werden, daß sie einander nur durch Blike tödten werden, wie die Basilisken.]

Eilfte Scene.

Olivia und Viola treten auf.

Olivia.

Zu einem Herzen von Stein hab' ich zuviel gesagt, und meine Ehre zu wohlfeil ausgelegt. Es ist etwas in mir, das mir meinen Fehler vorrükt; aber es ist ein so eigensinniger hartnäkiger Fehler, daß ihm Vorwürfe nichts abgewinnen können.

Viola.

Der Herzog, mein Herr befindet sich in dem nemlichen Falle.

Olivia.

Hier, tragt dieses Kleinod zu meinem Andenken; es enthällt mein Bild; schlagt es nicht aus, es hat keine Zunge euch zu plagen; und ich bitte euch kommt morgen wieder. Was könntet ihr von mir begehren, das mit Ehren gegeben werden kan, und ich euch abschlagen würde?

Viola.

Ich bitte um nichts als eure Liebe für meinen Herrn.

Olivia.

Wie kan ich ihm mit Ehren geben, was ich euch schon gegeben habe?

Viola.

Ich will euch dessen quitt halten.

Oli-

Olivia.

Gut, komm morgen wieder; lebe wohl -- (Sie geht ab --) Ein Teufel der deine Gestalt hätte, könnte meine Seele bis in die Hölle loken --

Zwölfte und Dreyzehnte Scene.

[Sir Tobias kündigt den Zorn des furchtbaren Sir Andreas und seine Ausforderung dem verkappten Cäsario an, der Mühe genug hat seinen wenigen Muth zu einem solchen Zweykampf zu verbergen. Tobias verspricht ihm endlich seine guten Dienste, um wenigstens die Ursache der grausamen Ungnade zu erkundigen, welche Cäsario durch nichts verdient zu haben sich bewußt ist, und wo möglich den wüthenden Sir Andreas in etwas zu besänftigen. Tobias stellt sich als ob er zu diesem Ende abgehe, da indessen Fabian fortfährt der armen Viola Schreken einzujagen, und ihren Gegner als den besten Fechter und den fatalesten Widerpart den man in ganz Illyrien finden könne, abzumahlen. Sie gehen ab, um dem Sir Tobias Plaz zu geben, in der folgenden Scene, seinen Freund Andreas in eine eben so friedliebende Gemüths-Verfassung zu sezen. Er beschreibt ihm den Cäsario als einen eingefleischten Teufel, der des Sophi Hof-Fechtmeister gewesen sey, und keinen Stoß zu thun pflege, der nicht eine tödtliche Wunde mache. Andreas geräth darüber in solche Angst, daß er verspricht er wolle ihm sein bestes Pferd geben, wenn er die Sache auf sich beruhen lassen wolle. Indessen kommt Fabian mit Cäsario zurük, der, sobald er den Andreas erblikt, sich allen Heiligen zu empfehlen anfängt, ohne gewahr zu werden, daß Andreas wie eine Memme schlottert. Sir Tobias geht von dem einen zum andern, sagt einem jeden, sein Gegner wolle sich durch nichts in der Welt besänftigen lassen, und bringt sie endlich dahin, daß sie, ungern genug, die Degen zu ziehen anfangen; welches alles auf dem Theater eine äusserst lächerliche Scene machen muß.]

Vierzehnte Scene.

[Indem sie ziehen, und Viola mit weinerlicher Stimme protestiert, daß es wider ihren willen geschehe, kommt Antonio dazu, der durch die vollkommne Aehnlichkeit zwischen ihr und ihrem Bruder und durch ihre Verkleidung betrogen, sie für seinen jungen Freund Sebastiano ansieht, sich ins Mittel schlägt, und sich erklärt, er möge nun der beleidigte Theil oder der Beleidiger seyn, so mache er seine Sache zu seiner eignen. Sir Tobias der es übel nimmt, daß ihm sein Spaß verdorben werden soll, erklärt sich, wenn der Neuaugekommne sich zu Cäsarios Secundanten aufwerfe, so wolle er sein Mann seyn; allein kaum haben sie gezogen, so kommt die Wache, bey deren Erblikung Viola den Sir Andreas bittet seinen Degen wieder einzustecken, welches sich dieser nicht zweymal sagen läßt. Antonio,

tonio, der sich, wie man weiß, des Herzogs Ungnade zugezogen hatte, war verrathen worden. Die Wache suchte ihn auf; und da sie, der gemachten Beschreibung nach, ihren Mann gefunden zu haben glaubt, wird er auf Befehl des Herzogs Orsino in Verhaft genommen.]

Antonio (nachdem er sich vergeblich hatte verläugnen wollen.)

Ich muß gehorchen. (Zu Cäsario.) Das begegnet mir, weil ich euch allenthalben aufsuchte. Aber dafür ist nun kein Mittel. Ich werde mich zu verantworten wissen. Was wollt ihr thun? Meine eigne Noth zwingt mich, daß ich meinen Beutel wieder abfordern muß. Dieser Zufall bekümmert mich viel weniger um meiner Sebst willen, als weil ich euch unnüz werden muß: Ihr seyd betroffen, seh ich; aber laßt den Muth noch nicht sinken.

1 Officier.

Kommt, Herr, wir müssen fort.

Antonio (zu Cäsario.)

Ich bin genöthigt euch um etwas Geld zu bitten.

Viola.

Was für Geld, mein Herr? -- Um eures edeln Bezeugens gegen mich willen, und weil ich zum Theil durch den verdriesliche Zufall, der euch hier zugestossen ist, aus der grösten Verlegenheit gezogen worden bin, will ich euch etwas vorstreken; was ich habe ist was weniges, aber ich will doch mit euch theilen was ich habe; nemmt, das ist die Hälfte meines Vermögens.

Antonio.

Und ihr seyd fähig, mich izt zu mißkennen? Ist's möglich daß meine guten Dienste -- o sezt meine Noth nicht auf eine so harte Probe, oder ihr könntet mich zu der Niederträchtigkeit versuchen, euch die Freundschaft, die ich euch bewiesen habe, vorzurüken.

Viola.

Ich weiß von keiner, und kenne euch weder an eurer Stimme noch Gestalt. Ich hasse Undankbarkeit mehr an einem Mann als Aufschneiden, einbildisches Wesen, waschhafte Trunkenheit, oder irgend eine andre Untugend, wovon der anstekende Saame in unserm Blute stekt.

Antonio.

O Himmel! --

Ein Officier.

Kommt, mein Herr, ich bitte euch, geht.

Antonio.

Laßt mich nur noch ein Wort sagen. Diesen jungen Menschen, den ihr hier seht, zog ich aus dem Rachen des Todes; ich that alles was der zärtlichste Bruder thun könnte, ihn wieder herzustellen; ich liebte ihn, und ließ mich von seiner Gestalt, die mir die besten Eigenschaften anzu-

kündigen

kündigen schien, so sehr einnehmen, daß ich ihn fast abgöttisch verehrte.

1. Officier.

Was geht das uns an? Die Zeit verstreicht indessen; fort!

Antonio.

Aber, oh, was für ein häßlicher Göze ist aus diesem Gotte worden. O Sebastiano, du machst der Schönheit Unehre. Wahrhaftig, man sollte niemand häßlich nennen, als Leute die kein gutes Herz haben. Tugend ist Schönheit; böse Leute, welche schön aussehen, sind hohle Klöze die der Teufel angestrichen hat.

1. Officier.

Der Mann fangt an zu rasen: weg mit ihm. Kommt, kommt, Herr.

Antonio.

Führt mich wohin ihr wollt.

(Sie gehen ab.)

Viola.

Mich däucht es ist eine so wahre Leidenschaft in seinen Reden, daß er würklich glaubt was er sagt. Und doch ist gewiß daß ich ihn nicht kenne. O daß die Einbildung sich wahr befinden möge, o, daß es wahr sey, daß man, liebster Bruder, izt für dich mich angesehen habe -- Er nannte mich Sebastian; Ich sehe meinen Bruder noch lebend so oft ich in den Spiegel sehe; er sah vollkommen so

aus,

aus, und gieng auch eben so gekleidet, von solcher Farbe, und so ausstaffiert wie ich; denn ihn copiere ich in dieser Verkleidung -- O, wenn es so ist, so werd' ich den Sturm und die Wellen liebreich statt grausam nennen.

[Sie geht ab.]

Sir Tobias.

Ein recht schlechter armseliger Bube, und eine feigere Memme als eine Hindin; seine Schlechtigkeit zeigte sich in seiner Aufführung gegen seinen Freund, den er in der Noth verläugnete; und von seiner Feigheit kan euch Fabian erzählen.

Fabian.

Eine Memme ist er, eine recht fromme, friedfertige feige Memme.

Sir Andreas.

Mein Seel! Ich will ihm nach und ihn prügeln.

Sir Tobias.

Thut das, gebt ihm Maulschellen, bis er genug hat, nur den Degen zieht nicht gegen ihn.

Sir Andreas.

Wenn ich's nicht thue --

(Er läuft fort.)

Fabian.

Kommt, wir müssen doch sehen, wie er das machen wird.

Sir Tobias.

Ich wollte wetten was man will, es wird doch nichts daraus werden.

(Sie gehen ab.)

Vierter Aufzug.

Erste Scene.

[Die Strasse.]

[Hans Wurst, der von Olivia geschikt worden, den Cäsario zu ihr zu ruffen, trift den Sebastiano an, und richtet seinen Auftrag bey ihm aus, weil er ihn für den Cäsario ansieht; Sebastiano, der hier ganz fremd ist, und von der Verkleidung seiner Schwester, die er sogar für todt hält, nichts wissen kan, stellt sich zu diesem qui pro quo so befremdet an, als man sich vorstellen kan, und will schlechterdings derjenige nicht seyn, wofür ihn Hans Wurst ansieht: Indem sie nun mit einander streiten, kommen Sir Andreas und Sir Tobias dazu, von denen der Erste durch den nemlichen Optischen Betrug seinen Mann gefunden zu haben glaubt, und dem vermeynten Cäsario eine Ohrfeige appliciert, welche Sebastiano mit einer Tracht Schläge erwiedert. Sir Andreas hatte sich das nicht vermuthet, und appelliert an die Justiz; denn, sagt er, wenn ich ihm gleich den ersten Schlag gegeben habe, so ist es doch keine Manier, daß er mir soviele dagegen giebt. Indem nun Sir Tobias Friede machen will, wird er selbst mit Sebastiano handgemein; von der dazwischen kommenden Olivia aber in der

Zweyten

Zweyten Scene.

so gleich wieder geschieden, welche ihren ungesitteten Oheim unter den bittersten Vorwürfen aus ihren Augen gehen heißt, den vermeynten Cäsario aber aufs zärtlichste zu besänftigen sucht, und zu sich in ihr Haus nöthiget. Sebastiano weiß nun vollends nicht mehr, in was für einer Welt er ist. Was bedeutet alles diß, ruft er aus, entweder hab ich den Verstand verlohren, oder das alles ist ein Traum. O wenn es ein Traum ist, so laßt die Phantasie meine Sinnen immer in Lethe tauchen, so laßt mich nie von diesem Traum erwachen. Nun, sagt Olivia, komm, ich bitte dich; ich wollte du ließsest dich von mir regieren; von Herzen gerne, antwortet Sebastian, und so gehen sie in bester Eintracht mit einander ab.]

Dritte Scene.

(Ein Zimmer in Olivia's Haus.)

Maria und Hans Wurst.

Maria.

Ich bitte dich, mache hurtig, zieh diesen Priesterrok an, und binde dir diesen Bart um; wir wollen ihn bereden du seyest Sir Topas der Pfarrer; beschleunige dich; ich will indeß den Sir Tobias ruffen.

(Sie geht ab.)

Hans

Hans Wurst.

Gut, ich will's thun, ich will mich verkleiden, und ich wollte wünschen, ich wäre der erste der sich in einen solchen Rok verkleidete. Ich bin nicht lang genug, um eine ansehnliche Person in diesem Habit vorzustellen, noch mager genug, um die Meynung von mir zu erweken, daß ich zuviel studiere; allein, ein ehrlicher Mann und ein guter Haushälter seyn, klingt immer so gut als ein hubscher Mann und ein grosser Gelehrter seyn.

Sir Tobias und Maria.

Sir Tobias.

Die Götter seyen mit dir, Herr Pfarrer.

Hans Wurst.

Bonos Dies, Sir Tobias; denn wie der alte Einsiedler von Prag, der in seinem Leben weder Feder noch Dinte gesehen hatte, sehr sinnreich zu König Gorboduks Nichte sagte, daß nemlich alles was ist, ist: Also, da ich der Herr Pfarrer bin, bin ich der Herr Pfarrer; denn was ist was anders als was? Und ist anders als ist?

Sir Tobias.

Zu euerm Patienten, Herr Pfarrer.

Hans Wurst.

Wie, holla, sag ich -- Stille da, in diesem Kerker!

Malvolio (hinter der Bühne.)

Wer ruft hier?

Hans Wurst.

Sir Topas der Pfarrer, welcher Malvolio den Mondsüchtigen besuchen will.

Malvolio.

Sir Topas, Sir Topas, guter Sir Topas, geht zur Gnädigen Fräulein --

Hans Wurst.

Fahre aus, du Hyperbolicalischer Teufel, warum quälst du diesen armen Menschen so? Redst du von nichts als von Fräulein?

Sir Tobias.

Wohl gegeben, Herr Pfarrer!

Malvolio.

Sir Topas, niemalen ist einem Menschen so übel mitgespielt worden als mir; lieber Sir Topas, bildet euch nicht ein daß ich rasend sey; sie haben mich hier in eine gräßliche Finsterniß gelegt.

Hans Wurst.

Fy, du unartiger Satan; ich bediene mich der gelindesten Ausdrüke gegen dich; denn ich bin einer von diesen

manier=

manierlichen Leuten, die dem Teufel selbst nicht anders als höflich begegnen wollten: Sagst du, dieses Haus sey finster.

Malvolio.

Wie die Hölle, Sir Topas.

Hans Wurst.

Wie, es hat Bogen-Fenster die so durchsichtig sind wie Gitter, und die innwendigen Steine gegen die Sud-Seite sind so glänzend wie Eben-Holz; und du klagst über Dunkelheit?

Malvolio.

Ich bin nicht toll, Sir Topas; ich sag euch, es ist finster im Hause.

Hans Wurst.

Tollhäusler, du betrügst dich; ich sage dir, es giebt keine andre Finsterniß als Unwissenheit; und in dieser stekst du tiefer als die Egypter in ihrem Schlamme.

Malvolio.

Und ich sage, dieses Haus ist so finster als Unwissenheit, wenn gleich Unwissenheit so finster als die Hölle wäre; und ich sage, niemalen ist einem ehrlichen Manne so übel mitgespielt worden; ich bin nicht mehr rasend als ihr selbst; macht die Probe mit mir, fragt mich etwas gescheidtes was ihr wollt, und seht ob ich euch nicht antworten werde, wie sich's gehört.

Hans Wurst.

Was statuierte Pythagoras in Betreff des wilden Geflügels?

Malvolio.

Daß es leichtlich begegnen könne, daß die Seele unsrer Großmutter in einem Schnepfen wohne.

Hans Wurst.

Was hältst du von dieser Meynung?

Malvolio.

Ich denke edler von der Seele, und billige diese Meynung keineswegs.

Hans Wurst.

Gehab du dich wohl: Bleib immer in der Finsterniß; du must die Meynung des Pythagoras halten, wenn ich dir zugestehen soll daß du deine fünf Sinne habest, und dich scheuen einen Schneppen zu schiessen, aus Besorgniß du möchtest die Seele deiner Großmutter aus ihrer Wohnung vertreiben. Leb wohl.

Malvolio.

Sir Topas, Sir Topas --

Sir Tobias.

Der allerliebste Sir Topas!

Hans Wurst.

Gelt, ich schike mich zu allen Rollen?

Maria.

Du hättest das alles ohne Bart und Priesterrok thun können; er sieht dich ja nicht.

[Hierauf erklärt sich Sir Tobias, daß er dieses Spiels nach gerade überdrüssig sey, und demselben nun so mehr ein anständiges Ende gemacht wünsche, da er mit seiner Nichte zerfallen sey. Er geht also mit Maria ab, um sich darüber auf seinem Zimmer mit ihr zu berathen, und läßt Hans Wursten bey Malvolio zurük, der hierauf in der Vierten Scene seine eigne Person wieder annimmt, und nach dem er eine Weile den Narren mit ihm getrieben, sich endlich erbitten läßt ihm Papier, Feder, Dinte und ein Licht zu bringen.]

Fünfte Scene.

[Ein andres Zimmer in Olivia's Haus.]

Sebastian allein.

Diß ist die Luft, diß ist die strahlende Sonne; diese Perle gab sie mir, ich fühle sie und sehe sie, und obgleich alles um mich her lauter Wunder ist, so ist es doch nicht Wahnwiz. Wo ist denn Antonio? Ich konnt' ihn im Elephanten nicht finden; alles was ich erfahren konnte war daß er da gewesen und wieder ausgegangen sey, mich überall in der

Stadt aufzusuchen. Sein Rath könnte mir izt den grössesten Dienst thun -- Denn wenn gleich meine Vernunft gegen meine Sinnen behauptet, daß diß alles irgend ein Irrthum seyn könne, ohne daß es Einbildungen oder Tollheit seyn müsse; so geht doch dieser Zufall und ein so ausserordentliches Glük so weit über alles, was man sich vorstellen kan, oder was jemals erhört worden ist; daß ich bereit bin, ein Mißtrauen in meine eigne Augen zu sezen, und mit meiner Vernunft zu streiten, wenn sie mich bereden will, irgend etwas anders zu glauben, als daß ich toll sey oder daß es diese junge Dame sey; und doch, wenn das leztere wäre, würde sie ihr Haus regieren, ihren Bedienten Befehle geben, Geschäfte annehmen und austragen, und das alles mit einer so guten Art, mit einem so sanften, vernünftigen, gesezten Wesen, wie ich sehe, daß sie thut? In der That, es ist etwas unbegreifliches in dieser Sache. Aber da kam't sie ja selbst.

Olivia mit einem Priester.

Olivia.

Tadelt nicht, daß ich zu hastig sey; wenn eure Absicht ehrlich ist, so kommt mit mir und diesem heiligen Mann in die Capelle, und unter ihrer geweyhten Umwölbung schwöret mir da, vor ihm, das Gelübd eurer Treue zu, damit meine noch immer mißträuische, noch immer zweifelnde Seele beruhigt werde. Er soll es geheim halten, bis es euch selbst gefallen wird, die Zeit zu einer öffentlichen Feyer, die meiner Geburt gemäß sey, zu bestimmen. Was sagt ihr hiezu?

Sebastiano.

Ich will diesem heiligen Manne folgen und euch begleiten; und die Treue, die ich euch schwören werde, will ich ewig halten.

Olivia.

So geht dann voran, ehrwürdiger Vater, und der Himmel schaue mit Beyfall auf mein Vorhaben herab!

(Sie gehen ab.)

Fünfter Aufzug.

Dieser ganze lezte Aufzug enthält nichts mehr als eine Entwiklung, welche leicht vorauszusehen ist. Man weiß schon, daß die Anlegung des Plans und die Entwiklung des Knotens diejenigen Theile nicht sind, worinn unser Autor vortrefflich ist. Hier scheint er, wie es ihm mehrmal in den fünften Aufzügen begegnet, begieriger gewesen zu seyn, sein Stük fertig zu machen, als von den Situationen, worein er seine Personen gesezt hat, Vortheil zu ziehen. Wir werden uns daher begnügen, den blossen Inhalt jeder Scene auszuziehen.

Erste Scene.

[Die Strasse.]

[Der Herzog kommt, mit Viola, Curio und seinem Gefolge, um in eigner Person den lezten Versuch auf das Herz seiner Unerbittlichen zu machen, und da er nicht gleich vorkommen kan, so unterhält er sich unterdessen mit Hans Wurst, den er vor der Porte antrift.]

Zweyte

Zweyte Scene.

[Antonio wird von dem Gerichts-Beamten, der sich seiner bemächtiget hatte, herbeygeführt, und dem Herzog als jener berüchtigte See-Räuber vorgestellt, gegen welchen er so viele Ursache habe erbittert zu seyn. Viola, die, wie wir wissen, eine gutherzige Art von Mädchen ist, rühmt sogleich den guten Dienst, den er ihr gethan, fügt aber hinzu, daß er zulezt aus einem so seltsamen Ton zu ihr gesprochen habe, daß sie nichts anders vermuthen könne, als er müsse im Kopf nicht gar zu richtig seyn. Antonio vertheidigt sich hierauf gegen den Vorwurf der Seeräuberey, und da er Viola für ihren Bruder ansieht, so erzählt er auf ihre Rechnung alles was wir bereits von seinen Verdiensten um Sebastian wissen, und beklagt sich bitterlich über ihre Undankbarkeit. Indem nun der Herzog der Zeit nachfrägt, und durch den Umstand, daß Cäsario die verflossenen drey Monate an seinem Hofe zugebracht, den Antonio der Unwahrheit überwiesen zu haben glaubt, kommt in der

Dritten Scene.

Olivia dazu, und befremdet sich sehr ihren Cäsario gegen sein gegebnes Wort, wieder an des Herzogs Seite zu sehen. Da nun Viola nicht begreiffen kan, was Olivia sagen will, so beginnt sich ein Wortwechsel unter ihnen, der aber sogleich durch die Händel worein diese Dame mit dem Herzog geräth, unterbrochen wird. Sie sagt ihm rund heraus daß ihr seine Standhaftigkeit unerträglich, und seine Liebes-Klagen so angenehm seyen als Heulen nach Musik. Der Herzog wird dadurch so aufgebracht, daß er schwört, die Unerbittlichkeit seiner marmorherzigen Tyrannin an ihrem jungen Liebling, an Cäsario zu rächen -- Ich will ihn, sagt er, aus diesem grausamen Augen reissen, wo er siegreich und gekrönt dasizt und seines Herrn spottet; ich will das Lamm das ich liebe, opfern, um ein Raben-Herz in der Brust einer Daube zu durchboren. Mit diesen Worten, will er fortgehen und befiehlt dem Cäsario ihm zu folgen. Viola erklärt sich bereit tausend Tode zu sterben, wenn seine Zufriedenheit dadurch befördert werde, und will ihm folgen -- Wohin wollt ihr, Cäsario, ruft Olivia -- Dem folgen, antwortet Viola, den ich, der Himmel sey mein Zeuge, mehr als alle Weiber der ganzen Welt, mehr als meine Augen und mein Leben liebe. Izt fängt Olivia auch an aus dem tragischen Ton zu sprechen, und da ihr vermeynter Bräutigam so unverschämt ist, von allem was zwischen ihnen vorgegangen seyn soll, nichts wissen zu wollen, und der Herzog über den Namen eines Gemahls den sie der Viola giebt, wüthend wird, so sieht sie sich endlich genöthiget den Priester, der sie mit Sebastian getraut hat, herausruffen zu lassen, auf dessen vollgültiges Zeugniß hin der Herzog sich überzeugt hält, daß er von Cäsario betrogen worden, und unter bittern Vorwürfen über seine

Falschheit

Falschheit das Verbannungs-Urtheil über beyde ausspricht. Indem nun Cäsario sich vergeblich auf seine Unschuld beruft, und Olivia, welche glaubt, daß es nur aus Furcht vor dem Herzog geschehe, ihm Muth einspricht, kommt in der

Vierten Scene.

Sir Andreas mit zerbrochnem Kopf heraus, und erhebt ein jämmerliches Geschrey über einen gewissen Kammer-Junker des Herzogs, Cäsario, der ihn und Sir Tobiesen jämmerlich abgeprügelt habe; wir hielten ihn anfangs für eine Memme, sagt er weinend, aber er ist der leibhafte Teufel selbst. Mein Kammer-Junker Cäsario, fragt der Herzog? Ja, Sapperment, (ruft Sir Andreas) hier ist er ja in Person: Ihr habt mir umsonst und um nichts ein Loch in den Kopf geschlagen; und wenn ich euch was gethan habe, so that ich's nur auf Anstiften des Sir Tobiesen -- Viola, welche von dieser neuen Anklage eben so wenig als von einer Vermählung mit Olivia weiß, hat das Mißvergnügen sich von Sir Tobias und vom Hans Wurst überwiesen zu sehen; die Verwirrung nimmt zu, und steigt endlich auf den höchsten Grad, da in der

Fünften Scene.

Sebastian selbst erscheint und der erstaunten Versammlung den Cäsario gedoppelt sehen läßt. Dieser neimliche

Augenblik der äussersten Verwirrung bey Orsino und Olivia zieht Antonio und Viola aus der ihrigen. Jener erkennt in Sebastian seinen jungen Freund und diese ihren Bruder; das Geheimniß entdekt sich, Olivia findet sich dem Schiksal mehr verbunden als sie gewußt hatte; Sebastian begreift, was er kurz vorher für einen Traum oder für Bezauberung halten mußte, und der Herzog ergiebt sich den ausserordentlichen Proben die ihm Viola von ihrer Zärtlichkeit gegeben und erklärt sie zur Königin seines Herzens. Damit alles sich entwikle und niemand unglüklich bleibe, so entdekt sich in der

Sechsten und Siebenten Scene.

durch den Brief des Malvolio, welchen Hans Wurst überbringt, auch der unglükliche Irrthum dieses Bedienten, und der Betrug der ihm gespielt worden; welches dem Hans Wurst Gelegenheit, sich über ihn lustig zu machen, jenem aber, nach einer kleinen Demüthigung seiner Einbildung, die Freyheit verschaft.

Ende des Siebenten Theils.